Adobe **Photoshop**

Dados Internacionais de Catalogação na Publicação (CIP)
(Simone M. P. Vieira — CRB 8ª/4771)

Andrade, Marcos Serafim de
   Adobe Photoshop / Marcos Serafim de Andrade. – 2. ed. –
São Paulo : Editora Senac São Paulo, 2022. (Série Informática)

   ISBN 978-85-396-3222-0 (Impresso/2022)
   e-ISBN 978-85-396-3223-7 (ePub/2022)
   e-ISBN 978-85-396-3224-4 (PDF/2022)

   1. Adobe Photoshop (Programa de computador)   2. Processamento de imagem – Técnicas digitais   I. Título.   II. Série

22-1467t   CDD – 006.42
                                      BISAC COM084000

Índice para catálogo sistemático:
1. Edição de imagens : Aplicação de Photoshop :
   Ciência da computação 006.42
2. Photoshop : Geração de imagens digitais :
   Ciência da computação 006.42

Adobe **Photoshop**

Marcos Serafim de Andrade

2ª edição

Editora Senac São Paulo – São Paulo – 2022

ADMINISTRAÇÃO REGIONAL DO SENAC NO ESTADO DE SÃO PAULO
Presidente do Conselho Regional: Abram Szajman
Diretor do Departamento Regional: Luiz Francisco de A. Salgado
Superintendente Universitário e de Desenvolvimento: Luiz Carlos Dourado

EDITORA SENAC SÃO PAULO
Conselho Editorial: Luiz Francisco de A. Salgado
Luiz Carlos Dourado
Darcio Sayad Maia
Lucila Mara Sbrana Sciotti
Luís Américo Tousi Botelho

Coordenação Editorial: Ricardo Diana
Prospecção: Dolores Crisci Manzano
Administrativo: Verônica Pirani de Oliveira
Comercial: Aldair Novais Pereira

Edição de Texto: Rafael Barcellos Machado
Preparação de Texto: Obá Editorial
Coordenação de Revisão de Texto: Marcelo Nardeli
Revisão: Sandra Regina Fernandes, Carolina Hidalgo Castelani, Juliana Ramos Gonçalves
Coordenação de Arte, Projeto Gráfico e Capa: Antonio Carlos De Angelis
Editoração Eletrônica: Manuela Ribeiro
Coordenação de E-books: Rodolfo Santana
Impressão e Acabamento: Gráfica Visão

Nenhuma parte desta publicação poderá ser reproduzida, guardada pelo sistema "retrieval" ou transmitida de qualquer modo ou por qualquer outro meio, seja este eletrônico, mecânico, de fotocópia, de gravação, ou outros, sem prévia autorização, por escrito, da Editora Senac São Paulo.

Todos os direitos desta edição reservados à
Editora Senac São Paulo
Av. Engenheiro Eusébio Stevaux, 823 – Prédio Editora
Jurubatuba – CEP 04696-000 – São Paulo – SP
Tel. (11) 2187-4450
editora@sp.senac.br
https://www.editorasenacsp.com.br

© Editora Senac São Paulo, 2022

Sumário

Apresentação	**9**
O que é a Série Informática	11
Utilizando o material da Série Informática	12

Primeiros passos com imagens	**13**
Creative Cloud	15
Adobe Photoshop	19
Conceitos básicos de imagem digital	21
Atividade 1 – Familiarizando-se com a interface	24
Atividade 2 – Trabalhando com a primeira imagem	39
Atividade 3 – Combinando imagens	50

Editando imagens I	**63**
Atividade 1 – Um pouco sobre cores	65
Atividade 2 – Manipulando as cores da imagem	73
Atividade 3 – Trabalhando com seleções	82

Editando imagens II	**105**
Atividade 1 – Editando e eliminando partes da imagem	107
Atividade 2 – Desfazendo e refazendo ações no Photoshop	127
Atividade 3 – Conhecendo os filtros do Photoshop	135
Atividade 4 – Criando efeitos com a *Galeria de Desfoques* (*Blur Gallery*)	146
Atividade 5 – Trabalhando com o filtro *Camera Raw* e imagens HDR	160

Trabalhando com réguas, guias, camadas e textos	**193**
Atividade 1 – Explorando os recursos de camadas e de degradê	195
Atividade 2 – Trabalhando com réguas e guias	208
Atividade 3 – Trabalhando com textos	217
Atividade 4 – Organizando e aplicando efeitos em camadas	229

Trabalhando com máscaras, canais e objetos inteligentes	**251**
Atividade 1 – Conversão entre modos de imagem	253
Atividade 2 – Criando máscaras rápidas e canais alfa	256
Atividade 3 – Conhecendo mais recursos de máscaras e seleção	265
Atividade 4 – Objetos inteligentes e filtros inteligentes	278

Retoque de imagens e pintura digital 291

Atividade 1 – Ajustando o contraste, a nitidez e o equilíbrio de cores 293

Atividade 2 – Corrigindo imperfeições e convertendo imagens 302

Atividade 3 – Trabalhando com pincéis 311

Atividade 4 – Explorando mais recursos do painel *Histórico* (*History*) 321

Trabalhando com demarcadores, formas e transformação de imagens 331

Atividade 1 – Noções do trabalho com demarcadores 333

Atividade 2 – Trabalhando com as ferramentas *Forma* 351

Atividade 3 – Trabalhando com comandos e recursos que aumentam a produtividade 358

Sobre o autor 403

Índice geral 405

Apresentação

O que é a Série Informática

A Série Informática foi criada para que você aprenda informática sozinho, sem professor! Com ela, é possível estudar, sem dificuldade, os softwares mais utilizados pelo mercado. O texto de cada volume é complementado por arquivos eletrônicos disponibilizados pela Editora Senac São Paulo.

Para aproveitar o material da Série Informática é necessário ter em mãos o livro, um equipamento que atenda às configurações necessárias e o software a ser estudado.

Neste volume, apresentamos informações básicas para a operação do Adobe Photoshop, com as atualizações lançadas até fevereiro de 2021.* O livro é composto de atividades que lhe permitem estudar o software passo a passo. Leia-as com atenção e siga todas as instruções. Se encontrar algum problema durante uma atividade, recomece-a; isso vai ajudá-lo a esclarecer dúvidas e suplantar dificuldades.

A ESTRUTURA DO LIVRO

O livro está dividido em capítulos, que contêm uma série de atividades práticas e informações teóricas sobre o software.

Para obter o melhor rendimento possível em seu estudo, evitando dúvidas ou erros, é importante que você:

- leia com atenção todos os itens do livro, pois sempre encontrará informações úteis para a execução das atividades; e

- faça apenas o que estiver indicado no item e só execute uma sequência após ter lido toda a instrução do respectivo item.

---

* Em razão do dinamismo das atualizações dos softwares da Adobe, realizadas por meio do aplicativo Creative Cloud, novas modificações já poderão ter ocorrido no programa no momento em que este livro chegar ao leitor. Para acompanhar as novidades, acesse a página da Adobe com o resumo das atualizações mais recentes do Photoshop: https://helpx.adobe.com/br/photoshop/using/whats-new.html. (N. E.)

Utilizando o material da Série Informática

É muito simples utilizar o material da Série Informática: inicie sempre pelo Capítulo 1, leia atentamente as instruções e execute, passo a passo, os procedimentos indicados.

Para a execução das atividades dos capítulos, disponibilizamos os arquivos necessários em nosso site. Ao fazer o download, você terá os arquivos originais e os arquivos finalizados para que possa fazer uma comparação ou tirar dúvidas, se necessário.

Para obter e utilizar os arquivos das atividades, siga as instruções abaixo.

1. Faça o download do arquivo no endereço:
   http://www.editorasenacsp.com.br/informatica/photoshop2022/atividades.zip

2. Após o download, crie uma pasta em sua área de trabalho (ou no local de sua preferência) com o nome *Arquivos livro*.

3. Copie, para dentro da pasta criada, o arquivo *Atividades.zip* baixado.

4. Descompacte-o.

Com isso você terá duas pastas:

- Pasta *Arquivos de trabalho*: contém os arquivos originais para executar as atividades.

- Pasta *Atividades prontas*: contém os arquivos das atividades finalizadas.

Onde arquivar seus trabalhos

Para que você sempre tenha os arquivos originais disponíveis em sua máquina, crie uma pasta chamada *Meus trabalhos* dentro da pasta *Arquivos livro* (ou no local de sua preferência) para que você salve os seus arquivos.

Agora que já sabe como utilizar este material, dê início ao estudo do Adobe Photoshop, partindo do Capítulo 1. E não se esqueça de ler com muita atenção e de seguir todos os passos para obter o melhor rendimento possível em seu aprendizado.

Bons estudos!

1

Primeiros passos com imagens

OBJETIVOS

» Apresentar o Creative Cloud

» Apresentar o Adobe Photoshop

» Entender os conceitos básicos de imagem digital

» Explorar a interface e a apresentação da imagem

» Combinar imagens

Creative Cloud

O Adobe Creative Cloud é um gerenciador de download que permite baixar ou comprar qualquer programa da suíte disponível para desktop e dispositivos móveis. Com o Creative Cloud, você pode fazer vários downloads de uma só vez.

Seu principal objetivo é facilitar o acesso aos aplicativos, sempre com as últimas atualizações, permitindo o download e a instalação desses aplicativos. Oferece, ainda, um espaço para armazenamento de arquivos na nuvem, evitando a perda de dados, e o compartilhamento para equipes, possibilitando a troca de arquivos entre usuários e dispositivos.

Para ter acesso a esse serviço, é preciso fazer uma assinatura on-line, disponível por pagamento mensal, com opções de contratos anuais ou por períodos mais curtos, de acordo com sua necessidade. No site da Adobe, você pode conferir todos os tipos de assinatura.

Os planos disponíveis possuem valores diferenciados para pessoa física, empresas, estudantes e universidades, bem como opções de assinatura do pacote completo ou individual para cada aplicativo.

Esse serviço traz uma série de vantagens. Veja algumas a seguir.

- São mais de 20 programas para desktop e dispositivos móveis, como Photoshop, InDesign, Illustrator, entre outros. Todos são sempre atualizados, pois as novidades, como novos recursos e ferramentas, são imediatamente disponibilizadas e prontas para atualização dos softwares.

- O assinante pode abrir os softwares em qualquer máquina pelo sistema on-line. Com isso, pode trabalhar em seu projeto no escritório e continuá-lo em outro local.

- Há muito mais integração entre os programas, além de um disco virtual com capacidade de 100 GB de armazenamento na nuvem para guardar os arquivos ou disponibilizá-los para colaboração.

- Acesso e pesquisa direta ao banco de imagens Adobe Stock.

- Acesso a milhares de fontes diretamente nos aplicativos do Creative Cloud para uso em trabalhos por meio do Adobe Fonts.

- Acesso às Bibliotecas Creative Cloud, onde é possível salvar, procurar e compartilhar arquivos das bibliotecas diretamente nos aplicativos.

APLICATIVO CREATIVE CLOUD

Após fazer sua assinatura, você deve baixar e instalar o aplicativo Creative Cloud para desktop.

Assim que o aplicativo for iniciado, será solicitado seu e-mail; depois, será feita uma verificação de identidade, que você definiu no momento da compra da assinatura; em seguida, será pedida sua senha.

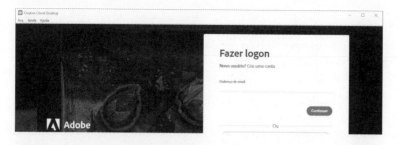

Cumpridas essas etapas, o Creative Cloud é aberto.

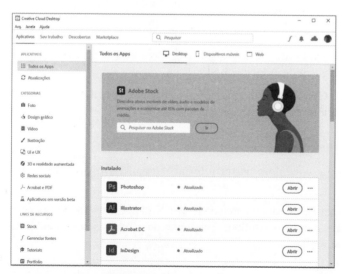

Ele apresenta a guia *Aplicativos* selecionada e sua interface exibe todos os recursos para pesquisar, instalar e atualizar todos os programas disponíveis, além de outros recursos como uma caixa de busca de imagens no *Adobe Stock*, por exemplo. A guia *Aplicativos* apresenta, ainda, uma lista de todos os programas já instalados e sua situação em relação às atualizações.

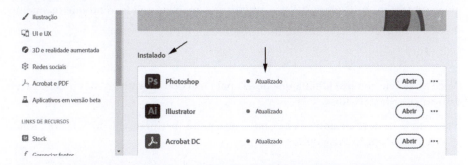

Na guia *Seu trabalho*, você encontra todos os seus arquivos sincronizados com a nuvem.

No processo de instalação do app Creative Cloud, é criada uma pasta em seu HD onde ficam todos os arquivos salvos na nuvem ou que tenham sido copiados para ela. Essa pasta fica em seu HD principal, na pasta *Usuários/User*, com o nome *Creative Cloud Files*.

A guia *Descobertas* contém dicas e pequenos tutoriais, sempre sobre os programas já instalados em seu computador.

Na guia *Marketplace*, você tem acesso aos plug-ins, às bibliotecas, ao *Adobe Stock* e ao *Adobe Fonts*. Este último, se clicado, abrirá seu navegador na página de pesquisa e instalação de fontes.

No canto superior direito existem quatro botões:

- *Adobe Fonts*: abre no próprio aplicativo a lista de fontes ativas em seu computador para que você possa gerenciá-las, além de recursos para pesquisar e instalar novas fontes.

- *Notificações*: exibe mensagens da Adobe enviadas para sua conta.
- *Atividade na nuvem*: mostra o status de uso do disco virtual.
- *Conta*: exibe opções para gerenciar sua conta da Adobe.

Com todas essas possibilidades, não deixe de explorar esse incrível recurso, que lhe poupará tempo, aumentará sua produtividade e manterá seu foco no que realmente importa: sua criatividade.

Selecionando o idioma dos aplicativos

Você pode selecionar o idioma que deseja para uso dos aplicativos, mas precisa fazer isso antes de instalá-los.

Para isso, você deve clicar no ícone *Conta*, no canto superior direito do Criative Cloud, e selecionar a opção *Preferências*.

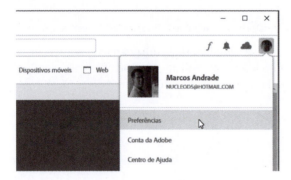

No quadro seguinte, selecione a opção *Aplicativos* do lado esquerdo e role a tela até a área *Instalação*. Depois, basta clicar na seta da caixa *Idioma de instalação padrão* e selecionar o idioma desejado. Após finalizar, todos os aplicativos que venham a ser instalados estarão no idioma selecionado.

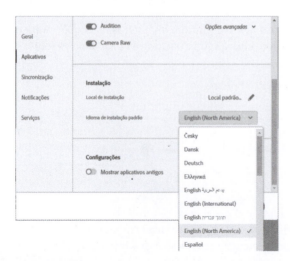

Adobe Photoshop

O Photoshop é um aplicativo de criação e aprimoramento de fotografias, imagens digitais, ilustrações 3D, vídeos, animações e designs para web e aplicativos para dispositivos móveis. Tudo isso o tornou um dos mais utilizados em computadores de plataforma Windows, macOS ou Linux, fazendo dele, sem dúvida, o aplicativo de maior destaque no mundo da fotografia e do design gráfico. Disponível no mundo todo em mais de 25 idiomas e com versões on-line para tablets e smartphones, o Photoshop recebe destaque especial por suas incríveis manipulações, que ampliam as possibilidades das imagens para aqueles que precisam de maior qualidade e tratamento.

Neste livro, serão apresentados recursos para editar fotografias digitalizadas ou de máquinas digitais, criar e mesclar imagens, aplicar diversos efeitos especiais por meio de filtros, etc., oferecendo inúmeras facilidades para designers e produtores gráficos criarem imagens sofisticadas que poderão ser impressas ou disponibilizadas na web.

O programa apresenta diversas ferramentas específicas para alterar brilho, contraste e cores de uma imagem; prepara uma foto para ser utilizada por um software de paginação, como o InDesign, ou de ilustração digital, como o Illustrator; otimiza uma imagem para a web; realiza gerenciamento avançado de camadas; contém ferramentas de desenho vetorizado; e muitas outras funções.

A esses tantos recursos soma-se a integração perfeita com os outros softwares da Adobe na nuvem, o que permite a troca de informações, arquivos e colaboração de projetos com mais rapidez e produtividade.

Requisitos de sistema

Hoje os softwares da Adobe contam com a *Adobe Sensei*, uma tecnologia avançada que, por meio da união entre inteligência artificial e aprendizado de máquinas, é responsável por recursos que tornam seu trabalho muito mais eficiente e rápido.

Ela é uma plataforma dedicada a melhorar os recursos do Photoshop em vários aspectos, como seleções automáticas, edição de rostos, preenchimentos inteligentes, entre outros, o que você poderá conferir e perceber, principalmente se já conheceu versões anteriores do Photoshop.

Por conta desses novos e poderosos recursos, o Adobe Photoshop exige máquinas mais potentes para o trabalho com imagens. Veja a seguir os requisitos de sistema.

Configuração para Windows

- Processador Intel® ou AMD compatível com 64 bits; processador de 2 GHz ou mais rápido com SSE 4.2 ou posterior.
- Microsoft Windows 10 (64 bits) versão 1809 ou posterior; versões LTSC não são compatíveis.
- Mínimo de 8 GB de memória RAM (recomenda-se 16 GB ou mais).

- Placa de vídeo GPU com suporte DirectX 12 e 2 GB de memória de GPU, e recomenda-se o GPU com suporte DirectX 12 e 4 GB de memória de GPU para monitores 4k e superiores.

- Mínimo de 4 GB de espaço disponível em disco, sendo necessário espaço livre adicional para a instalação. Recomenda-se um SSD interno rápido para instalação do aplicativo e uma unidade interna separada para discos de trabalho.

- Monitor de pelo menos 1.280 × 800 de resolução, com 100% de dimensionamento de interface do usuário, sendo que o recomendado é um monitor de 1.920 × 1.080 ou superior a 100% de escala de dimensionamento de interface do usuário.

- Requer conexão com a internet e registro para ativação do software, validação de assinaturas e acesso aos serviços on-line.

Configuração para macOS

- Processador Intel® com suporte a 64 bits com 2 GHz ou mais rápido com SSE 4.2 ou posterior.

- Sistema macOS Mojave (versão 10.14) ou posterior, e o recomendado é o macOS Big Sur (versão 11) ou macOS Catalina (versão 10.15).

- Mínimo de 8 GB de memória RAM (recomenda-se 16 GB ou mais).

- Mínimo de 4 GB de espaço disponível em disco, sendo necessário espaço livre adicional para a instalação. Recomenda-se um SSD interno rápido para instalação do aplicativo e uma unidade interna separada para discos de trabalho.

- Monitor de pelo menos 1.280 × 800 de resolução, com 100% de dimensionamento de interface do usuário, sendo que o recomendado é um monitor de 1.920 × 1.080 ou superior a 100% de escala de dimensionamento de interface do usuário.

- Requer conexão com a internet e registro para a ativação obrigatória do software, a validação da associação e o acesso aos serviços on-line.

Todas as atividades e telas capturadas para ilustrar os passos neste livro foram produzidas em um computador com processador Intel® Core™ i5-3450 de 3.10 GHz, com 8 GB de memória RAM, placa de vídeo AMD Radeon RX 550 Series com 4 Gb de memória e monitor LED configurado com resolução de 1.920 × 1.080 pixels. Portanto, pode haver alguma diferença entre o espaço de tela de seu computador e a imagem ilustrada nos passos das atividades.

Conceitos básicos de imagem digital

No computador, você pode criar ou manipular dois tipos de imagem: vetorial e de varredura.

IMAGEM VETORIAL

A imagem vetorial é gerada por softwares para desenho gráfico, como o Illustrator, muito utilizado na criação de ilustrações, ou o AutoCAD, usado em projetos de engenharia e arquitetura. Esse tipo de imagem é criado com equações matemáticas (por exemplo: para desenhar uma reta, são necessários dois pontos com suas respectivas coordenadas), sendo as formas criadas – retas e curvas – chamadas de vetores. Veja, a seguir, exemplos de imagem vetorial.

Imagem vetorial colorizada   Imagem vetorial exibindo apenas retas e curvas

IMAGEM DE VARREDURA

A imagem de varredura, ou mapa de bits (bitmap), é formada por milhões de pontos agrupados em uma grade (linhas e colunas), denominados pixels, em diferentes tonalidades de cor. Observe, na imagem a seguir, as colunas e linhas de pixels presentes no detalhe ampliado. É dessa forma que programas gráficos que trabalham com imagens de varredura, como o Photoshop, criam e editam imagens.

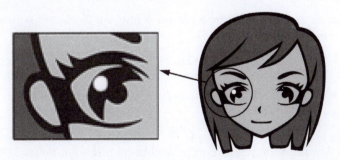

Nas imagens vetoriais, mesmo depois de uma ampliação, a qualidade é a mesma. Observe na imagem a seguir que, no mesmo detalhe ampliado, a qualidade não muda.

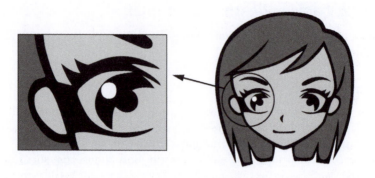

É muito importante considerar o contexto no qual a imagem será utilizada, pois, se for necessária a alteração do tamanho físico de uma imagem de varredura, a qualidade será prejudicada. O mesmo não ocorre em imagens vetoriais. Se, por exemplo, você alterar em 150% o tamanho de uma imagem, a qualidade será a mesma.

Imagem digital

Nos dias de hoje, a grande maioria das imagens disponíveis é digital e em vários formatos de arquivos.

Com o avanço da tecnologia das máquinas fotográficas digitais, dos smartphones e da internet, raramente você vai se deparar com fotografias em papel sendo utilizadas em algum projeto. Se for esse o caso, entram em cena os escâneres, que são os equipamentos usados para a digitalização de imagens, além de outros documentos. Eles fazem a conversão das imagens em papel para arquivos digitais.

Independentemente da origem da imagem digital, vale ressaltar que ela pode ser utilizada de duas maneiras:

- em trabalhos impressos, feitos com impressoras caseiras ou em gráficas especializadas;
- em trabalhos digitais, que serão exibidos em telas de desktops, notebooks, tablets ou smartphones.

Antes do uso de qualquer imagem, é preciso definir seu destino e assim estipular a resolução necessária.

Resolução

Resolução é a unidade de medida que determina o tamanho de uma imagem. Há três tipos:

- *resolução da imagem* (*ou resolução de entrada*): refere-se ao tamanho que a imagem deverá ter em pixels. É determinada em pixels por polegada (*pixels per inch* – ppi);

- *resolução do monitor:* refere-se ao tamanho que a imagem deverá ter quando exibida no monitor. É determinada em pontos por polegada (*dots per inch* – dpi);

- *resolução de saída:* refere-se à qualidade da imagem que será impressa. É determinada em pontos por polegada e linhas por polegada (*lines per inch* – lpi).

Quanto maior a resolução da imagem, maior será o número de pontos por polegada (por exemplo, se uma imagem tiver 300 ppi, conterá 300 pixels em uma polegada quadrada). Quanto maior o número de pontos em uma polegada quadrada, mais detalhada e definida será a imagem, isto é, melhor será sua qualidade.

Mas você deve lembrar-se sempre de que, quanto maior a resolução de uma imagem, mais será exigido do seu computador em termos de memória e processamento. Portanto, é muito importante determinar a resolução da imagem de acordo com as necessidades do trabalho – nunca a mais nem a menos.

Se, por exemplo, o propósito for exibir a imagem no monitor, deve-se seguir o padrão dos computadores, isto é, com resolução não superior a 72 dpi.

Veja a seguir como definir a melhor resolução de imagem para o seu trabalho.

- Para saída de imagens em impressora *laser*, é recomendada a resolução mínima de 200 dpi, suficiente para uma impressão de excelente qualidade.

- Para disponibilizar imagens na web, é recomendado utilizar a resolução de 72 dpi.

- Só se deve utilizar resolução de 300 dpi, ou superior, para imagens de qualidade profissional, com saída em impressora de alta definição (como *offset*, em gráficas profissionais).

Atividade 1 – Familiarizando-se com a interface

Objetivo:
» Explorar a interface do Photoshop.

Tarefas:
» Conhecer a área de trabalho.
» Conhecer e manipular os painéis.
» Explorar os modos de tela.
» Conhecer as opções de área de trabalho e personalizá-la.
» Apagar uma área de trabalho.
» Conhecer e explorar o recurso de pesquisa.

A interface do Photoshop

Com o serviço Creative Cloud, a integração entre os aplicativos é plena, tornando-os padronizados, ou seja, nota-se que a interface é padrão para todos eles (basta observar as interfaces dos outros programas, como o Illustrator e o InDesign), o que torna o uso e o aprendizado desses programas muito mais fáceis. A diferença entre eles está nos recursos, nas ferramentas e nas funções específicas de cada um.

O primeiro passo do estudo é familiarizar-se com a interface do Photoshop, que permite que o usuário faça um trabalho rápido, intuitivo e profissional.

Tela *Início* (*Home*)

A área de trabalho *Início* (*Home*) foi desenvolvida para facilitar seu trabalho e é exibida na inicialização do Photoshop.

1. Inicie o Photoshop e observe a área de trabalho *Início* (*Home*).

Do lado esquerdo da tela estão as seguintes opções:

- Botão *Início* (*Home*): clicando nesse botão, a tela *Início* é exibida novamente.
- Botão *Aprendizado* (*Learn*): exibe uma lista de tutoriais básicos e avançados no Photoshop.
- Botão *Fotos do Lightroom* (*Lightroom photos*): essa opção permite acessar as fotos tratadas no Lightroom sincronizadas e importá-las em um documento do Photoshop.
- Botão *Documentos na nuvem* (*Cloud documents*): exibe uma lista no Photoshop de todos os documentos salvos na nuvem, sejam criados para iPad ou desktop.
- Botão *Excluídos* (*Deleted*): exibe uma lista completa de documentos na nuvem que você excluiu, sendo possível restaurá-los ou excluí-los permanentemente.
- Botão *Criar novo* (*Create new*): cria um novo documento. Também é possível criar um documento selecionando um dos vários modelos e predefinições disponíveis no Photoshop.
- Botão *Abrir* (*Open*): abre um documento existente no Photoshop.

Na parte superior da tela *Início* (*Home*) são apresentadas sugestões de estudo, e você pode acessar os tutoriais interativos ao clicar no botão *Navegar em tutoriais* (*Browse tutorials*), ou acessar a área de aprendizado clicando no botão *Ir para Aprendizado* (*Go to Learn*).

Na parte inferior da tela, no item *Recentes* (*Recent*), são exibidos os últimos documentos trabalhados no Photoshop, e permite-se que sejam feitas configurações para exibi-los.

- A – Você seleciona como os arquivos devem ser organizados, escolhendo entre as opções *Recente* (*Recent*), *Nome* (*Name*), *Tamanho* (*Size*) ou *Tipo* (*King*). A seta ao lado desse item ajusta os arquivos em ordem crescente ou decrescente.

- B – Permite fazer uma filtragem dos arquivos exibidos de acordo com o parâmetro desejado.

- C – Seleciona a forma como os arquivos são listados com as opções *Nome* (*Name*) ou *Miniatura* (*Thumbnail*).

No canto superior direito há três botões, que exibem:

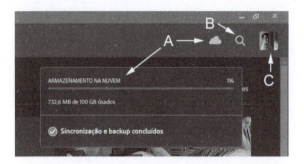

- A – O status de uso de seu disco virtual.

- B – Um sistema de pesquisa avançado para descobrir ferramentas, tutoriais, artigos e ações rápidas para agilizar seu fluxo de trabalho.

- C – Acesso direto à sua conta na Adobe; nesse caso, o seu browser será aberto para exibir as informações.

Por padrão, a tela *Início* (*Home*) sempre será exibida, mas é possível desativar essa função acessando a janela *Preferências* (*Preferences*) no menu *Editar/Preferências/Geral* (*Edit/Preferences/General*) e desmarcando o item *Exibir automaticamente a Tela inicial* (*Auto show the Home Screen*).

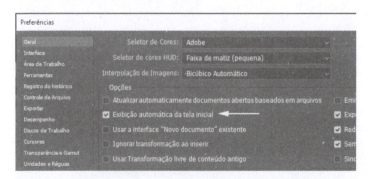

Área de trabalho do Photoshop

Para acessar a área de trabalho do Photoshop, você deve escolher uma ação na tela *Início* (*Home*), ou seja, clicar em um arquivo na lista de arquivos recentes, ou criar um novo arquivo, ou abrir outro arquivo existente, entre outras ações.

Para explorar a interface:

2. Clique no botão *Abrir* (*Open*) ou pressione as teclas de atalho *Ctrl + O*.

3. No quadro de diálogo *Abrir*, localize a imagem *AVILA.jpg* na pasta *Capitulo1*, dentro de *Arquivos de trabalho*, que está na pasta *Arquivos livro* (criada por você para armazenar todos os arquivos baixados de nosso site).

 No Photoshop você pode abrir mais de um arquivo ao mesmo tempo. Basta selecionar os arquivos desejados no quadro *Abrir*, da mesma maneira que você seleciona mais de um arquivo no *Explorador de Arquivos* do Windows.

4. Clique no botão *Abrir*, do quadro de diálogo, e a imagem será aberta.

Por padrão, a interface do Photoshop é exibida em cinza-escuro, comum a todos os aplicativos da Adobe. Essa opção é interessante por destacar a imagem em que se está trabalhando, e não a interface do software.

Não há variação de cores para configurar a interface, mas é possível escolher entre quatro tons de cinza. Para isso, basta acessar o menu *Editar* (*Edit*), opção *Preferências* (*Preferences*), e clicar em *Interface* (*Interface*). No item *Aparência* (*Appearance*), são exibidas quatro opções em *Tema de cores* (*Color Theme*).

Neste material, será utilizada a terceira opção para que as imagens capturadas fiquem mais nítidas, pois o livro é impresso em preto e branco.

5. Para seu estudo, acesse essas opções e selecione o tom de cinza que deseja trabalhar, clicando em *OK* para finalizar e aplicar.

Veja a seguir a identificação de cada parte da área de trabalho do Photoshop. Não se preocupe, neste momento, com o nome e as funções de todos os itens que a compõem; você vai conhecê-los ao longo do estudo.

- A – *Barra de menus* (*Menu Bar*): contém os menus.
- B – *Barra de opções* (*Options Bar*): exibe as opções da ferramenta que estiver selecionada e contém o botão *Alternador da área de trabalho* (*Choose a Workspace*).
- C – *Painel Ferramentas* (*Tools*): contém todas as ferramentas e seus grupos.
- D – Área dos painéis: área na qual os painéis ficam ancorados por padrão.

6. Nesse início de estudo, é importante que a ferramenta *Mover* (*Move*) esteja selecionada no painel *Ferramentas* (*Tools*), e a indicação de seleção pode ser notada pelo botão, que fica em um tom de cinza mais escuro que os outros. Clique sobre ela para selecioná-la, caso ainda não esteja.

O painel *Ferramentas* (*Tools*), por padrão, fica ancorado no lado esquerdo da tela, e as ferramentas são apresentadas em uma única coluna, ou, se você preferir, em duas colunas. Basta clicar na seta dupla no topo do painel, e elas serão dispostas em duas colunas.

7. Para mover o painel e deixá-lo flutuante, clique na linha pontilhada abaixo do topo e arraste-o para a área livre da tela. Você pode movê-lo para a direita até ancorá-lo ao lado dos outros painéis, se desejar.

8. Coloque o painel *Ferramentas* (*Tools*) novamente na posição original, movendo-o para a lateral esquerda da janela, na qual se encaixará automaticamente.

Dicas avançadas de ferramentas

Para facilitar seu aprendizado, o Photoshop disponibiliza mais do que simples dicas das ferramentas. Ao pousar o cursor do mouse sobre uma ferramenta, será exibido o nome da ferramenta, sua tecla de atalho (entre parênteses), uma pequena descrição dela e, em certas ferramentas, um pequeno vídeo da ferramenta em ação.

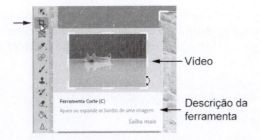

Para desabilitar esse recurso, basta abrir o menu *Editar* (*Edit*) e desmarcar essa opção em *Preferências/Ferramentas/Mostrar dicas de ferramentas avançadas* (*Preferences/Tools/Show Rich Toolstips*).

Guias das imagens

As janelas dos arquivos abertos no Photoshop são organizadas em guias, possibilitando o aumento da produtividade quando se trabalha com vários arquivos.

Observe que toda a área livre entre os painéis da direita e da esquerda é ocupada pela janela da imagem que você abriu; no topo e à esquerda dessa área está a guia que identifica a imagem. Veja a figura a seguir.

É possível escolher uma cor diferente para o fundo da tela, que é a área na qual a imagem é aberta.

1. Clique na área do fundo da tela com o botão direito do mouse para exibir o menu com as opções de cores disponíveis. A última opção (*Selecionar Cor Personalizada – Select Custon Color*) permite a escolha de qualquer cor disponível no quadro *Seletor de Cores* (*Color Picker*), ou até mesmo criar uma nova cor.

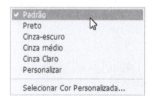

2. Para continuar seu estudo mantenha a opção *Padrão* (*Default*).

Para demonstrar como as guias das imagens funcionam, você vai precisar abrir outro arquivo. Agora que você já está na área de trabalho do Photoshop, isso pode ser feito na opção *Abrir* (*Open*) do menu *Arquivo* (*File*) ou pressionando as teclas de atalho Ctrl + O. Mas existe uma opção na qual você retorna à área de trabalho *Início* (*Home*).

3. Clique no botão *Início* (*Home*) no canto superior esquerdo da janela do Photoshop, e a tela *Início* (*Home*) será exibida. Para retornar à área de trabalho, basta clicar na seta do lado esquerdo do logotipo do Photoshop, mas nesta atividade continue na área de trabalho.

4. Clique no botão *Abrir* (*Open*), localize a imagem *AVILA2.jpg* na pasta *Arquivos livro/ Arquivos de trabalho*, dentro da pasta *Capitulo1*, e clique no botão *Abrir*. Observe que a janela da imagem será aberta sobre a outra, e sua guia será colocada ao lado da outra guia em destaque.

5. Para acessar a outra imagem aberta, basta clicar na guia da imagem desejada para trazê-la para frente.

6. Você também pode deixar as janelas flutuantes sobre a área de trabalho do Photoshop. Clique sobre a guia da imagem *AVILA2.jpg* e arraste-a para baixo. Ao liberar o cursor do mouse, a imagem fica dentro de uma janela flutuante.

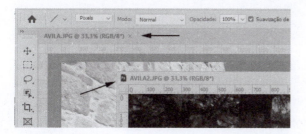

7. Faça o mesmo com a outra imagem, e então ambas estarão em janelas flutuantes.

8. Para voltar a visualizar as imagens com guias, clique no menu *Janela/Organizar* (*Window/Arrange*) e selecione a opção *Consolidar tudo para guias* (*Consolidate All to Tabs*). Nesse mesmo menu, há outras opções para organizar as janelas das imagens que estiverem abertas, portanto não deixe de experimentá-las.

9. As guias possuem o botão *Fechar*, representado por um "X". Feche a imagem *AVILA2.jpg* clicando nesse botão.

 Neste livro, a representação menu *Xx/Xx* significa que você deve clicar em um determinado menu e em uma determinada opção, ou opções, desse comando. Por exemplo, "clique no menu *Arquivo/Abrir (File/Open)*" significa que você deve clicar no menu *Arquivo (File)*, na barra de menus, e na opção *Abrir (Open)* desse menu.

Além do botão *Fechar* da guia da imagem, existem outras opções no menu *Arquivo* (*File*) para fechar as imagens:

- *Fechar* (*Close*): fecha a imagem selecionada (atalho: *Ctrl + W*);
- *Fechar todas* (*Close All*): fecha todas as imagens da área de trabalho (atalho: *Alt + Ctrl + W*);
- *Fechar "Outros"* (*Close Others*): fecha todas as imagens abertas, menos a que estiver selecionada.

Painéis

Nos painéis do Photoshop, ancorados do lado direito da tela, estão a maioria dos recursos para tratar imagens. Para liberar mais espaço de tela, você tem a opção de recolhê-los com o botão *Contrair a ícones* (*Collapse to Icons*), deixando-os na forma de botões. Para expandi-los, use o mesmo botão, que no caso terá o nome *Expandir painéis* (*Expand Panels*).

Os painéis estão organizados por grupos de afinidade, e cada grupo é organizado por guias identificadas com o nome dos respectivos painéis, como *Cor* (*Color*), *Amostras* (*Swatches*) ou *Bibliotecas* (*Libraries*).

Você deve estar visualizando dois grupos de painéis, sendo que o primeiro, da esquerda para a direita, pode estar contraído. Não se preocupe caso sua tela não esteja dessa forma, pois toda a área de trabalho do Photoshop é configurável.

1. Clique na seta dupla (opção *Contrair a ícones – Collapse to Icons*) no canto superior direito do segundo painel e ele será recolhido, exibindo apenas os ícones.

 Observe que, ao utilizar essa opção, a janela da imagem ocupa automaticamente a área disponível na tela.

2. Expanda os dois painéis clicando na seta dupla, que agora recebe o nome *Expandir painéis* (*Expand Panels*).
3. Você pode mover todos os painéis para a área da imagem, deixando-os flutuantes. Clique sobre a guia do painel *Cor* (*Color*) e arraste-o para a área da imagem.

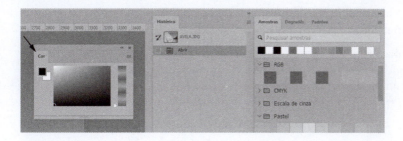

> Você pode ancorar o painel *Cor (Color)* ao lado do painel *Ferramentas (Tools)*, na base da janela da imagem, ou ao lado dos painéis da direita. Basta arrastá-lo até a proximidade do local desejado e uma faixa azul-clara será exibida, o que indica que ele será ancorado ali.

Ocultando os painéis

1. Pressione a tecla *Tab*, e todos os painéis (incluindo a *Barra de Opções – Options Bar*) serão ocultados.
2. Leve o cursor até a borda direita da janela do programa, e os painéis serão exibidos.
3. Desloque o cursor para fora dos painéis, e eles serão ocultados automaticamente. Assim, você pode selecionar o que deseja em um dos painéis (isso também vale para o painel *Ferramentas – Tools*) e voltar a editar sua imagem. Essa opção libera mais área de tela para seu trabalho.
4. Pressione a tecla *Tab* para que os painéis sejam exibidos.

Modos de tela

O Photoshop oferece três modos de tela diferentes e de rápido acesso pelo botão *Alterar modo de tela*, pelo último botão do painel *Ferramentas (Tools)*, ou pela tecla de atalho *F*:

- *Modo de Tela Padrão (Standard Screen Mode)*;
- *Modo de Tela Cheia com Barra de Menus (Full Screen Mode with Menu Bar)*;
- *Modo de Tela Cheia (Full Screen Mode)*.

O modo de tela que você visualiza no momento é o *Padrão (Standard Screen Mode)*.

1. Pressione a tecla *F* para alternar para o *Modo de Tela Cheia com Barra de Menus (Full Screen Mode with Menu Bar)*. Essa opção maximiza a janela do Photoshop no monitor.
2. Pressione novamente a tecla *F*. Todos os itens serão ocultados, e a janela da imagem ocupará toda a tela. Aproximando o cursor da borda esquerda ou da direita, os

painéis serão exibidos, mas somente para a escolha de opções. Para retornar ao modo padrão, basta pressionar novamente a tecla *F* ou *Esc*.

3. Para visualizar a lista de opções, basta acessar o menu *Visualizar* (*View*) e clicar na opção *Modo de Tela* (*Screen Mode*), ou clicar e segurar o botão do mouse por alguns segundos sobre o botão *Alterar modo de tela* (*Change Screen Mode*) no painel *Ferramentas* (*Tools*) para que as opções sejam exibidas.

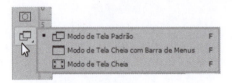

4. Feche o arquivo *AVILA.jpg* pressionando as teclas de atalho *Ctrl + W*, ou pelo menu *Arquivo/Fechar* (*File/Close*).

Opções de áreas de trabalho

Sempre que o Photoshop for iniciado, a área de trabalho será mostrada com as configurações da última vez que o software foi utilizado.

1. Por exemplo, observe em que posição ficou o painel *Cor* (*Color*).

2. No menu *Arquivo* (*File*), clique em *Sair* ou utilize as teclas de atalho *Ctrl + Q* para fechar o programa.

3. Agora, inicie o Photoshop novamente, e observe que o painel *Cor* (*Color*) está exatamente na posição em que foi deixado.

Isso ocorre porque o Photoshop grava as informações de configuração em um arquivo. Além dos painéis, os menus e as teclas de atalho também podem ser personalizados, ou seja, toda a área de trabalho.

Áreas de trabalho pré-configuradas

O Photoshop traz uma série de áreas de trabalho pré-configuradas com base no tipo de serviço a ser executado no projeto. Elas podem ser selecionadas no menu *Janela/Área de trabalho* ou pelo botão *Alternador da área de trabalho* (*Choose a Workspace*) na *Barra de Opções* (*Options Bar*).

1. Por padrão, a área de trabalho *Início* (*Home*) deve estar sendo exibida após você ter fechado as imagens. Para visualizar a área de trabalho padrão, vá ao menu *Janela* (*Window*) e selecione a opção *Área de Trabalho/Essenciais* (*Padrão*) – *Workspace/Essentials* (*Default*).

2. Clique no botão *Escolher uma área de trabalho* (*Choose a Workspace*) no canto superior direito da tela para exibir as opções. A opção que deve estar selecionada é a *Essenciais*, que é a padrão do Photoshop, mas se lembre de que você mudou um painel de posição.

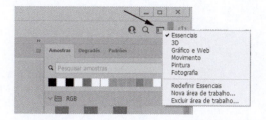

3. Para retornar ao padrão original do Photoshop, clique mais uma vez no botão e selecione a opção *Redefinir Essenciais* (*Reset Essentials*). Observe que o painel *Cor* (*Color*), que você havia movido, volta para a posição original.

Personalizando a área de trabalho

Além das áreas de trabalho pré-configuradas, você pode criar outras, salvando as configurações de tela da maneira que desejar. Você vai desligar alguns painéis para salvar uma nova área de trabalho.

1. No menu *Janela* (*Window*), clique no item *Camadas* (*Layers*) para desligá-lo e repita o procedimento para o painel *Propriedades* (*Properties*).

2. Clique na guia do painel *Amostras* (*Swatches*) e arraste-a para a área de trabalho, deixando-o flutuante. Por fim, a área exibirá três painéis expandidos, um flutuante e um contraído.

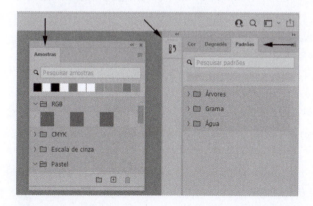

3. Para salvar essa área de trabalho e poder usá-la no futuro, clique no menu *Janela/ Área de trabalho/Nova área de trabalho* (*Window/Workspace/New Workspace*).

4. No quadro de diálogo *Nova área de trabalho* (*New Workspace*), digite um nome no campo *Nome* (*Name*) para identificar a área de trabalho. Por exemplo, *Área de trabalho Teste*.

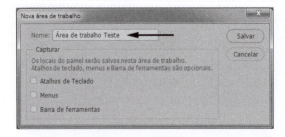

5. No item *Capturar* (*Capture*), escolha o que deseja salvar entre as opções de teclas de atalho e menus e clique no botão *Salvar*.

6. Clique novamente no menu *Janela/Área de trabalho* (*Window/Workspace*) ou no botão *Escolher uma área de trabalho* (*Choose a Workspace*) e veja que a nova área está disponível na lista.

Apagando uma área de trabalho

Você pode eliminar qualquer área de trabalho criada, exceto as predefinidas pelo Photoshop.

1. Clique no menu *Janela/Área de trabalho* (*Window/Workspace*) e selecione *Essenciais* (*Essentials*), para mudar a área atual.

2. Repita o procedimento, mas desta vez clique na opção *Excluir área de trabalho* (*Delete Workspace*); no quadro de diálogo, basta clicar na seta ao lado da caixa *Área de Trabalho* (*Workspace*) para exibir a lista dos itens salvos.

3. Selecione a área de trabalho que você criou, clique no botão *Excluir* (*Delete*), e será exibida uma mensagem de confirmação. Para finalizar, clique no botão *Sim* (*Yes*).

4. Clique no botão *Escolher uma área de trabalho* (*Choose Workspace*) e selecione *Redefinir Essenciais* (*Reset Essentials*).

Pesquisa do Photoshop

Para encerrar o primeiro contato com a interface, conheça agora o recurso de pesquisa do Photoshop. Apresentado em uma caixa de diálogo única, essa facilidade permite a pesquisa de arquivos recentes, documentos, ferramentas, itens de menu, painéis, elementos da interface do usuário, camadas, objetos inteligentes, novas predefinições de documento, ativos do Adobe Stock, ajuda e conteúdo de aprendizagem, documentação e tutoriais de instrução.

Para ativar o quadro de pesquisa, você pode clicar na opção *Pesquisar* do menu *Editar* (*Edit*) ou pressionar as teclas de atalho *Ctrl + F*.

Outra opção para ativar a pesquisa é pela interface: clique no ícone *Pesquisar* (*Search*) no canto superior direito, na barra de *Opções* (*Options Bar*), e o quadro será apresentado.

O painel *Descobrir* (*Discover*) exibe duas seções úteis para orientá-lo nos recursos principais de aprendizado:

- *Procurar* (*Browse*): essa seção é usada para encontrar facilmente tutoriais no aplicativo, ações rápidas e informações sobre os recursos mais recentes do Photoshop.

- *Links de recursos* (*Resource Links*): exibe links externos para os recursos úteis da Adobe, e o auxiliam a continuar aprendendo ou a expandir os recursos do Photoshop com plug-ins, procurar imagens no Adobe Stock ou localizar fontes no Adobe Fonts.

Para localizar algo, basta digitar na caixa de pesquisa no topo do painel e acessar todo o repositório de ferramentas, tutoriais no aplicativo, artigos e ações rápidas, que vão ajudá-lo a desenvolver suas habilidades e conhecimentos.

Para retornar à página anterior, basta clicar na seta voltar ou clicar no ícone de início à direita para reiniciar.

1. Na caixa de pesquisa digite "Mover", e observe que de acordo com a palavra digitada a pesquisa terá encontrado algumas ferramentas (A) e um tutorial (B).

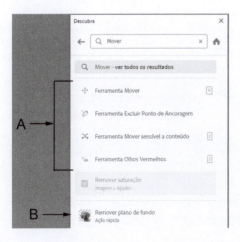

2. Pouse o cursor do mouse sobre a opção *Ferramenta Mover sensível a conteúdo* (*Content-Aware Move Tool*), na lista de resultados da pesquisa, e veja que a ferramenta informada é destacada.

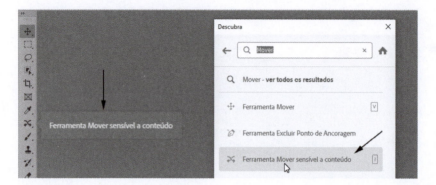

Se você der um clique na opção, a ferramenta será ativada e o painel de pesquisa será fechado.

3. Para fechar o quadro, pressione a tecla *Esc*. Outra opção é pressionar as teclas *Ctrl + F* ou clicar fora do quadro em qualquer área da interface.

Atividade 2 – Trabalhando com a primeira imagem

Objetivo:
» Conhecer os recursos para manipulação do tamanho de uma imagem.

Tarefas:
» Consultar as informações da imagem.
» Obter o tamanho do arquivo da imagem.
» Alterar as dimensões da imagem e sua resolução.
» Trabalhar com os comandos *Reverter* (*Revert*) e *Tamanho da Tela de Pintura* (*Canvas Size*).
» Salvar um arquivo e configurar o salvamento automático.

Explorando as informações da imagem

Como visto anteriormente, o pixel, citado em qualquer programa gráfico que manipula imagens digitais, é responsável por definir as imagens de varredura. Para dominar a edição digital de imagens, é muito importante que você compreenda o que é pixel e como as imagens digitais são codificadas.

Os arquivos de imagem digital (em formatos JPEG, TIFF, PICT ou GIF) são formados por uma sequência ordenada de números: os bytes. Eles representam as características de cada pixel: cor, brilho, saturação, transparência, entre outras.

Lembre-se de que a imagem digital é formada por uma grade retangular de pixels. Para comprovar isso, faça o seguinte:

1. Na tela *Início* (*Home*), clique no botão *Abrir* (*Open*).
2. Localize a imagem *PARQUE_GUELL_BARCELONA.jpg*, na pasta *Arquivos de trabalho/Capitulo1*, dentro da pasta *Arquivos livro* (criada por você para armazenar todos os arquivos baixados de nosso site).
3. Clique no botão *Abrir* do quadro de diálogo para abrir a imagem selecionada.

4. Para ampliar a visualização da imagem, você pode contar com a ferramenta *Zoom* (*Zoom*), mas ela será explorada mais à frente em seu estudo. Neste momento, você

vai utilizar a caixa de zoom da janela da imagem, localizada no canto inferior esquerdo da janela. Ela deve estar indicando 33,33%; portanto, clique dentro da caixa e digite *3.200%*.

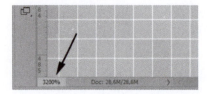

Com essa ampliação você poderá visualizar nitidamente os pixels da imagem. Veja o detalhe a seguir:

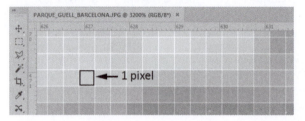

Para que as informações de cores sejam armazenadas, a imagem é mapeada um determinado número de vezes, e cada mapeamento é chamado de canal. Os modos de fazer a representação da cor são chamados de espaços de cor; eles se diferenciam pelo tipo de informação contida em seus canais. Os mais utilizados são:

- *Grayscale* (tons de cinza): possui apenas um canal;

- *RGB* (comumente usado para visualização na tela): possui 3 canais: *Red*, *Green* e *Blue* (vermelho, verde e azul); daí a sigla RGB;

- *CMYK* (utilizado para impressão gráfica): possui 4 canais: *Cyan*, *Magenta*, *Yellow* e *Black* (ciano, magenta, amarelo e preto); daí a sigla CMYK;

- *Lab* (específico para manipulação de imagens): possui 3 canais: luminância, canal "a", que controla o vermelho/verde, e canal "b", que controla o azul/laranja.

5. No menu *Janela* (*Window*), clique na opção *Canais* (*Channels*), caso ela não esteja selecionada, para exibir o painel de mesmo nome. Essa imagem está no modo *RGB*, e o painel *Canais* (*Channels*) exibe todos os canais da imagem.

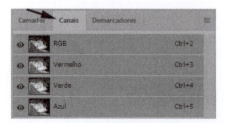

6. Para fazer com que a visualização encaixe na janela, selecione a opção *Ajustar à tela* (*Fit on Screen*) no menu *Visualizar* (*View*), ou pressione as teclas de atalho *Ctrl + 0*.

Obtendo o tamanho do arquivo da imagem

Quando uma imagem é digitalizada por meio de um escâner ou produzida por uma máquina fotográfica digital, a informação visual é convertida em uma matriz de pixels e registrada como uma sequência de números. Assim, toda imagem digital tem um tamanho específico.

A imagem que você abriu tem 3.648 × 2.736 pixels. Por convenção, o primeiro valor é a largura e o segundo é a altura. Mas só com esses valores você ainda não tem o tamanho que o arquivo deve ocupar em seu HD em bytes.

No canto inferior esquerdo da janela da imagem, o Photoshop exibe dois valores: o da esquerda informa o tamanho do arquivo em megabytes; o da direita informa o tamanho do arquivo se a imagem for salva com canais alfa e camadas.

 Você aprenderá sobre canais alfa e camadas nos próximos capítulos.

Essa área reserva-se a dar várias informações sobre o arquivo que está sendo editado, e, se por acaso você não estiver visualizando os valores do tamanho do arquivo como mostrado na figura anterior, clique na seta do lado direito da caixa e selecione a opção *Tamanhos do documento* (*Document Sizes*). Para observar as diversas informações que podem ser obtidas nesta caixa, basta selecioná-las.

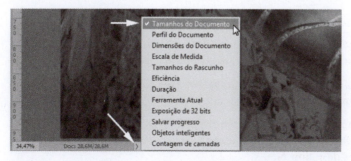

Quadro de diálogo Tamanho da Imagem (Image Size)

Outra opção para obter as informações do arquivo é o quadro de diálogo *Tamanho da Imagem* (*Image Size*).

1. No menu *Imagem* (*Image*), clique na opção *Tamanho da Imagem* (*Image Size*). Será exibido um quadro com várias informações sobre o arquivo.

O item *Tamanho da Imagem* (*Image Size*) exibe a quantidade de pixels total da imagem, que no caso é de 28,6 megapixels, e o item *Dimensões* (*Dimensions*) exibe as dimensões físicas do arquivo.

A unidade de medida pode ser escolhida em um menu ao se clicar no botão logo após a palavra *Dimensões* (*Dimensions*). Ele permite a escolha da unidade de medida a ser exibida, e por padrão deverá estar selecionada a opção *Pixels*.

2. As demais opções serão exploradas mais adiante. Por ora, clique no botão *Cancelar* (*Cancel*) para fechar o quadro.

 O tamanho que o arquivo de imagem ocupará quando gravado em seu HD não será sempre diretamente proporcional à quantidade de pixels, porque a maioria dos formatos de arquivo utiliza algum método de compressão para que as imagens ocupem menos espaço quando armazenadas. Adiante você terá informações sobre compressão.

Alterando as dimensões da imagem

No Photoshop você pode redimensionar as imagens de várias maneiras, mas é preciso ter atenção à resolução e ao tamanho que se deseja para não prejudicar o resultado final.

Aqui você vai utilizar o quadro *Tamanho da Imagem* (*Image Size*), que, além de fornecer informações, permite fazer alterações no arquivo.

1. Utilizando a mesma imagem aberta anteriormente (*PARQUE_GUELL_BARCELONA.jpg*), vá ao menu *Imagem* (*Image*), clique em *Tamanho da Imagem* (*Image Size*), ou pressione as teclas de atalho *Alt* + *Ctrl* + *I*.

O quadro de diálogo *Tamanho da Imagem* (*Image Size*) pode ser redimensionado como qualquer janela do Windows, facilitando seu trabalho. Se necessário, basta posicionar o cursor no canto inferior direito do quadro, clicar e arrastar para aumentá-lo ou diminuí-lo.

2. Do lado esquerdo está a janela de visualização da imagem, onde você pode acompanhar as alterações e seus resultados antes de finalizar o comando. Posicione o cursor sobre essa janela, e os controles de zoom serão exibidos. Basta clicar no sinal de + ou – para fazer a alteração.

A alteração do zoom também pode ser feita combinando a tecla *Ctrl* com um clique dentro da janela para ampliar o zoom, ou com a tecla *Alt* para reduzir o zoom.

Perceba que, quando o cursor está sobre a janela de visualização, ele muda para a forma de uma mão. Clicando e arrastando-o você muda a área visualizada da imagem.

O botão ao lado do item *Dimensões* (*Dimensions*), que informa o tamanho físico do arquivo, permite a escolha da unidade de medida a ser exibida.

3. Clique na seta da caixa do item *Ajustar para* (*Fit To*). Esse item permite o uso de predefinições automáticas para redimensionar a imagem; por exemplo, se você quiser ajustá-la para o tamanho A4. A primeira opção, *Tamanho original* (*Original Size*), faz a imagem voltar aos seus valores originais, o que permite experimentar outras opções. Mas isso antes de confirmar o comando.

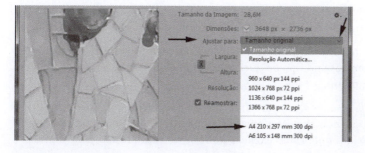

4. Para prosseguir na atividade, mantenha a opção *Tamanho original* (*Original Size*) selecionada.

É por meio das caixas *Largura* (*Width*), *Altura* (*Height*) e *Resolução* (*Resolution*) que você altera manualmente as dimensões do arquivo. Ao lado de cada uma das caixas há um menu para que você escolha a unidade de medida que deseja utilizar.

5. Para esta atividade, altere a unidade do item *Largura* (*Width*) para *Milímetros* (*Millimeters*) e veja que a unidade da caixa *Altura* (*Height*) muda automaticamente.

6. O item *Resolução* (*Resolution*) possui duas opções de unidade de medida: pixels por polegada (*Pixels/Inch*) ou pixels por centímetro (*Pixels/Centimeter*). Para esta atividade, mantenha a unidade *Pixels/polegada* (*Pixels/Inch*).

7. Na caixa *Largura* (*Width*), digite 2.000 e observe que o valor da *Altura* (*Height*) é alterado automaticamente. Isso ocorre porque a opção *Restringir proporções* (*Constrain Aspect Ratio*), representada pelo ícone da corrente do lado esquerdo, está ativada.

Ao digitar o valor, o tamanho da imagem é ampliado, deixando-a com 2.000 milímetros de largura e 1.500 milímetros de altura. Apesar disso, a resolução não é alterada.

 Se você desabilitar o item *Reamostrar* (*Resample*), os valores de *Largura* (*Width*), *Altura* (*Height*) e *Resolução* (*Resolution*) serão alterados proporcionalmente assim que você mudar o valor de qualquer um deles.

No item *Reamostrar* (*Resample*) você escolhe o método de redefinição da resolução da imagem, a fim de preservar sua qualidade, e por padrão ele já deve estar ativado. São sete métodos diferentes, cada um com uma função, permitindo a você escolher o melhor para seu trabalho no momento. Veja a seguir o descritivo desses métodos:

- *Automático* (*Automatic*): o próprio Photoshop escolhe o método de redefinição da resolução com base no tipo de documento e no fato de a escala do documento aumentar ou diminuir.

- *Preservar detalhes* (*ampliação*) (*Preserve Details* (*enlargement*)): esse método é o mais escolhido quando se deseja ampliar a imagem. Ao escolhê-lo, um controle deslizante de *Redução de ruído* (*Reduce noise*) é disponibilizado para suavizar o ruído ao aumentar a escala da imagem.

- *Bicúbico mais suave* (*ampliação*) (*Bicubic Smoother* (*enlargement*)): esse é um bom método para aumentar imagens com base na interpolação bicúbica, mas foi desenvolvido para produzir resultados mais suaves.

- *Bicúbico mais nítido* (*redução*) (*Bicubic Sharper* (*reduction*)): esse método é ótimo para reduzir o tamanho da imagem com base na interpolação bicúbica, com nitidez aprimorada. Esse método mantém os detalhes em uma imagem com resolução redefinida. Se *Bicúbico mais nítido* (*Bicubic Sharper* (*reduction*)) tornar algumas áreas da imagem nítidas demais, tente usar o *Bicúbico* (*Bicubic*).

- *Bicúbico* (*gradientes mais suaves*) (*Bicubic* (*smooth gradients*)): esse é um método mais lento, porém, mais preciso, baseado no exame dos valores dos pixels adjacentes. Por usar cálculos mais complexos, *Bicúbico* (*Bicubic*) produz gradações tonais mais suaves do que *Pelo mais próximo* (*Nearest Neighbor* (*hard edges*)) ou pelo *Bilinear* (*Bilinear*).

- *Pelo mais próximo* (*arestas sólidas*) (*Nearest Neighbor* (*hard edges*)): um método rápido e menos preciso de reproduzir pixels de uma imagem. Esse método preserva as arestas sólidas e produz um arquivo menor em ilustrações contendo arestas sem suavização de serrilhado. Entretanto, esse método pode produzir efeitos irregulares, que se tornam visíveis ao distorcer ou redimensionar uma imagem ou ao executar várias manipulações em uma seleção.

- *Bilinear* (*Bilinear*): um método que adiciona pixels, calculando a média dos valores de cor dos pixels adjacentes. Produz resultados de qualidade média.

8. Experimente os vários métodos, mas, para esta atividade, mantenha a opção *Preservar detalhes* (*ampliação*) (*Preserve Details* (*enlargement*)) selecionada e ajuste o item *Reduzir Ruído* (*Reduce Noise*) para *30%*.

No item *Tamanho da Imagem* (*Image Size*) é exibido o novo tamanho do arquivo, nesse caso 69,0 MB, e, entre parênteses, o valor antigo.

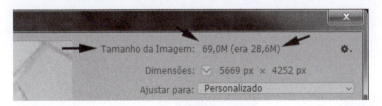

9. Clique no botão *OK* para finalizar a alteração.

Alterando a resolução

1. Abra novamente o quadro *Tamanho da Imagem* (*Image Size*) pressionando as teclas de atalho *Alt + Ctrl + I*.

2. Clique na caixa *Resolução* (*Resolution*) e altere o valor para *300*. Dessa vez, somente os valores do item *Tamanho da Imagem* (*Image Size*) sofrerão alteração, pois o aumento da resolução da imagem implica o aumento do número de pixels, mas as dimensões físicas da imagem não são alteradas. O tamanho do arquivo, entretanto, aumenta consideravelmente: neste caso, foi de 69,0 MB para 1,17 GB.

3. Clique no botão *Cancelar* (*Cancel*), pois nesta atividade não será necessário alterar a resolução da imagem.

4. Pressione as teclas de atalho *Ctrl + 0* para encaixar a visualização da imagem na tela.

Consulte, por meio do *Ajuda on-line do Photoshop* (*Photoshop Help*), no menu *Ajuda* (*Help*), o descritivo das demais opções do item *Reamostrar* (*Resample*).

Comando Reverter (Revert)

O comando *Reverter* (*Revert*) permite desfazer todas as alterações efetuadas em uma imagem, desde que ela não tenha sido salva. No menu *Arquivo* (*File*), você encontra essa opção, ou pode usar a tecla de atalho *F12*, e o arquivo da imagem voltará ao seu estado inicial.

Comando Tamanho da Tela de Pintura (Canvas Size)

A tela de pintura é a área editável de uma imagem (nesse caso, toda a imagem é editável). Com o comando *Tamanho da Tela de Pintura* (*Canvas Size*), você aumenta ou diminui o espaço em torno da imagem.

A unidade de medida exibida no quadro de diálogo desse comando baseia-se na unidade escolhida como padrão para o Photoshop. A seleção dessa unidade de medida pode ser feita no próprio quadro do comando, por meio das réguas do Photoshop quando estão sendo exibidas, ou ainda no quadro *Preferências* (*Preferences*) do menu *Editar* (*Edit*). Nesta atividade, você vai utilizar a unidade *Milímetros*.

1. Pressione as teclas de atalho *Ctrl + R* para exibir as réguas do Photoshop, caso elas não estejam sendo exibidas em sua tela. São duas réguas, sendo uma vertical, posicionada do lado esquerdo da tela, e outra horizontal, posicionada no topo.

2. Posicione o cursor do mouse sobre qualquer uma das réguas e dê um clique com o botão direito do mouse para exibir um menu. Selecione a unidade *Milímetros* (*Millimeters*) se ela não for a opção selecionada.

3. No menu *Imagem* (*Image*), clique em *Tamanho da Tela de Pintura* (*Canvas Size*), ou use as teclas de atalho *Alt + Ctrl + C*. Observe que as unidades de medida são as mesmas escolhidas para as réguas.

4. Você vai aumentar a área da imagem somente na altura, criando uma faixa branca no topo e na parte inferior. Portanto, digite *2.000* na caixa *Altura* (*Height*).

No item *Âncora* do quadro você indica o lado em que será acrescentada área à imagem, uma vez que, nesse caso, você está aumentando a tela de pintura.

5. Dê um clique na seta central da última fileira do item *Âncora* (*Anchor*) para aumentar a área da imagem para cima, e na caixa *Cor da extensão da tela de pintura*

(*Canvas extension color*) selecione a cor *Branco*, que será aplicada à área acrescentada à imagem.

6. Clique em *OK* para finalizar e veja o resultado.

7. Repita os mesmos procedimentos, digitando o valor *2.120* na caixa *Altura* (*Height*), mas desta vez clique na seta central da primeira fileira do item *Âncora* (*Anchor*) para aumentar a área da imagem para baixo.

8. Clique em *OK* e veja o resultado.

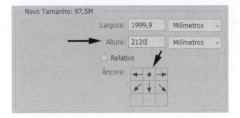

 Partes da imagem serão recortadas se forem digitados valores menores que os valores originais da imagem nas caixas *Largura (Width)* e/ou *Altura (Height)*.

Salvando o arquivo

Salvar seu trabalho enquanto o desenvolve é uma regra básica e importante; portanto, você deve usar de tempo em tempo o comando *Salvar* (*Save*) ou configurar seu Photoshop para salvar seus arquivos automaticamente, a fim de evitar perdas por acidente.

1. Para preservar o arquivo original da imagem em que você está trabalhando, clique no menu *Arquivo/Salvar como* (*File/Save As*), pois dessa forma você poderá salvar seu trabalho com outro nome e local.

Será exibido um quadro para que você determine onde seu arquivo será salvo. Devido aos recursos de conectividade explicados anteriormente, você tem a opção de salvar seu arquivo diretamente na nuvem. Para que esse quadro não seja mais exibido, basta ativar a opção *Não mostrar novamente* no canto inferior esquerdo.

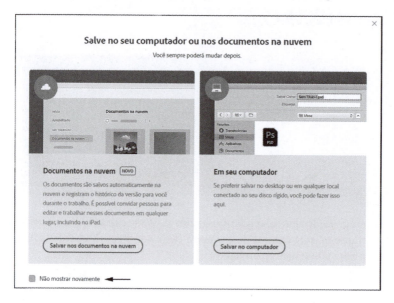

2. Para essa atividade, clique no botão *Salvar no computador* (*Save on your computer*) e, no quadro de diálogo *Salvar como* (*Save as*), digite Montagem-Parque Guell no campo *Nome* (*Name*); na seta ao lado da caixa *Tipo* (*Type*), selecione a opção Photoshop (*.PSD; *.PDD; *.PSDT), extensão natural dos arquivos trabalhados no Photoshop.

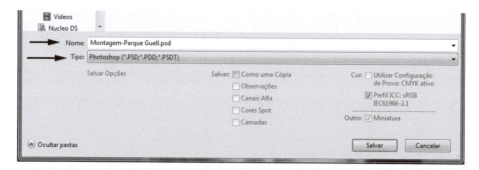

3. Localize a pasta *Meus trabalhos*, criada por você para armazenar os arquivos das atividades que você produzir, e clique no botão *Salvar*.

O comando *Salvar* (*Save*) é otimizado para permitir que você continue trabalhando enquanto ele salva uma imagem. O progresso do salvamento é exibido na guia da imagem que está sendo salva e também na *Barra de Status* (*Status Bar*), e você pode trabalhar em outras imagens abertas enquanto o Photoshop termina o processo.

Salvando a imagem automaticamente

Assim como outros softwares, o Photoshop pode salvar suas imagens de tempos em tempos, de acordo com a configuração feita em *Preferências* (*Preferences*).

1. No menu *Editar* (*Edit*), clique em *Preferências/Controle de Arquivo* (*Preferences/File Handling*).

2. No campo *Opções de Gravação de Arquivos* (*File Saving Options*), você encontrará a opção *Salvar informações de recuperação automaticamente a cada* (*Automatically Save Recovery Information Every*). Clique na seta da caixa e escolha uma das cinco opções de tempo para salvar seus arquivos automaticamente.

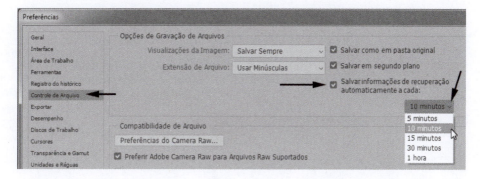

3. Clique em *OK* para finalizar.

Atividade 3 – Combinando imagens

Objetivo:
» Conhecer os recursos para se fazer uma montagem de imagens.

Tarefas:
» Conhecer a *Cor de Primeiro Plano* (*Foreground color*) e a *Cor do Plano de Fundo* (*Background color*).

» Selecionar cores.

» Trabalhar com a ferramenta *Lata de Tinta* (*Paint Bucket*) e o comando *Traçar* (*Stroke*).

» Copiar com a ferramenta *Mover* (*Move*).

» Conhecer as opções *Colocar incorporados* (*Place Embedded*) e *Colocar vinculados* (*Place Linked*).

» Girar imagens.

» Trabalhar com a ferramenta *Corte Demarcado* (*Crop*).

Um dos trabalhos mais executados com o Photoshop é a combinação de imagens, ou montagem, como muitos a chamam. Nesta atividade você vai exercitar essa prática, para entender como o Photoshop funciona, e desenvolver a imagem mostrada a seguir.

Cor de Primeiro Plano (Foreground Color) e Cor do Plano de Fundo (Background color)

Quando você escolheu a *Cor da extensão da tela de pintura* (*Canvas extension color*) no quadro *Tamanho da Tela de Pintura* (*Canvas Size*), deve ter visto duas opções além da que você escolheu: *Primeiro Plano* (*Foreground*) e *Plano de Fundo* (*Background*). Essas duas opções de cores têm relação com o painel *Ferramentas* (*Tools*), que apresenta botões para a configuração delas.

A *Cor de Primeiro Plano* (*Foreground color*) é utilizada para pintar, preencher e contornar seleções, e a *Cor do Plano de Fundo* (*Background color*), para preencher áreas que foram apagadas na imagem e fazer preenchimentos gradientes. Essas cores também são utilizadas em alguns filtros de efeitos especiais.

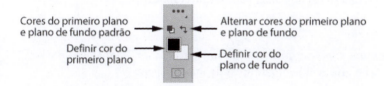

Ao clicar nos botões *Definir cor do primeiro plano* (*Set foreground color*) e *Definir cor do plano de fundo* (*Set background color*), é aberto o quadro *Seletor de Cores* (*Color Picker*) para a escolha da cor desejada.

O botão *Cores do primeiro plano e plano de fundo padrão* (*Default Foreground and Background Colors*) retorna as cores padrões do Photoshop, que são o preto para o primeiro plano e o branco para o plano de fundo. Já o botão *Alternar cores do primeiro plano e plano de fundo* (*Switch Foreground and Background Colors*) alterna as cores definidas para cada um dos casos.

Selecionando cores

O Photoshop oferece três caminhos para escolha, configuração e criação de cores, que são os painéis *Cor* (*Color*) e *Amostras* (*Swatches*) e o quadro *Seletor de Cores* (*Color Picker*). O painel *Amostras* (*Swatches*) tem um diferencial, que é a possibilidade de salvar uma cor para uso futuro.

Utilizando a imagem criada na atividade anterior, você vai pintar a área branca inferior com uma cor escolhida no painel *Amostras* (*Swatches*). Essa cor ficará armazenada como *Cor de Primeiro Plano* (*Foreground Color*) no painel *Ferramentas* (*Tools*).

1. Abra a imagem *Montagem-Parque Guell* da atividade anterior, caso a tenha fechado.

2. Selecione o painel *Amostras* (*Swatches*) e, usando a barra de rolagem da lista de cores do painel, localize a pasta *Mais Escuro* (*Darker*); clique na seta ao lado para abri-la e selecione a cor *Verde Amarelo Mais Escuro* (*Darker Yellow Green*). Observe que, ao pousar o mouse sobre uma amostra de cor, o nome desta é exibido após alguns segundos.

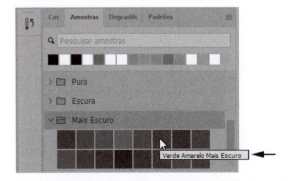

3. Dê um clique sobre ela, e a cor será colocada no quadrado *Definir cor do primeiro plano* (*Set foreground color*) no painel *Ferramentas* (*Tools*).

Ferramenta Lata de Tinta (Paint Bucket)

Para efetuar a pintura, você vai utilizar a ferramenta *Lata de Tinta* (*Paint Bucket*). Com ela você efetua o preenchimento de áreas de uma imagem.

Várias ferramentas estão agrupadas por similaridade no painel *Ferramentas* (*Tools*), como a *Lata de Tinta*.

1. Clique com o botão direito do mouse sobre a ferramenta *Lata de Tinta* (*Paint Bucket*) ou a ferramenta *Degradê* (*Gradient*) e observe que o grupo de ferramentas será exibido.

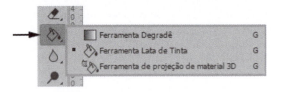

2. Selecione a ferramenta *Lata de Tinta* (*Paint Bucket*). Observe que o fundo do botão da ferramenta fica destacado, indicando que ela está ativa, e o cursor do mouse muda para o símbolo da ferramenta.

3. Leve o cursor até a área branca na base da imagem e dê um clique para preenchê-la com a cor escolhida para o *Primeiro Plano*.

4. Salve o arquivo pressionando as teclas de atalho Ctrl + S.

Comando Traçar (Stroke)

O comando *Traçar* (*Stroke*) pinta uma borda em torno de uma seleção, produzindo um efeito de moldura.

1. No painel *Amostras* (*Swatches*), localize e clique sobre a cor *Branco* para defini-la como *Cor de Primeiro Plano* (*Foreground Color*). Essa será a cor do traçado a ser feito na imagem.

2. No menu *Selecionar* (*Select*), clique na opção *Tudo* (*All*) ou utilize as teclas de atalho *Ctrl + A*. Um retângulo tracejado, piscando intermitentemente, aparecerá em torno da imagem.

3. No menu *Editar* (*Edit*), clique na opção *Traçar* (*Stroke*) para exibir o quadro de diálogo.

4. Na caixa *Largura* (*Width*), digite *25 px* (a escala utilizada pelo quadro é pixel). Essa será a largura da linha traçada no contorno da imagem. Observe que a cor do traçado, exibida na caixa *Cor* (*Color*), é a mesma definida como *Cor de Primeiro Plano* (*Foreground Color*).

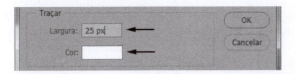

5. No item *Localização* (*Location*), selecione a opção *Interna* (*Inside*) e clique no botão *OK* para finalizar. As opções de *Localização* (*Location*) permitem escolher se o traçado será feito com a largura definida a partir da seleção para fora (*Externa – Outside*); dividida, sendo metade para dentro da seleção e metade para fora (*Centro*); ou a partir da seleção para dentro da imagem (*Interna – Inside*).

6. Pressione as teclas de atalho *Ctrl + D* para desfazer a seleção e veja o resultado.

7. Salve o arquivo pressionando as teclas de atalho *Ctrl + S*.

Copiando com a ferramenta *Mover* (*Move*)

A ferramenta *Mover* (*Move*) é uma das mais utilizadas no Photoshop, pois é com ela que os elementos são selecionados e movidos dentro de um trabalho. Você verá agora que ela pode inclusive fazer cópias entre arquivos.

Sua montagem terá mais três imagens para compor o trabalho; portanto, será preciso prepará-las antes de usá-las.

1. Pressione as teclas *Ctrl + O* para abrir um outro arquivo.

2. Localize e abra a imagem *PARQUE_GUELL_BARCELONA3.jpg*, na pasta *Arquivos de trabalho/Capitulo1*, dentro da pasta *Arquivos livro* (criada por você para armazenar todos os arquivos baixados de nosso site).

3. Para ser colocada no topo da imagem que você vem trabalhando, primeiro aumente a largura da imagem, deixando-a compatível com a imagem-base que vem sendo feita. No menu *Imagem* (*Image*), clique em *Tamanho da imagem* (*Image Size*) e altere a *Largura* (*Width*) para *2.000 mm*.

4. Em seguida, é preciso recortar a imagem na altura. No menu *Imagem* (*Image*), clique em *Tamanho da tela de pintura* (*Canvas Size*).

5. Na caixa *Altura* (*Height*) digite *700 mm* e observe a indicação das setas no item *Âncora* (*Anchor*). A imagem será recortada na horizontal.

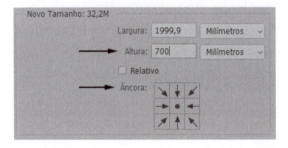

6. Clique em *OK* e uma mensagem de alerta será exibida informando sobre o recorte.

7. Clique em *Continuar* (*Proceed*); a alteração da altura será feita e, consequentemente, o recorte, pois o valor que você digitou é menor que o tamanho original da imagem.

8. Aplique uma moldura na imagem, como fez anteriormente. Pressione as teclas de atalho *Ctrl + A* para selecionar tudo. Em seguida clique na opção *Traçar* (*Stroke*) do menu *Editar* (*Edit*).

9. Altere o valor da caixa *Largura* (*Width*) para *25*, confirme se a cor é o *Branco*, em *Localização* (*Location*) selecione *Interna* (*Inside*), e por fim clique em *OK* para finalizar.

10. Pressione as teclas de atalho *Ctrl + D* para desfazer a seleção.

11. No menu *Janela* (*Window*), clique em *Organizar/Todos Lado a Lado Verticalmente* (*Arrange/Tile All Vertically*). Isso ajustará as janelas das duas imagens, uma ao lado da outra na área de trabalho do Photoshop.

12. Com a ferramenta *Mover* (*Move*) ativa, clique sobre a imagem *PARQUE_GUELL_BARCELONA3.jpg* e arraste-a para cima da imagem *Montagem-Parque Guell.psd*.

13. Solte o botão do mouse e, automaticamente, uma cópia da imagem será criada dentro da imagem.

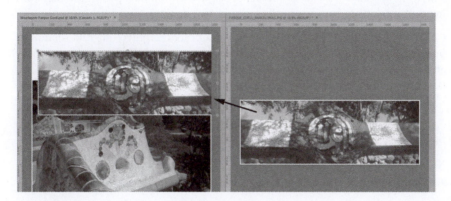

13. Feche a janela da imagem *PARQUE_GUELL_BARCELONA3.jpg* clicando no "X" de sua guia, e será exibida uma mensagem perguntando se você deseja salvar as alterações feitas no arquivo. Clique em *Não*, pois não será necessário.

14. Com a ferramenta *Mover* (*Move*), clique e arraste a cópia da imagem, encaixando-a no topo.

15. Pressione as teclas *Ctrl* + *S* para salvar o arquivo.

Opções Colocar incorporados (Place Embedded) e Colocar vinculados (Place Linked)

Além da ferramenta *Mover* (*Move*), como visto anteriormente, você tem duas opções para fazer a importação de um arquivo para seu projeto no Photoshop:

- *Colocar incorporados* (*Place Embedded*): com essa opção, o arquivo que está sendo importado será incorporado ao seu projeto e não terá nenhuma ligação com a imagem original. Ou seja, se a imagem original for alterada por algum motivo, a imagem importada para seu projeto não sofrerá nenhuma modificação.

- *Colocar vinculados* (*Place Linked*): com essa opção, o arquivo que está sendo importado terá um vínculo (link) com a imagem original. Dessa forma, qualquer alteração feita na imagem original será automaticamente refletida na imagem importada para seu projeto.

Você deve inserir mais duas imagens em sua montagem, e elas já estão no tamanho certo e com a moldura. Dessa vez, será utilizado o recurso *Colocar incorporado* (*Place Embedded*).

1. No menu *Arquivo* (*File*), clique na opção *Colocar incorporado* (*Place Embedded*) e selecione a imagem PARQUE_GUELL_BARCELONA2.jpg.

2. Clique no botão *Inserir* (*Place*), e a imagem será colocada sobre seu trabalho, mas será aguardada sua confirmação. Você pode alterar suas dimensões, rotacioná-la ou reposicioná-la antes de confirmar.

3. Clique no botão *Confirmar transformar* (*Commit transform*) na barra de *Opções* (*Options Bar*) para finalizar o comando.

4. Com a ferramenta *Mover* (*Move*) ativa, posicione a imagem aproximadamente como mostrado a seguir.

5. Repita os mesmos procedimentos para importar a imagem *PARQUE_GUELL_BARCELONA4.jpg*.

6. Com a ferramenta *Mover* (*Move*) ativa, posicione a imagem aproximadamente como mostrado a seguir.

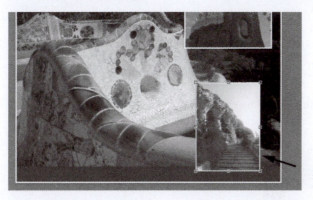

7. Pressione as teclas *Ctrl* + *S* para salvar o arquivo.

Girando imagens

Você pode girar uma imagem manualmente ou de forma precisa, fornecendo o ângulo exato que deseja.

Girando imagens com precisão

1. Com a ferramenta *Mover* (*Move*), dê um clique na imagem da torre para selecioná-la. Pequenos quadrados serão exibidos nos cantos e no meio das laterais da imagem, indicando sua seleção.

2. Clique no menu *Editar/Transformação* (*Edit/Transform*) e selecione o comando *Girar* (*Rotate*).

3. Dê duplo clique na caixa do ângulo de rotação, na *Barra de Opções* (*Options Bar*), digite 5 e clique no botão *Confirmar* (*Commit transform*).

Girando imagens manualmente

1. Com a ferramenta *Mover* (*Move*), clique sobre a segunda imagem importada para selecioná-la.

2. Posicione o cursor próximo a qualquer um dos quadradinhos dos cantos da imagem até que ele fique na forma de uma seta curva.

3. Clique e, mantendo o botão do mouse pressionado, movimente o cursor para girar a imagem.

O ângulo de inclinação nesse caso é aproximado, e você pode controlá-lo observando a caixa *Ângulo* (*Set rotation*) da *Barra de Opções* (*Options Bar*) ou uma pequena caixa que acompanha o cursor.

4. Gire a imagem no sentido horário, procurando incliná-la aproximadamente 5°, e, para finalizar, clique no botão *Confirmar* (*Commit transform*) na *Barra de Opções* (*Options Bar*).

5. Salve o arquivo pressionando as teclas de atalho *Ctrl + S*.

Conhecendo a ferramenta Corte (Crop)

Com essa ferramenta, você efetua um corte na imagem para eliminar áreas desnecessárias, reduzindo a área de trabalho em vez de diminuir toda a imagem.

1. Clique no menu *Arquivo/Abrir* (*File/Open*) ou utilize as teclas de atalho *Ctrl + O* para abrir a imagem *PARQUE_GUELL_BARCELONA5.jpg*, localizada na pasta *Arquivos de trabalho/Capitulo1*.

2. Ajuste a visualização da imagem na tela clicando no menu *Visualizar/Ajustar à Tela* (*View/Fit on Screen*) ou pressionando as teclas de atalho *Ctrl + 0* (zero).

3. No painel *Ferramentas* (*Tools*), selecione a ferramenta *Corte* (*Crop*). Observe que a *Barra de Opções* (*Options Bar*) passa a apresentar as opções da ferramenta.

4. Leve o cursor até a imagem e veja que ele adquiriu o formato da ferramenta.

5. Dê um clique e, mantendo o botão esquerdo do mouse pressionado, arraste o cursor na diagonal para baixo, conforme indicado na figura. Observe que ao lado do cursor também é exibido um retângulo preto indicando a largura e a altura da área selecionada.

6. Solte o botão do mouse, mas não se preocupe com o tamanho da área marcada.

Será criado na figura um retângulo com pequenos demarcadores nos cantos e nas laterais. Por meio desses demarcadores, você poderá ajustar o tamanho da área da imagem, que será preservada após o recorte. A parte opaca fora do retângulo corresponde à área que será recortada.

7. Utilizando os demarcadores das laterais (um de cada vez) e observando a alteração das medidas no retângulo preto que acompanha o cursor, deixe a largura do retângulo com aproximadamente 1.110 mm e a altura com 345 mm (medidas sugeridas para esta atividade). Esse é o tamanho do recorte.

8. Para ajustar a parte da imagem que será mantida, posicione o cursor na área selecionada, clique na imagem e arraste-a. Observe a imagem a seguir para ter como base a área que deve ser focada.

9. Dê duplo clique dentro da área selecionada para finalizar o recorte ou pressione a tecla *Enter*.
10. Pressione as teclas de atalho *Ctrl + A* para selecionar toda a imagem e, no menu *Editar* (*Edit*), clique em *Traçar* (*Stroke*) – você fará uma moldura para essa imagem.
11. Utilize 20 px para a largura e clique no retângulo do item *Cor* (*Color*). Será exibido o quadro *Seletor de Cores* (*Cor do traçado*) (*Color Picker*), outra opção para selecionar uma cor.

Esse quadro lhe permite criar a cor que desejar, seja pela escolha no quadro colorido, seja pela inserção do valor numérico de cor nas respectivas caixas. Nesta atividade você usará as caixas *R*, *G* e *B*, e mais adiante conhecerá melhor esse quadro.

12. Clique dentro das caixas *R*, *G* e *B* e altere os valores como mostrado a seguir. Depois, clique em *OK* para finalizar.

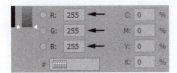

13. No item *Localização* (*Location*), do quadro *Traçar* (*Stroke*), selecione *Interna* (*Inside*) e clique em *OK* para aplicar o traçado.

14. No menu *Arquivo* (*File*), clique em *Salvar como* (*Save As*) e salve a imagem em sua pasta *Meus trabalhos* com o nome *PARQUE_GUELL_BARCELONA5_B.jpg*.

15. Ative a ferramenta *Mover* (*Move*), feche o arquivo e volte à imagem da montagem.

16. No menu *Arquivo* (*File*), clique em *Colocar incorporado* (*Place Embedded*) e selecione a imagem que você acabou de gravar em sua pasta *Meus trabalhos*.

17. Clique no botão *Inserir* (*Place*), tecle *Enter* para finalizar a importação e ajuste a posição da imagem no canto inferior esquerdo da montagem.

18. Salve o arquivo.

Para dar um toque especial nesse projeto, disponibilizamos duas imagens (*Texto_PARQUE_GUELL.tif* e *Texto_BARCELONA.tif*) na pasta *Arquivos de trabalho/Capitulo1*. Usando os procedimentos que você aprendeu até agora, faça a inserção dessas imagens e veja o resultado.

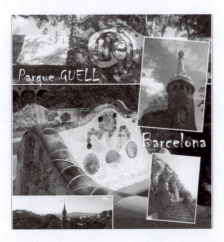

Anotações

2

Editando imagens I

OBJETIVOS

» Conhecer um pouco sobre cores

» Manipular as cores da imagem

» Trabalhar com seleções

⊡ Atividade 1 – Um pouco sobre cores

Objetivo:
» Conhecer o básico da teoria das cores e como o Photoshop trabalha com elas.

Tarefas:
» Conhecer os modelos e os gamuts de cores.

» Conhecer o item *Matiz/Saturação* (*Hue/Saturation*).

» Trabalhar com o quadro *Seletor de Cores* (*Color Picker*).

» Conhecer os modos de cores.

MODELOS DE CORES

Para trabalhar com cores em suas imagens, é importante conhecer um pouco sobre elas, pois, nas áreas gráfica e computacional, as cores são definidas por meio de modelos ou métodos padronizados de definição. Eles representam a maneira como diferentes valores que definem uma cor são misturados para produzir determinada cor na tela do computador ou na impressora. Veja a seguir os modelos de cores mais comuns:

- *RGB:* composto das três cores primárias, vermelho (*red*), verde (*green*) e azul (*blue*), é aplicado na detecção de cores pelo olho humano e na produção de cores para escâneres, televisões e monitores de computador.

- *CMYK:* composto das cores ciano (*cyan*), magenta (*magenta*), amarelo (*yellow*) e preto (*black*), é aplicado em qualquer material impresso, pois trabalha com as cores primárias utilizadas em tintas da área gráfica.

- *HSB:* matiz, saturação e brilho (*hue, saturation, brightness*). O matiz determina a cor a ser utilizada (verde, azul, vermelho, etc.); a saturação define o porcentual do tom aplicado, ou seja, se a cor será mais fraca ou mais forte; e o brilho define a intensidade da cor, isto é, se será mais clara ou mais escura. Entre todos os modelos, é o que mais se aproxima da forma como o olho humano enxerga as cores.

- *CIE* Lab: padrão internacional de medida de cores criado pela Commission Internationale de l'Éclairage (CIE), em 1931, para qualquer condição de produção, independentemente do dispositivo, para criar ou imprimir uma imagem. Esse padrão é formado pelo componente L, de luminância ou iluminação, e os componentes cromáticos a (cujos valores vão do verde ao vermelho) e b (do azul ao amarelo).

GAMUTS DE CORES

Gamut é a faixa de cores que o sistema de cores pode exibir ou imprimir. O espectro de cores vistas pelo olho humano é maior que qualquer modelo de cor disponível.

Na elipse cromática, fica mais simples perceber as diferenças entre cada gamut. Trata-se de um gráfico que mostra a faixa de cores de cada sistema.

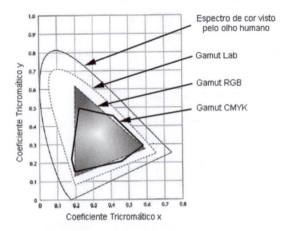

Entre os modelos de cores disponibilizados no Photoshop, o *Lab* tem o maior gamut, englobando todas as cores dos gamuts RGB e CMYK. No gamut RGB, por exemplo, cores como ciano puro ou amarelo puro não são exibidas de maneira precisa no monitor.

O modelo *CMYK* tem o menor gamut: quando cores que não podem ser impressas surgem no monitor, são referenciadas como cores fora do gamut CMYK.

Matiz e Saturação (Hue/Saturation)

A opção *Matiz/Saturação* (*Hue/Saturation*) do menu *Imagem/Ajustes* (*Image/Adjustments*) serve para ajustar cor, saturação e luminosidade de uma imagem inteira ou de suas cores individuais.

Para entender melhor como se faz esse ajuste, é interessante conhecer o *Color Wheel* (Círculo de Cores); um diagrama utilizado para determinar a cor a ser usada e sua saturação.

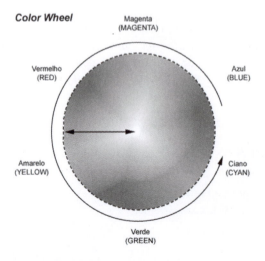

Esse diagrama é formado pelo espectro das seis cores perceptíveis pelo olho humano: magenta (*magenta*), azul (*blue*), ciano (*cyan*), verde (*green*), amarelo (*yellow*) e vermelho (*red*).

Ajustar o matiz significa mover-se dentro do círculo no sentido horário ou anti-horário para escolher a cor, processo representado pela seta curva em volta do círculo mostrado na página anterior. Já o ajuste de saturação é feito com um movimento no sentido do raio do círculo, representado pela seta que vai da borda ao centro do círculo.

A função desses comandos é editar as cores da imagem. Você exercitará isso no Photoshop utilizando a opção *Matiz/Saturação* (*Hue/Saturation*).

Quadro Seletor de Cores (Color Picker)

Além do painel *Amostras* (*Swatches*), outro modo de escolher uma cor é por meio do quadro *Seletor de Cores* (*Color Picker*). Nesse painel há modelos prontos de cores, mas no *Seletor de Cores* (*Color Picker*) você cria as cores desejadas.

1. Localize a imagem *PARQUE_GUELL_BARCELONA6.jpg*, na pasta *Arquivos de trabalho/Capitulo2*.
2. Com a ferramenta *Mover* (*Move*), clique em *Definir cor do primeiro plano* (*Set Foreground Color*) no painel *Ferramentas* (*Tools*) para exibir o quadro *Seletor de Cores* (*Color Picker*).

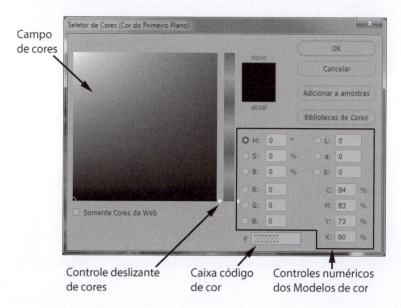

Selecionando uma cor

Essa imagem utiliza o modelo de cor *RGB*, o que pode ser facilmente verificado na guia de sua janela. Além do nome do arquivo e seu tipo, são informados o zoom atual e o modelo de cor.

1. Agora você vai criar uma cor, também no modo RGB, para pintar a moldura da imagem. Clique no item *R* (*red*) para selecioná-lo.
2. Leve o cursor até o *Campo de cores*, escolha uma cor de sua preferência e dê um clique. Veja o exemplo na imagem a seguir.

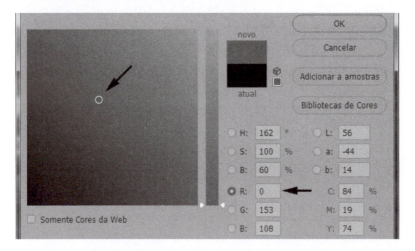

Os valores dos componentes *G* e *B* do modelo *RGB* são alterados conforme a cor é clicada no *Campo de Cores*, mas o valor do componente *R* não é modificado, pois já estava previamente selecionado.

Portanto, no exemplo anterior, a cor RGB terá os seguintes valores: *0* no canal vermelho (*R*), *153* no canal verde (*G*) e *108* no canal azul (*B*). Não se preocupe se os valores que constam em sua tela forem diferentes, eles dependem do ponto no campo de cor em que você clicou.

3. Posicione o cursor no controle deslizante de cor. É com ele que você altera o valor do componente selecionado, que nesse caso é o *R*.
4. Clique e mantenha o botão do mouse pressionado, arrastando o cursor para cima até o componente *R* atingir o valor *196* (esse valor é apenas um exemplo).

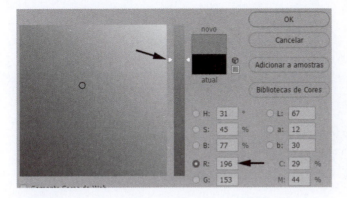

- Para os componentes *G* e *B*, o procedimento de fixar o componente é o mesmo.
- No retângulo ao lado do controle de cores, você verá a nova cor escolhida (*novo*) e a cor anteriormente utilizada (*atual*).
- Caso você possua os valores da cor, é possível digitá-los diretamente nas caixas dos componentes.

5. Clique no botão *OK* para finalizar e observe, no painel *Ferramentas* (*Tools*), que a cor criada está disponível na *Cor do Primeiro Plano* (*Foreground Color*).

6. Ative a ferramenta *Lata de Tinta* (*Paint Bucket*) e clique sobre a moldura branca da imagem para preenchê-la; veja o resultado.

Ferramenta Conta-gotas (Eyedropper)

A ferramenta *Conta-gotas* (*Eyedropper*) permite que você capture uma cor da própria imagem, como se fosse uma amostra. A cor capturada vai para o reservatório da *Cor do primeiro plano* (*Foreground Color*) e pode ser salva no painel *Amostras* (*Swatches*).

1. Ative a ferramenta *Conta-gotas* (*Eyedropper*) e leve-a até a imagem.

2. Clique sobre uma das flores e mantenha o botão do mouse pressionado. Em volta da ferramenta aparece um círculo, e dentro dele dois semicírculos. O de baixo mostra a cor atual do plano de fundo, e o de cima mostra a cor capturada da imagem.

3. Libere o botão do mouse e a cor capturada será a nova cor do primeiro plano.

4. No menu *Arquivo* (*File*), clique em *Salvar como* (*Save As*) ou pressione as teclas Shift + Ctrl + S.

5. Localize sua pasta *Meus trabalhos* e salve a imagem como PARQUE_GUELL_BARCELONA6_A.jpg.

 A escolha da cor é feita da mesma maneira nos modelos de cores *HSB* e *Lab*. No modelo *CMYK*, não existem as caixas para fixar um dos componentes.

Modos de cores

Os modos de cores exclusivos do Photoshop são a forma como o programa define uma cor, com base nos modelos padronizados de definição e reprodução de cores. Os modos de cores determinam os modelos de cores para exibição e impressão de documentos, definem o número de cores mostradas na imagem e afetam diretamente o tamanho do arquivo. O programa utiliza os modos de cores para imprimir e salvar as imagens criadas ou editadas.

O Photoshop apresenta oito modos de cores: Bitmap, Tons de Cinza, Duotônico, Cores Indexadas, RGB, CMYK, *Cores Lab* e Multicanal. Os mais utilizados são o RGB (em trabalhos multimídia e para web) e o CMYK (em impressões gráficas).

Opção Somente Cores da Web (Only Web Colors)

Disponível no quadro *Seletor de Cores* (*Color Picker*), a opção *Somente Cores da Web* (*Only Web Colors*) oferece 216 cores reconhecidas pelos navegadores de internet, independentemente da plataforma (Windows ou Mac). Quando uma imagem é exibida, o navegador substitui as cores, escolhendo entre as 216 opções. Isso garante que as cores da imagem não sejam alteradas quando exibidas por um navegador.

Quando essa opção não está ativada, o quadro *Seletor de Cores* (*Color Picker*) exibe um pequeno ícone na forma de cubo, indicando que a cor não é segura para web.

Ativando a opção Somente Cores da Web (Only Web Colors)

1. Com a ferramenta *Mover* (*Move*), clique em *Definir cor do primeiro plano* (*Set Foreground Color*) no painel *Ferramentas* (*Tools*) para exibir o quadro *Seletor de Cores* (*Color Picker*).

2. No canto inferior esquerdo do quadro, clique no item *Somente Cores da Web* (*Only Web Colors*). Dessa forma, todas as cores exibidas (inclusive as que você vier a selecionar) estarão entre as 216 cores seguras da web. Se essa opção não for ativada, o programa poderá identificar uma cor que não servirá para a internet.

3. Desative a opção *Somente Cores da Web* (*Only Web Colors*) e clique em outra região no campo de cores.

Depois de escolher uma cor, será exibido um pequeno cubo indicando que a cor escolhida não serve para a web. Abaixo dele, existe um pequeno quadrado preenchido com uma cor: é a opção de cor segura na web para a cor escolhida.

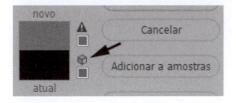

 Caso o símbolo não apareça, clique em outra região da figura. Nesse momento, você não deverá definir uma nova cor, mas apenas ver como funciona o recurso.

4. Clique no cubo para que a cor escolhida seja a cor exibida no retângulo novo que mostra a nova cor. Assim, o Photoshop seleciona automaticamente a cor mais próxima (entre as que podem ser exibidas em navegadores) àquela que você havia escolhido.

5. Clique no botão *Cancelar* (*Cancel*).

Quando um pequeno triângulo contendo uma exclamação é exibido, isso indica que a cor está fora do gamut de impressão, ou seja, não é possível reproduzi-la no processo de impressão. Funciona da mesma forma que o cubo: ao clicar sobre ele, a cor é alterada para a mais próxima possível de impressão.

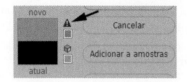

Atividade 2 – Manipulando as cores da imagem

Objetivo: » Explorar os recursos para manipulação, alteração e configuração de cores.

Tarefas: » Alterar todas as cores ou uma cor específica em uma imagem.

           » Conhecer o comando *Filtro de fotos* (*Photo Filter*).

           » Criar um novo arquivo e salvar as predefinições.

           » Trabalhar com os modelos do Adobe Stock.

           » Fazer preenchimentos com padrão e mesclar um preenchimento com a imagem.

ALTERANDO TODAS AS CORES DA IMAGEM

Agora que você já conhece um pouco sobre cores e sobre como trabalhar com elas no Photoshop, vai fazer algumas alterações de cor em uma imagem.

1. Abra a imagem *PARQUE_GUELL_BARCELONA6_A.jpg* que você salvou na atividade anterior.

2. Clique no menu *Imagem/Ajustes* (*Image/Adjustments*) e selecione a opção *Matiz/Saturação* (*Hue/Saturation*), ou pressione as teclas de atalho *Ctrl + U* para exibir o quadro de diálogo *Matiz/Saturação* (*Hue/Saturation*).

3. No canto inferior direito do quadro, ative a opção *Visualizar* (*Preview*). Dessa forma, você pode acompanhar as alterações em tempo real antes de finalizar o comando.

No item *Predefinição* (*Preset*), há uma lista de alguns ajustes predefinidos para você aplicar em sua imagem, bastando clicar na seta ao lado da caixa e selecionar o ajuste desejado.

Na caixa onde é exibida a palavra *Principal* (*Master*) estão listadas as cores que podem ser trabalhadas. Você pode selecionar a cor que deseja e em seguida fazer as alterações de *Matiz* (*Hue*), *Saturação* (*Saturation*) e *Luminosidade* (*Lightness*) com os respectivos controles deslizantes no centro do quadro.

4. Clique na seta ao lado da caixa onde está o nome *Principal* (*Master*) para visualizar a lista de cores. Essa lista mostra as cores nas quais você pode alterar o matiz, a saturação e a luminosidade. Essas cores se referem às cores básicas dos padrões RGB e CMYK, em que há, respectivamente, os vermelhos, os verdes e os azuis – referentes ao RGB (*red, green* e *blue*) –, e os azuis, magentas e amarelos – referentes ao CMY (*cyan, magenta* e *yellow*). A cor preta (o K do padrão CMYK) é ajustada no item *Luminosidade* (*Lightness*).

5. Mantenha a opção *Principal* (*Master*) selecionada e altere os valores de *Matiz* (*Hue*) para *+21*, *Saturação* (*Saturation*) para *+42* e *Luminosidade* (*Lightness*) para *-2*. Isso vai deixar a imagem mais vibrante, e é apenas um exemplo.

6. Antes de finalizar o comando, desligue e ligue a opção *Visualizar* (*Preview*) para observar o antes e depois. Em seguida, clique no botão *OK* e salve a imagem pressionando *Ctrl + S*.

Alterando uma cor específica

Com o recurso *Matiz/Saturação* (*Hue/Saturation*), você vai alterar a cor lilás das flores para um tom cor-de-rosa.

1. Pressione as teclas de atalho *Ctrl + U* para abrir o quadro de diálogo.
2. Abra a lista de cores, onde está a palavra *Principal* (*Master*), e selecione a opção *Azuis* (*Blues*). Como a intenção é alterar a cor das flores, essa opção é a mais próxima do tom lilás delas.
3. Ajuste o valor dos itens *Matiz* (*Hue*) para 72, *Saturação* (*Saturation*) para 67 e *Luminosidade* (*Lightness*) para -16, mas fique livre para experimentar outras opções.
4. Clique no botão *OK* para finalizar os ajustes, salve a imagem e feche-a.

COMANDO FILTRO DE FOTOS (PHOTO FILTER)

Um outro recurso para alterar as cores de uma imagem é o comando *Filtro de fotos* (*Photo Filter*). Ele permite aplicar filtros que geralmente são usados em máquinas fotográficas para mudar as cores da imagem.

1. Abra a imagem *ARANJUEZ-1.jpg*, disponível na pasta *Arquivos de trabalho/Capitulo2*.
2. No menu *Imagem* (*Image*), selecione *Ajustes* (*Adjustments*) e clique em *Filtro de fotos* (*Photo Filter*) para exibir o quadro.

No quadro *Filtro de fotos* (*Photo Filter*), você pode escolher um filtro predefinido como uma cor. No item *Densidade* (*Density*), pode regular a influência do filtro, sendo que quanto maior a porcentagem, mais forte será o efeito. Na foto que você abriu, pede-se que ela fique mais fria, portanto deve-se aplicar uma cor azul ou uma das opções predefinidas.

3. Experimente as várias opções de filtro para ver o resultado, desligando e ligando a caixa *Visualização* (*Preview*) para comparar a imagem com e sem o filtro. Ao final, utilize para este exemplo a opção *Cooling filter* (*80*) e clique no botão *OK*.

4. Pressione as teclas de atalho *Shift + Ctrl + S*, salve a imagem em sua pasta *Meus Trabalhos* com o nome *ARANJUEZ-Filtro.jpg* e feche-a pressionando *Ctrl + W*.

Criando um novo arquivo

Até o momento você abriu arquivos de imagens para começar a trabalhar, mas o Photoshop também permite que você crie suas imagens e montagens do zero.

O quadro de diálogo *Novo documento* (*New Document*), acessado a partir do botão *Novo* (*Create new*) da tela *Início* (*Home*), traz uma gama enorme de opções para quem vai iniciar um projeto. Ele disponibiliza uma considerável variedade de modelos e documentos predefinidos, uma área completa para você criar seu documento personalizado e um recurso de busca de modelos no Adobe Stock.

1. Estando na tela *Início* (*Home*), clique no botão *Criar* (*Create new*) para exibir o quadro. Você também pode acessar pelo menu *Arquivo/Novo* (*File/New*).

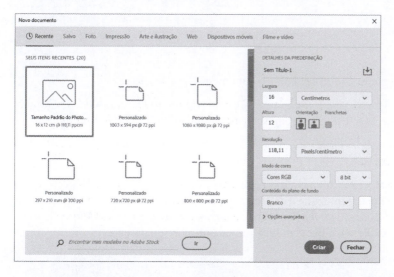

- Na guia *Recente* (*Recent*) você acessa os arquivos e modelos que usou ou pesquisou recentemente.

- A guia *Salvo* (*Saved*) exibe todas as predefinições personalizadas. Os documentos que você cria com opções personalizadas podem ser salvos como predefinições para usos futuros. Depois de salvos, são exibidos nesta guia.

- As guias *Foto* (*Photo*), *Impressão* (*Print*), *Arte e ilustração* (*Art & Ilustration*), *Web* (*Web*), *Dispositivos móveis* (*Mobile*) e *Filme e vídeo* (*Film & Video*) são categorias de modelos selecionados do Adobe Stock. Trazem uma variedade de opções de modelos, organizados por essas categorias que facilitam muito seu trabalho.

- Na área *Detalhes da predefinição* (*Preset Details*), você cria documentos totalmente personalizados e tem ainda a opção de salvá-los para uso futuro.
- Na parte inferior do quadro está a área de busca de modelos do Adobe Stock.

Utilizando uma predefinição

1. Clique na guia *Foto* (*Photo*) e selecione a opção *Paisagem, 15 × 10*. Na área de *Detalhes da predefinição* são exibidos todos os detalhes desse modelo, sendo que você pode alterar qualquer item e em seguida salvar essa predefinição para uso futuro. Caso não encontre essa opção, digite os valores de *Largura* (*Width*) e *Altura* (*Height*) com a unidade em centímetros (*centimeters*)

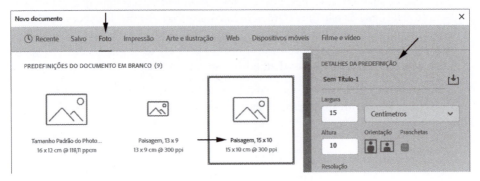

2. Clique no botão *Criar* (*Create*), e o documento será aberto.
3. No menu *Arquivo* (*File*), clique em *Colocar incorporado* (*Place embedded*) e localize o arquivo *ARANJUEZ-2.jpeg* em sua pasta *Arquivos de Trabalho/Capitulo2*.
4. Clique em *Inserir* (*Place*), e a imagem será colocada em seu documento, aguardando a confirmação.
5. Você vai aproveitar apenas uma parte dessa imagem, pois ela será encaixada na largura do documento, que é de 15 cm. Para ajustar as medidas da imagem, vá até a barra de *Opções* (*Options Bar*) e ative o botão *Manter proporções* (*Maintain aspect ratio*). Dessa forma, a imagem será alterada proporcionalmente.

6. Você precisa aumentar a largura da imagem, portanto digite *15 cm* na caixa *L* (*W*) e, para finalizar, clique no botão *Confirmar transformar* (*Commit transform*) (ou tecle *Enter*).

7. Com a ferramenta *Mover* (*Move*), ajuste a posição da imagem, como mostrado a seguir.

8. Para dar um toque especial e deixar a imagem mais vibrante, aplique o *Filtro de fotos* (*Photo Filter*) com a opção *Cooling filter* (*82*), como fez nos passos do subtítulo "Comando *Filtro de fotos* (*Photo Filter*)".

9. Pressione *Shift* + *Ctrl* + *S* e salve a imagem em sua pasta *Meus Trabalhos* com o nome *ARANJUEZ-2-Recorte.psd*. Feche a imagem.

Salvando suas predefinições

No exemplo a seguir foi escolhido o modelo *Paisagem, 15 × 10*, mas foram alterados os itens *Orientação* (*Orientation*) para *Retrato* (*Portrait*) e *Resolução* (*Resolution*) para *150 pixels/polegada* (*pixel/inch*), a fim de personalizar o trabalho.

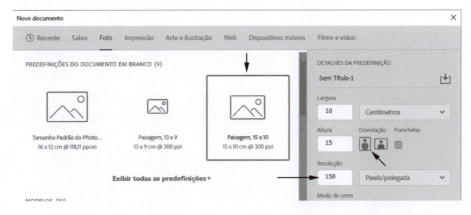

Nesse caso, basta clicar no botão *Salvar predefinição* (*Save Document Preset*), digitar o nome na caixa exibida e clicar em *Salvar predefinição* (*Save Preset*).

 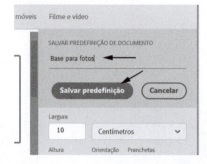

Imediatamente ela é salva, e a guia *Salvo* (*Saved*) é selecionada, mostrando a predefinição.

Utilizando os modelos do Adobe Stock

Além dos modelos em branco predefinidos, a Adobe Stock fornece modelos completos para customização. Eles também são listados nas categorias disponíveis logo abaixo dos modelos em branco.

No exemplo a seguir foi selecionada a categoria *Impressão* (*Print*), e ao descer a tela você visualiza os modelos completos. Ao selecionar um modelo, todas as informações são exibidas do lado direito do quadro.

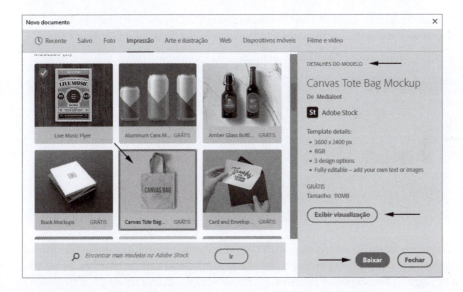

O botão *Exibir visualização* (*See Preview*) mostra o modelo ampliado, e para baixá-lo para uso basta clicar no botão *Baixar* (*Download*). Lembrando que você precisa ser assinante do serviço Creative Cloud para ter acesso ao Adobe Stock.

Caso você não encontre um modelo ideal para seu projeto, basta usar o recurso de busca na base do quadro. Seu browser será aberto na página do Adobe Stock com o resultado da busca.

Preenchendo com padrão

Além de preencher uma imagem com uma cor, é possível utilizar um padrão para isso, uma forma simples e rápida de criar uma textura.

1. Abra a imagem *ARANJUEZ-3.jpg* disponível na pasta *Arquivos de Trabalho/Capitulo2*.
2. No menu *Editar* (*Edit*), clique na opção *Preencher* (*Fill*) ou pressione as teclas *Shift + F5*.
3. Clique na seta ao lado da caixa *Conteúdo* (*Contents*) e selecione a opção *Padrão* (*Pattern*). Imediatamente o quadro se expandirá exibindo as opções.
4. O padrão é uma imagem que será colocada lado a lado sobre a imagem até preenchê-la por completo, e o Photoshop tem uma variedade de padrões predefinidos.

Clique na seta da caixa *Padrão Personalizado* (*Custom Pattern*) para exibir a lista de pastas e em seguida clique na seta do lado esquerdo da pasta *Árvores* (*Trees*).

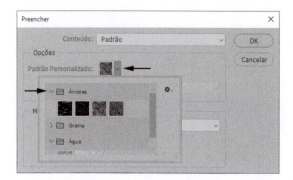

5. Clique no ícone da engrenagem do lado direito. Ele abrirá um menu de opções para salvar um padrão, escolher o modo de exibição da lista de padrões, acrescentar, importar ou exportar padrões, e, como exemplo, clique na opção *Lista grande* (*Large List*).

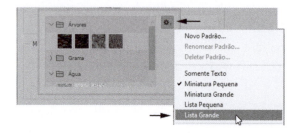

6. Selecione a opção *Ladrilho de árvore 2* (*Tree Tile 2*) e clique no botão *OK*. A imagem é preenchida com o padrão escolhido.

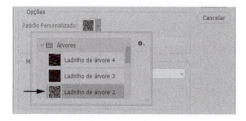

Mesclando um preenchimento com a imagem

O item *Mesclagem* (*Blending*) do quadro controla como os pixels são afetados na imagem pelo padrão escolhido. Funciona como uma combinação de cores, em que a cor de base são as cores originais da imagem, e a cor de mesclagem é o padrão escolhido que está sendo aplicado.

1. Pressione as teclas *Ctrl* + *Z* para desfazer o preenchimento anterior e voltar à imagem original.

2. Pressione as teclas *Shift* + *F5* para abrir novamente o quadro *Preencher* (*Fill*), e no item *Padrão Personalizado* (*Custon Pattern*) mantenha o mesmo padrão escolhido anteriormente.

3. Clique na seta ao lado da caixa *Modo* (*Mode*), no item *Mesclagem* (*Blending*), e selecione a opção *Cor Mais Clara* (*Lighter Color*). Ela produz um efeito em que somente as cores mais clara do padrão se sobressaem na imagem original.

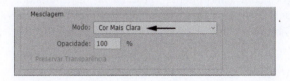

4. Clique no botão *OK* e veja o resultado.

5. Salve a imagem em sua pasta *Meus trabalhos* com o nome *ARANJUEZ-3-Padroes.jpg* e feche-a.

Atividade 3 – Trabalhando com seleções

Objetivo:
» Conhecer os recursos de seleção e manipulação de visualização.

Tarefas:
» Fazer seleções com a ferramenta *Letreiro Retangular* (*Rectangular Marquee*) e a ferramenta *Letreiro Elíptico* (*Elliptical Marquee*).
» Alterar seleções.
» Conhecer os recursos de zoom.
» Conhecer a ferramenta *Mão* (*Hand*).
» Criar seleções rápidas com a ferramenta *Seleção Rápida* (*Quick Selection*) e a ferramenta *Varinha Mágica* (*Magic Wand*).
» Salvar uma seleção.
» Criar seleções com a ferramenta *Laço* (*Lasso*), a ferramenta *Laço Poligonal* (*Polygonal Lasso*) e a ferramenta *Laço Magnético* (*Magnetic Lasso*).
» Aplicar *Difusão* (*Feather*) e *Suavização de serrilhado* (*Anti-alias*) nas seleções.
» Aplicar o filtro *Pintura a óleo* (*Oil Paint*).

A seleção é uma das etapas mais importantes do trabalho no Photoshop. Para alterar ou aplicar efeitos em uma área da imagem, é preciso primeiro selecioná-la, demarcando a região em que se quer trabalhar – dessa forma, as áreas não selecionadas permanecem intactas. Além disso, várias ações podem ser feitas com uma seleção, como copiar, mover ou colar, e você ainda pode salvar a seleção para uso futuro.

No Photoshop, existem diversas maneiras de fazer uma seleção. No livro, elas serão explicadas ao longo das atividades, e nessa etapa você vai conhecer algumas delas para transformar uma imagem em um belo postal.

Seleções com as ferramentas Letreiro (Marquee)

O conjunto de ferramentas *Letreiro* (*Marquee*) contém várias opções de uso, como a criação de seleções retangulares, elípticas, de linhas ou de colunas de pixels. Por padrão, a primeira opção é a ferramenta *Letreiro Retangular* (*Rectangular Marquee*).

Todas estão no mesmo botão do painel *Ferramentas* (*Tools*), e para acessá-las basta clicar com o botão direito do mouse sobre a opção ferramenta *Letreiro Retangular* (*Rectangular Marquee*).

A ferramenta *Letreiro de Linha Única* (*Single Row Marquee*) e a ferramenta *Letreiro de Coluna Única* (*Single Column Marquee*) fazem a seleção de uma única linha de pixels na horizontal ou vertical, respectivamente, e em toda a extensão da imagem.

Ferramenta Letreiro Retangular (Rectangular Marquee)

1. Abra a imagem *SEGOVIA-2.jpg* disponível na pasta *Arquivos de Trabalho/Capitulo2*.
2. Selecione a ferramenta *Letreiro Retangular* (*Rectangular Marquee*).
3. Leve o cursor até o canto inferior esquerdo da imagem, clique e arraste-o, desenhando um retângulo como na figura a seguir. Para definir a altura da seleção tome como referência a base da copa das árvores da praça.

O retângulo piscando intermitentemente delimita a área selecionada da imagem, e qualquer modificação terá efeito somente nessa área. Ao lado do cursor é exibido um retângulo preto com as dimensões da seleção – *Largura* (*Width*) e *Altura* (*Height*) – enquanto ela estiver sendo criada, o que facilita seu trabalho na criação de seleções com medidas específicas.

Movendo uma área selecionada

1. Com a seleção criada, você pode mover a área como se estivesse recortando esse trecho da imagem. Ative a ferramenta *Mover* (*Move*), clique dentro da área selecionada e arraste o cursor.

2. Como foi apenas um exemplo, vá ao menu *Editar* (*Edit*) e clique na opção *Retroceder uma etapa* (*Toggle Last State*), ou pressione as teclas de atalho *Atl* + *Ctrl* + *Z*.

3. A área selecionada deve ser preenchida com a cor branca um pouco transparente. No menu *Editar (Edit)*, clique em *Preencher (Fill)*, ou pressione as teclas *Shift + F5*.

4. Configure o quadro *Preencher (Fill)* com o *Branco (White)* na caixa *Conteúdo (Contents)*. Na caixa *Modo (Mode)* deixe a opção *Normal (Normal)*, e em *Opacidade (Opacity)* altere para 60%.

5. Clique em *OK* para aplicar. Observe que somente a área selecionada foi preenchida com a configuração que você definiu.

6. Enquanto a seleção estiver ativa, você pode movê-la de posição. Ative a ferramenta *Letreiro Retangular (Rectangular Marquee)*, posicione o cursor da ferramenta dentro da área selecionada, clique e arraste-o. Dessa forma, você pode utilizar a mesma seleção em outras áreas da imagem, se necessário.

7. Para esta atividade não será necessário reutilizá-la, portanto desfaça a seleção clicando fora da área selecionada ou pressionando as teclas *Ctrl + D*.

8. Pressione *Shift + Ctrl + S* e salve a imagem como *POSTAL-SEGOVIA.jpg* em sua pasta *Meus trabalhos*.

Ferramenta Letreiro Elíptico (Elliptical Marquee)

Essa ferramenta faz seleções elípticas e, quando combinada com a tecla *Shift*, ela cria seleções circulares.

1. Clique com o botão direito do mouse sobre a ferramenta *Letreiro Retangular (Rectangular Marquee)* no painel *Ferramentas (Tools)* e selecione a ferramenta *Letreiro Elíptico (Elliptical Marquee)*.

2. Clique em qualquer região da imagem, arraste o cursor para criar a seleção e libere o botão do mouse. Não se preocupe com o tamanho.

Para essa etapa você precisa de uma seleção circular, o que poderia ter sido feito mantendo-se a tecla *Shift* pressionada enquanto você criava a seleção. Mas não foi dado esse passo para que você conhecesse o recurso de alteração de seleção.

3. No menu *Selecionar (Select)*, clique na opção *Transformar seleção (Transform Selection)*. Serão exibidos pontos de controle nos cantos e nas laterais da seleção, e então você pode clicar em qualquer um deles e alterar as dimensões.

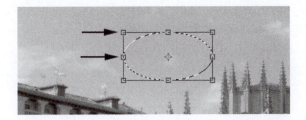

4. Para fazer isso de maneira precisa, você pode usar a *Barra de Opções* (*Options Bar*). A seleção deve ser circular e com diâmetro de 920 pixels. Portanto, desabilite o botão *Manter as proporções* (*Maintain Aspect Ratio*), digite *920 px* nas caixas *L* (*W*) e *A* (*H*) da *Barra de Opções* (*Options Bar*) e clique no botão *Confirmar transformar* (*Commit Transform*) para finalizar.

5. Com a ferramenta *Letreiro Elíptico* (*Elliptical Marquee*) ainda ativa, clique dentro da seleção e posicione-a na lateral esquerda da imagem, deixando metade do círculo para fora e metade para dentro, como mostrado na imagem a seguir.

6. No menu *Editar* (*Edit*), clique em *Preencher* (*Fill*), ou pressione as teclas *Shift + F5*, e configure o quadro *Preencher* (*Fill*) com as mesmas opções do retângulo branco feito anteriormente.

7. Clique em *OK* para preencher a seleção, e em seguida pressione *Ctrl + D* para desfazê-la.

Alterando uma seleção

Agora você vai criar uma moldura para a imagem com a ferramenta *Letreiro Retangular* (*Rectangular Marquee*) e vai conhecer outros recursos de seleções. A moldura ficará em todo o contorno da imagem, portanto basta selecioná-la.

1. Ative a ferramenta *Letreiro Retangular* (*Rectangular Marquee*) e, no menu *Selecionar* (*Select*), clique em *Tudo* (*All*), ou pressione as teclas *Ctrl + A*.

2. No menu *Selecionar* (*Select*) clique em *Modificar* (*Modify*), observe as cinco opções de alteração da seleção e depois clique em *Contração* (*Contract*).

3. A moldura deve ter uma largura de *40 px* em todo o contorno. No quadro *Contrair Seleção* (*Contract Selection*), digite *40* na caixa *Reduzir em* (*Contract By*) e ative a opção *Aplicar o efeito nos limites de tela* (*Apply effect at canvas bounds*), pois, como toda a imagem está selecionada, a contração será feita para dentro dos limites; por fim, clique em *OK* para aplicar a alteração.

4. Não se esqueça de que a área da imagem que está selecionada é a que está dentro do retângulo tracejado, e a moldura deve ficar fora dessa área. Para inverter a seleção pressione as teclas de atalho *Shift + Ctrl + I*, ou vá ao menu *Selecionar* (*Select*) e clique em *Inverter* (*Invert*).

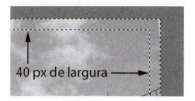

5. Agora só falta preencher a área selecionada para formar a moldura. Pressione *Shift + F5* e configure o quadro *Preencher* (*Fill*) com o *Preto* (*Black*) na caixa *Conteúdo* (*Contents*); na caixa *Modo* (*Mode*) deixe a opção *Normal* (*Normal*); e em *Opacidade* (*Opacity*) altere para *60%*.

6. Clique em *OK* para aplicar o preenchimento e pressione *Ctrl + D* para desfazer a seleção.

7. Pressione *Ctrl + S* para salvar a imagem, mas não a feche.

Utilizando os recursos de zoom

Para ampliar ou reduzir a visualização de uma imagem, você conheceu a caixa de zoom localizada no canto inferior da janela da imagem. Agora, conheça outros recursos para trabalhar com o zoom em suas imagens com a ferramenta *Zoom* (*Zoom*).

1. Abra a imagem *SEGOVIA-1.jpg*, disponível na pasta *Arquivos de Trabalho/Capitulo2*, e selecione a ferramenta *Zoom* (*Zoom*) no painel *Ferramentas* (*Tools*).

2. Leve o cursor até a imagem e observe que ele assume o formato de uma lupa com um sinal de mais (+), indicando que a visualização será ampliada.

3. Dê um clique sobre a imagem, e o zoom será aplicado. No canto inferior esquerdo da janela é indicado o valor do zoom. Cada clique da ferramenta amplia a imagem de acordo com uma porcentagem e centraliza a exibição no ponto clicado. Ao atingir o nível máximo de ampliação, que é de 12.800%, a lupa aparecerá vazia.

Para reduzir o zoom, basta manter a tecla *Alt* pressionada enquanto clica na imagem. Nesse caso a lupa ficará com um sinal de menos (–).

Com a ferramenta ativa, a *Barra de Opções* (*Options Bar*) exibe recursos para agilizar seu trabalho, como mostra a imagem a seguir.

- A – Botão *Mais Zoom* (*Zoom In*): fixa a opção de ampliação do zoom da ferramenta.

- B – Botão *Menos Zoom* (*Zoom Out*): fixa a opção de redução do zoom da ferramenta.

- C – *Redimensionar janelas para ajustá-las* (*Resize Windows to Fit*): quando a janela da imagem estiver flutuante, ela será redimensionada quando aplicado o zoom na imagem.

- D – *Zoom em janelas* (*Zoom All Windows*): aplica o zoom ao mesmo tempo em todas as janelas de imagem abertas no Photoshop.

- E – *Zoom por arrasto* (*Scrubby Zoom*): permite aplicar o zoom de ampliação ou redução apenas clicando com a ferramenta na imagem e arrastando o cursor para a direita ou para a esquerda, respectivamente.

- F – Botão *100%*: aplica um zoom de 100 % na imagem.

- G – Botão *Ajustar tela* (*Fit Screen*): ajusta o zoom da imagem à largura da janela.

- H – Botão *Preencher tela* (*Fill Screen*): aplica um zoom suficiente para preencher toda a janela.

4. Mantenha a opção *Zoom por arrasto* (*Scrubby Zoom*) selecionada e experimente aplicar o zoom. Clique e mova o cursor para a direita para ampliar o zoom, e para a esquerda para reduzir o zoom.

Ferramenta Mão (Hand)

Sempre que se trabalha com zoom, a imagem pode ficar maior que a tela. Para não ter de voltar o zoom e escolher outra área, utilize a ferramenta *Mão* (*Hand*) para mover a imagem na janela.

1. Amplie o zoom até atingir *200%*, ou digite esse valor na caixa de zoom no canto inferior esquerdo da janela da imagem e tecle *Enter*.
2. Selecione a ferramenta *Mão* (*Hand*), logo acima da ferramenta *Zoom* (*Zoom*). Leve o cursor até a imagem, clique e arraste-a para a direção que desejar, mantendo o botão do mouse pressionado.
3. No painel *Ferramentas* (*Tools*), dê duplo clique na ferramenta *Zoom* (*Zoom*). Isso faz com que seja aplicado um zoom de 100% na imagem.
4. Dê duplo clique na ferramenta *Mão* (*Hand*), e a visualização da imagem será encaixada no espaço disponível da janela.

Seleções rápidas

É possível criar seleções rapidamente com duas opções de ferramentas de seleção: a ferramenta *Seleção Rápida* (*Quick Selection*) e a ferramenta *Varinha Mágica* (*Magic Wand*). Para conhecê-las, você vai selecionar alguns elementos da imagem *SEGOVIA-1.jpg* e utilizá-los para terminar seu postal.

Ferramenta Seleção Rápida (Quick Selection)

Ela funciona como um pincel: em vez de clicar, pinta-se rapidamente a área a ser selecionada usando uma ponta de pincel ajustável. À medida que você arrasta o cursor, a seleção se expande para fora, encontra e segue as arestas definidas da imagem de forma automática.

1. Com a ferramenta *Zoom* (*Zoom*), amplie a visualização do mapa para facilitar seu trabalho.
2. Ative a ferramenta *Seleção Rápida* (*Quick Selection*).

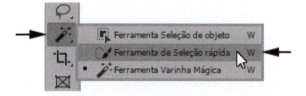

3. O cursor do mouse se transformará em um pequeno círculo, e na *Barra de Opções* (*Options Bar*) serão apresentadas as opções da ferramenta (*Adicionar à Seleção – Add to selection –* ou *Subtrair da Seleção – Subtract from Selection*), assim como as outras ferramentas de seleção.

Ao lado dessas opções é exibido o tamanho atual da ferramenta, que pode ser ajustado do mesmo modo que os pincéis de pintura. Como você ainda não estudou sobre pincéis, o ajuste do tamanho da ferramenta será feito pelas teclas de atalho [(para diminuir o tamanho) ou] (para aumentá-lo).

4. Pressione algumas vezes a tecla de atalho [ou] para ajustar o tamanho da ferramenta enquanto observa a caixa na *Barra de Opções* (*Options Bar*) chegar ao valor de *50 px*.

5. Leve o cursor até a região do mapa, clique e, mantendo o botão do mouse pressionado, arraste o cursor sobre o mapa para efetuar a seleção como se estivesse pintando. E não deixe de passar a ferramenta sobre o brasão para que ele fique totalmente selecionado.

6. Diminua o tamanho da ferramenta e selecione as três pequenas ilhas que fazem parte do mapa.

7. Agora, com a seleção pronta, basta copiar o mapa para colocá-lo em seu postal. Pressione *Ctrl + C* para efetuar a cópia, clique na guia da imagem *POSTAL-SEGOVIA.jpg* para trazê-la para a frente e pressione *Ctrl + V*.

8. Ative a ferramenta *Mover* (*Move*) e dê um clique em um dos controles da seleção do mapa.

9. Na *Barra de Opções* (*Options Bar*), ative o botão *Manter proporções* (*Maintain Aspect Ratio*), caso ele não esteja ativo, para que você altere o tamanho de forma proporcional.

O botão *Manter as proporções* (*Maintain Aspect Ratio*), por padrão, fica ativo sempre que o Photoshop é iniciado, mas se durante seu trabalho você o desativou, ele permanecerá assim. Isso ocorre porque o programa memoriza a última configuração de dimensionamento proporcional ou não proporcional, e esse será seu comportamento de transformação padrão quando você iniciá-lo na próxima vez.

10. Clique em um dos controles dos cantos do mapa e reduza seu tamanho para que caiba dentro do semicírculo branco. Em seguida posicione-o, como mostrado a seguir, e tecle *Enter* para finalizar.

11. Pressione *Ctrl + S* para salvar a imagem, e será exibida a janela *Salvar como* (*Save As*).
12. Isso ocorreu porque você acrescentou um elemento à sua imagem, e automaticamente o Photoshop criou uma *Camada* (*Layer*). Esse recurso será estudado mais à frente. Então, por ora, mantenha o nome na caixa *Nome* da janela e clique em *Salvar*.

Ferramenta Varinha Mágica (Magic Wand)

Essa ferramenta faz a seleção de pixels de cores similares, selecionando, com apenas um clique, partes da imagem com o mesmo tom de cor sem a necessidade de contorná-las ou traçar o contorno delas.

1. Clique na guia da imagem *SEGOVIA-1.jpg* para trazê-la para a frente.
2. Pressione *Ctrl + D* para desfazer a seleção do mapa e, com a ferramenta *Zoom* (*Zoom*), amplie a área do texto.
3. Clique com o botão direito do mouse sobre a ferramenta *Seleção Rápida* (*Quick Selection*) no painel *Ferramentas* (*Tools*) e selecione ferramenta *Varinha Mágica* (*Magic Wand*).
4. As ferramentas de seleção têm opções que permitem somar e subtrair seleções de uma seleção existente ou utilizar a intersecção entre duas seleções. Na *Barra de Opções* (*Options Bar*) você encontra essas opções sempre que uma ferramenta de seleção estiver ativada. Como padrão, a opção *Nova seleção* (*New Selection*) estará ativada. Caso não esteja, dê um clique sobre ela.

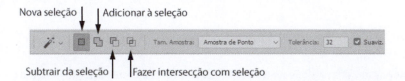

O item *Tolerância* (*Tolerance*) define o nível de tolerância da ferramenta *Varinha Mágica* (*Magic Wand*). Os valores podem variar de 1 a 255, e, quanto menor o valor, mais rigorosa será a seleção, ou seja, a ferramenta selecionará apenas os pixels da mesma cor daquele em que você clicar. Quanto maior o valor, mais ampla será a seleção.

5. Ainda na *Barra de Opções* (*Options Bar*), digite 32 na caixa *Tolerância* (*Tolerance*).

Você pode definir o tamanho da amostra que a ferramenta *Varinha Mágica* (*Magic Wand*) utilizará para fazer a seleção dos pixels similares. Na caixa *Tam. Amostra* (*Sample Size*) existem sete opções disponíveis; por exemplo, a opção *Média de 3 por 3* (*3 by 3 Average*) selecionará todos os pixels próximos à média dos três pixels onde foi clicado.

6. Selecione a opção *Amostra de Ponto* (*Point Sample*) na caixa *Tam. Amostra* (*Sample Size*), leve o cursor até o texto e clique na letra "S". Observe que o trecho "Sego" será selecionado.

7. Como você precisa de todo o texto, ative o botão *Adicionar à seleção* na *Barra de Opções* (*Options Bar*) e continue clicando nos demais trechos com a ferramenta *Varinha Mágica* (*Magic Wand*) até selecionar tudo.

8. Pressione *Ctrl + C* para copiar a área selecionada, clique na guia da imagem *POSTAL-SEGOVIA.jpg* e pressione *Ctrl + V*.

9. Com a ferramenta *Mover* (*Move*), posicione o texto como mostrado na imagem a seguir e salve a imagem. Seu postal está finalizado.

10. Pressione as teclas *Ctrl + S* para salvar a imagem e feche-a.

A seleção que você fez com a ferramenta *Varinha Mágica* (*Magic Wand*) foi simples, pois todo o texto estava no mesmo tom de cor. Você vai explorar mais essa ferramenta em outras atividades.

Salvando a seleção

Toda a seleção pode ser salva para uso posterior, economizando tempo de trabalho se você precisar dela novamente.

Você ainda deve estar com a imagem *SEGOVIA-1.jpg* aberta e com a seleção do texto ativa. Imagine agora que você precise guardar essa seleção. Siga os passos:

1. No menu *Selecionar* (*Select*), clique em *Salvar Seleção* (*Save Selection*) para exibir o quadro de mesmo nome. Observe o descritivo das caixas do quadro:

- *Documento* (*Document*): apresenta o nome do arquivo da imagem.
- *Canal* (*Channel*): a opção padrão é *Novo* (*New*), a qual cria um novo canal ou substitui um já existente (você aprenderá sobre canais mais adiante).
- *Nome* (*Name*): onde você atribui um nome à seleção a fim de facilitar o controle no caso de haver várias seleções salvas.

2. Clique na caixa *Nome* (*Name*) e digite *Seleção 1*.

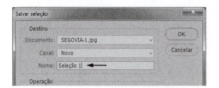

3. Clique no botão *OK* para salvá-la e pressione as teclas de atalho *Ctrl + D* para desfazer a seleção.

4. No menu *Selecionar* (*Select*), clique em *Carregar Seleção* (*Load selection*).

No quadro *Carregar Seleção* (*Load selection*), observe que na caixa *Canal* (*Channel*) está o nome da seleção que você salvou. Se houvesse mais seleções salvas, bastaria clicar na seta ao lado da caixa e selecionar a opção desejada. Abaixo do item *Canal* (*Channel*) está a opção *Inverter* (*Invert*); caso você a selecione, quando a seleção for carregada, já estará invertida.

5. Clique em *Cancelar* (*Cancel*), pois foi apenas um exemplo.

Recortar uma imagem a partir de uma seleção

É possível usar uma seleção para recortar uma imagem, mas quem faz o recorte é a *Ferramenta de Corte* (*Crop*). Siga os passos a seguir e entenda por quê.

1. Ainda com a imagem *SEGOVIA-1* aberta, ative a ferramenta de seleção *Letreiro Retangular* (*Rectangular Marquee*) e faça uma seleção na imagem, como mostrado a seguir.

Imagine que você queira recortar a imagem, ficando apenas com a área selecionada das duas torres.

2. Depois da seleção feita, ative a *Ferramenta de Corte* (*Crop*). Veja que ela utiliza a seleção criada para demarcar a área que será recortada. Em seguida pressione a tecla *Enter* para que a ferramenta marque a área de corte.

3. Tecla *Enter* novamente e o recorte será concluído.

Esse recurso é válido para qualquer ferramenta de seleção, mas vale ressaltar que se você fizer uma seleção irregular, circular ou elíptica, o recorte será sempre retangular.

4. Feche a imagem sem salvá-la.

Seleções com as ferramentas Laço (Lasso)

O conjunto de ferramentas *Laço* (*Lasso*) é ideal para a criação de seleções irregulares e complexas e está disponível em três opções, que você estudará nesta etapa.

Ferramenta Laço (Lasso)

A ferramenta *Laço* (*Lasso*) permite a criação de seleções irregulares, diferentemente do conjunto de ferramentas *Letreiro* (*Marquee*), as quais trabalham com retângulos e elipses. Ela é útil para desenhar uma seleção à mão livre.

1. Abra a imagem *ALCALA-DE-HENARES-1.jpg* disponível na pasta *Arquivos de trabalho/Capitulo2*.
2. Você deverá fazer a seleção da estátua; portanto, aplique um zoom sobre ela, e no painel *Ferramentas* (*Tools*) ative a ferramenta *Laço* (*Lasso*).

3. Leve o cursor até a posição indicada na figura a seguir, clique e, com o botão do mouse pressionado, contorne a estátua mantendo uma pequena distância dela enquanto cria a seleção. Ao chegar a um ponto próximo do ponto inicial da seleção, solte o botão do mouse e a seleção será fechada automaticamente.

Com a seleção feita você pode aplicar efeitos ou fazer qualquer tipo de alteração na área marcada. Para exemplificar, você vai aplicar um filtro do menu *Filtro* (*Filter*) em toda a imagem, menos na estátua selecionada.

4. No menu *Selecionar* (*Select*), clique em *Inverter* (*Invert*) ou pressione *Shift + Ctrl + I*. Dessa forma toda a imagem é selecionada, menos a estátua.
5. No menu *Filtro* (*Filter*), clique em *Desfoque/Desfoque de caixa* (*Blur/Box Blur*). Esse filtro permite desfocar a imagem de acordo com um valor definido.
6. O quadro desse filtro possui uma área de pré-visualização para que você veja o efeito aplicado antes de confirmar. Para esta etapa, digite o valor 5 na caixa *Raio* (*Radius*) e clique em *OK*.

7. Desfaça a seleção pressionando *Ctrl + D* e veja o resultado.
8. Salve a imagem em sua pasta *Meus Trabalhos* como ALCALA-DE-HENARES-Laço.jpg e feche-a.

Ferramenta Laço Poligonal (Polygonal Lasso)

Com a ferramenta *Laço Poligonal* (*Polygonal Lasso*), você cria uma seleção com segmentos de reta. Ela é indicada quando se deseja selecionar imagens com arestas (ou bordas) retas.

1. Abra a imagem *TEMPLO-DE-DEBOD-MADRI.jpg*, disponível na pasta *Arquivos de trabalho/Capitulo2*, e aplique um zoom na construção do centro da foto para facilitar seu trabalho.

2. Ative a ferramenta *Laço Poligonal* (*Polygonal Lasso*), leve o cursor até a imagem e dê um clique na posição mostrada na imagem como exemplo para iniciar a seleção.

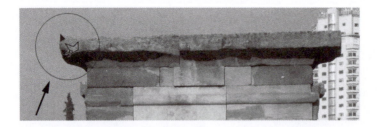

3. Movimente o cursor do mouse, e uma reta será desenhada a partir do último ponto clicado.

4. Desloque o cursor para a outra extremidade da construção e dê um segundo clique. Assim foi definido o primeiro segmento da seleção.
5. Repita o procedimento até contornar toda a construção. Assim que o cursor se aproximar do ponto inicial, uma pequena circunferência surgirá ao lado da ferramenta, indicando que a seleção será fechada. Clique para fechá-la.

6. Feche a imagem sem salvá-la.

Ferramenta Laço Magnético (Magnetic Lasso)

A ferramenta *Laço Magnético* (*Magnetic Lasso*) é utilizada para selecionar contornos complicados de uma imagem, bastando passar o cursor sobre eles. Ela é ideal para uso com imagens que tenham um bom contraste entre a área a ser selecionada e o fundo, pois identifica esse contraste para efetuar a seleção.

1. Abra a imagem *MUSEU-CERALBO-MADRI-1.tif*, disponível na pasta *Arquivos de trabalho/Capitulo2*.

2. Nessa imagem você deve selecionar o vaso antigo sobre o pedestal. Observe todo o contorno do vaso: apesar de complexo, possui uma diferença de cores e luminosidade em relação ao restante da imagem, tornando seu contorno mais nítido.

3. Aplique um zoom no vaso, pois isso facilitará seu trabalho, e selecione a ferramenta *Laço Magnético* (*Magnetic Lasso*). Na *Barra de Opções* (*Options Bar*), você pode configurar as opções da ferramenta e como ela deve trabalhar no momento da seleção.

4. O item *Largura* (*Width*) determina a largura de ação da ferramenta para identificar os pixels que estiverem dentro da faixa especificada. Mantenha a medida padrão de *10 pixels*.

5. O item *Frequência* (*Frequency*) determina um valor para que a ferramenta ancore a seleção que está sendo criada. Quando se traça a seleção, pequenos pontos quadrados são criados a espaços regulares, que são a ancoragem da seleção, ou seja, eles definem o trecho desenhado. Isso permite desfazer o trecho que está sendo traçado simplesmente voltando o cursor para o ponto anterior. Digite *80* nesse item.

6. O item *Contraste* (*Contrast*) controla a sensibilidade da ferramenta para detectar áreas de alto contraste ou baixo contraste, de acordo com o valor escolhido, que pode variar entre 1% e 100%, sendo que valores altos fazem a ferramenta identificar bordas de alto contraste. Digite *30* nesse item.

7. Leve o cursor até a imagem e dê um clique em um ponto da borda do vaso. Após alguns segundos o primeiro ponto de ancoragem da seleção será criado.

8. Em seguida, deslize o cursor sobre o contorno do vaso, e a ferramenta se encarregará de fazer a seleção.

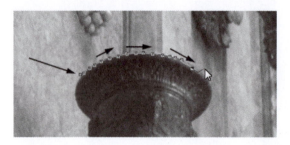

9. Percorra todo o contorno até chegar ao primeiro ponto criado, onde será exibido um pequeno círculo ao lado da ferramenta. Basta clicar no primeiro ponto e a seleção será finalizada.

Opções Difusão (Feather) e Suavização de serrilhado (Anti-alias)

Quando você cria uma seleção, as bordas ficam bem demarcadas, pois ela é feita como um recorte à tesoura. Você pode suavizar essas bordas com as opções *Difusão* (*Feather*) e *Suavização de serrilhado* (*Anti-alias*), presentes na *Barra de Opções* (*Options Bar*) quando a ferramenta está ativa.

A opção *Suavização de serrilhado* (*Anti-alias*), ou *Suav. Serrilh.*, como aparece na *Barra de Opções* (*Options Bar*), por padrão, já está ativa. Do lado esquerdo dela está a caixa *Difusão* (*Feather*), onde você digita o valor desejado.

Enquanto a opção *Suav. Serrilh.* suaviza as bordas irregulares da seleção, facilitando a transição de cores dos pixels das bordas e do plano de fundo, a opção *Difusão* (*Feather*) cria um desfoque das bordas, fazendo uma transição suave entre a seleção e os pixels adjacentes.

1. Antes de aplicar a difusão, você vai expandir a seleção. No menu *Selecionar*, clique em *Modificar/Expansão* (*Modify/Expand*), e, no quadro *Expandir Seleção* (*Expand*

selection), digite *15* para aumentar a seleção em 15 pixels. Clique no botão *OK* para finalizar.

2. A opção *Difusão* (*Feather*) também está no menu *Selecionar/Modificar* (*Select/Modify*), mas você pode acessá-la pelo menu de contexto. Clique com o botão direito do mouse sobre a seleção e escolha a opção *Difusão* (*Feather*).

3. No quadro *Difundir Seleção* (*Feather Selection*), digite o valor *20* e clique no botão *OK*. Observe como o contorno da seleção ficou mais suave.

4. Pressione as teclas *Shift + Ctrl + I* para inverter a seleção. Você vai aplicar um efeito em toda a imagem, exceto no vaso.

5. No menu *Filtro* (*Filter*), clique em *Desfoque/Desfoque de Caixa* (*Blur/Box Blur*), e, no quadro, digite *15* na caixa *Raio* (*Radius*).

6. Clique em *OK* e desfaça a seleção pressionando *Ctrl + D*. Observe que ao redor do vaso o efeito de desfoque se inicia gradativamente, e com isso as bordas do objeto ficam intactas.

7. Salve a imagem em sua pasta *Meus trabalhos* como MUSEU-CERALBO-MADRI-Final.tif, mas não a feche.

Filtro Pintura a óleo (Oil Paint)

Esse filtro transforma uma foto em uma imagem similar a uma pintura a óleo. Com ele você fará uma segunda versão dessa imagem, e terá um primeiro contato com os filtros do Photoshop.

1. No menu *Filtro*, clique em *Estilização/Pintura a óleo* (*Stylize/Oil Paint*).

No quadro de diálogo há uma área de pré-visualização. Ela possui controles de zoom na parte inferior e mostra o filtro aplicado na imagem. Existem duas áreas de ajuste do filtro, que são *Pincel* (*Brush*), na qual você ajusta as características do pincel, e

Iluminação (*Lighting*), na qual são controlados o ângulo e o brilho da luz incidente na imagem.

2. A caixa *Visualizar* (*Preview*) permite acompanhar a aplicação do filtro na imagem original à medida que faz os ajustes. Ative essa caixa.

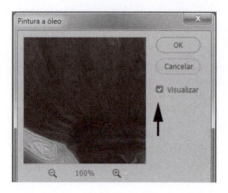

Com esse quadro você tem vários controles para ajustar o *Pincel* (*Brush*) e a *Iluminação* (*Lighting*).

Ajustes para o pincel:

- *Estilização* (*Stylization*): permite ajustar o estilo dos traçados, desde uma aparência borrada (valor 0) até traçados suaves (valor 10).

- *Limpeza* (*Clearness*): permite definir o comprimento dos traçados, indo desde o menor e mais irregular (valor 0) até o mais longo e fluido (valor 10).

- *Escala* (*Scale*): nessa opção você ajusta o relevo ou a espessura aparente da pintura. Com o valor 0 consegue-se uma fina camada; indo até o valor 10, uma camada mais espessa.

- *Detalhe da cerda* (*Bristle Detail*): com esse ajuste você regula o quanto do recuo do pincel é aparente, passando de sulcos suaves a sulcos mais fortes.

Ajustes para a iluminação:

- *Ângulo* (*Angle*): permite a definição do ângulo de incidência da luz, o que é importante caso você esteja inserindo a pintura a óleo em outra imagem.

- *Brilho* (*Shine*): possibilita ajustar o brilho da fonte de luz e a quantidade de salto fora da superfície de pintura.

3. Experimente os vários ajustes para conhecer como funcionam e observe o resultado na imagem. Em seguida, clique em *OK* para finalizar.

4. Salve a imagem em sua pasta *Meus trabalhos* como *MUSEU-CERALBO-Pintura.jpg* e feche-a.

Ferramenta Seleção de objeto (Object Selection)

Essa ferramenta facilita o processo de seleção de um objeto ou de apenas uma parte do objeto numa imagem.

Você só precisa desenhar uma região retangular ou um contorno irregular ao redor do objeto, e a ferramenta seleciona automaticamente o objeto dentro da região definida. O funcionamento dessa ferramenta é mais eficaz em objetos bem definidos, ou seja, com um bom contraste.

1. Abra a imagem *PÃO RUSTICO.jpg*, disponível na pasta *Arquivos de Trabalho/ Capitulo2*, e selecione a ferramenta *Seleção de objeto* (*Object Selection*) no painel *Ferramentas* (*Tools*).

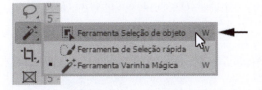

Você pode escolher entre dois modos de seleção na *Barra de opções* (*Options Bar*):

- *Modo Retângulo* (*Rectangle*): permite desenhar um retângulo ao redor do objeto.
- *Modo Laço* (*Lasso*): funciona como a ferramenta de seleção *Laço*, ou seja, você desenha um contorno ao redor do objeto a ser selecionado.

Outra opção interessante é *Aprimorar borda* (*Enhance Edge*), também na *Barra de opções* (*Options Bar*). Com ela, você consegue reduzir a irregularidade e a obstrução no limite da seleção, fazendo com que esta flua de forma automática para as bordas da imagem, aplicando um pouco do refinamento. Mais para frente você conhecerá recursos mais precisos de refinamento de uma seleção.

2. Selecione a opção *Retângulo* (*Rectangle*) e ative a opção *Aprimorar borda* (*Enhance Edge*).

3. Em seguida, clique e desenhe um retângulo em torno do pão. Ao soltar o botão do mouse, a seleção do objeto é criada automaticamente.

4. Para ter uma ideia, vá ao menu *Selecionar* (*Select*) e clique em *Inverter* (*Invert*), ou pressione as teclas de atalho *Shift + Ctl + L*.

5. No menu *Editar* (*Edit*), clique em *Preencher* (*Fill*) e selecione a cor *Branco* (*White*) no item *Conteúdo* (*Contents*). Em *Modo* (*Mode*), selecione *Normal* (*Normal*) e, em *Opacidade* (*Opacity*), coloque *100%*.

6. Clique em *OK* e veja como a seleção em torno do pão foi bem feita. Não é necessário praticamente nenhum ajuste.

7. Feche a imagem sem salvá-la.

A opção do modo de seleção *Laço* (*Lasso*) é mais comumente utilizada quando se tem mais de um objeto na imagem e você precisa selecionar apenas um deles.

Da mesma forma que as outras ferramentas de seleção, as opções que permitem somar e subtrair seleções de uma seleção existente ou utilizar a intersecção entre duas seleções também estarão disponíveis na *Barra de opções* (*Options Bar*) quando a ferramente *Seleção de objeto* (*Object Selection*) estiver ativa.

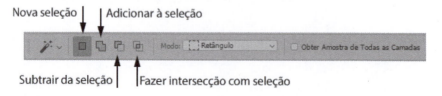

Anotações

Anotações

3
Editando imagens II

OBJETIVOS

» Editar e eliminar partes da imagem

» Desfazer e refazer ações

» Conhecer os filtros

» Criar efeitos com a *Galeria de Desfoques* (*Blur Gallery*)

Atividade 1 – Editando e eliminando partes da imagem

Objetivo: » Conhecer e trabalhar com os recursos para o recorte de imagens.

Tarefas: » Clonar partes da imagem com a ferramenta *Carimbo* (*Clone Stamp*).

» Preencher partes da imagem com o recurso *Preenchimento sensível a conteúdo*.

» Editar imagens com as ferramentas *Borracha* (*Eraser*).

» Utilizar as opções avançadas da ferramenta *Corte Demarcado* (*Crop*).

Ferramenta Carimbo (Clone Stamp)

Com a ferramenta *Carimbo* (*Clone Stamp*), é possível pintar uma parte da imagem como se fosse uma ferramenta de pintura, não com uma cor, mas copiando uma região da própria imagem. Ela é muito útil para duplicar objetos ou remover defeitos em imagens.

1. Abra a imagem *ÁRVORE.jpg*, localizada na pasta *Arquivos de trabalho/Capitulo3*.

2. Dê duplo clique na ferramenta *Zoom* (*Zoom*) para aplicar um zoom de 100% na imagem e, com a ferramenta *Mão* (*Hand*), mova a imagem na janela para visualizar os tambores. São eles que serão eliminados.

3. Selecione a ferramenta *Carimbo* (*Clone Stamp*) e pressione a tecla] para ajustar o tamanho da ferramenta para *100 px* (observe a caixa *Tamanho* na *Barra de Opções – Options Bar*). Se necessário, ajuste o valor da *Opacidade* para *100%*.

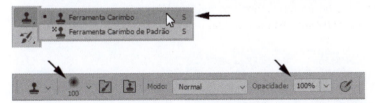

4. Leve o cursor até a imagem e, mantendo a tecla *Alt* pressionada, posicione-o como mostra a figura a seguir. Veja que o cursor se transforma em uma mira.

5. Dê um clique para indicar à ferramenta que é baseado nesse ponto que se fará a clonagem. Depois, solte a tecla *Alt*.

6. Posicione o cursor como mostra a figura a seguir. Em seguida, clique e mantenha o botão esquerdo do mouse pressionado enquanto movimenta o cursor. Observe que a região clicada anteriormente se sobrepõe como pintura à imagem do tambor.

7. Execute essa pintura até que o tambor azul desapareça por completo.

Painel Origem do clone (Clone Source)

Esse painel foi criado para facilitar o trabalho de clonagem da ferramenta *Carimbo* (*Clone Stamp*), permitindo um trabalho mais preciso com várias opções de ajuste.

1. Você deve ter percebido que, durante o uso da ferramenta, era exibida uma sobreposição da origem da amostra no cursor para auxiliá-lo na clonagem. No menu *Janela* (*Window*), clique em *Origem do clone* (*Clone Source*) para exibir o painel (ou clique no botão referente no painel lateral) e veja que a opção *Mostrar Sobreposição* (*Show Overlay*) está habilitada.

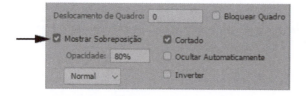

2. Na caixa *Opacidade* (*Opacity*) digite *80%* e, pressionando a tecla *[*, reduza o tamanho da ferramenta para *70 px*.

3. Dê um zoom na região do tambor preto, posicione a ferramenta à esquerda dele (entre a mureta e a água) e mantenha a tecla *Alt* pressionada. Veja a figura a seguir.

4. Clique no local para capturar a origem do clone. Imediatamente será colocada uma sobreposição da imagem no cursor com uma opacidade de *80%* (definida no painel). Desloque a ferramenta, e a sobreposição acompanhará o movimento.
5. Ajuste a posição guiando-se pela mureta e dê um clique para fixar a imagem sobreposta. Dessa maneira, você consegue fazer o clone de forma mais precisa, pois pode ajustar a posição em que iniciará a clonagem.
6. Clique sobre o tambor e, mantendo o botão do mouse pressionado, elimine-o.

7. Pressione a tecla *V* para ativar a ferramenta *Mover* (*Move*).

Preenchimento Sensível ao conteúdo (Content-Aware)

Esse recurso remove qualquer objeto ou detalhe da imagem, preenchendo o espaço vazio com o mesmo fundo dessa imagem. Ele ajusta a luz, a tonalidade e o ruído de forma que a parte removida pareça nunca ter existido, economizando um tempo enorme de edição.

1. Aplique um zoom na placa que está do lado direito da árvore, ative a ferramenta *Laço Poligonal* (*Polygonal Lasso*) e faça a seleção da placa e de seus suportes.

2. Pressione a tecla *Delete* para exibir o quadro de diálogo *Preencher* (*Fill*). Na caixa *Conteúdo* (*Contents*), selecione a opção *Sensível a conteúdo* (*Content-Aware*), caso ela ainda não esteja selecionada.

3. Clique no botão *OK* e pressione *Ctrl + D* para desfazer a seleção. O Photoshop apaga a placa e preenche o espaço deixado por ela, utilizando o fundo da imagem.

4. Você precisa recortar essa imagem para usá-la na montagem que será feita mais à frente. No menu *Imagem* (*Image*), clique em *Tamanho da Tela de Pintura* (*Canvas Size*).

5. Altere a *Altura* (*Height*) para *712* e clique na seta superior central no item *Âncora* (*Anchor*). Assim, a imagem será recortada de baixo para cima.

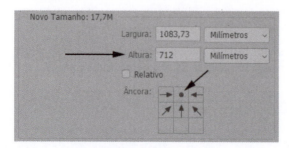

6. Clique em *OK* e, no quadro de avisos, clique em *Continuar* (*Proceed*).
7. Salve a imagem em sua pasta *Meus trabalhos* como *ÁRVORE-1.jpg*, mas não a feche.

Editando imagens com as ferramentas Borracha (Eraser)

Essas ferramentas apagam partes da imagem como se fosse uma borracha, alternando os pixels da área clicada. São três opções de ferramenta, que serão estudadas nesta etapa.

Ferramenta Borracha Mágica (Magic Eraser)

Essa prática ferramenta é recomendada para fundos mais constantes, pois altera todos os pixels semelhantes para transparentes.

1. Continuando com a imagem *ÁRVORE-1.jpg*, ative a ferramenta *Borracha Mágica* (*Magic Eraser*). O primeiro passo é remover o céu dessa imagem, que será substituído por outro.

2. Na *Barra de Opções* (*Options Bar*), mantenha selecionada a opção *Adjacente* (*Contiguous*). Isso fará com que apenas os pixels adjacentes ao ponto clicado sejam apagados; caso contrário, todos os pixels semelhantes serão apagados.

3. Leve o cursor até a imagem e clique sobre o céu do lado esquerdo. Veja que boa parte dele será eliminada.

4. Clique nas áreas onde o céu não foi apagado para completar a tarefa. E não se preocupe se algumas pequenas partes não tiverem sido eliminadas, pois você usará outra ferramenta para dar o acabamento.

Ferramenta Borracha (Eraser)

Essa ferramenta, mais simples que a anterior, funciona como uma borracha convencional. Você precisa clicar e arrastar o cursor para apagar o que deseja.

1. Com a ferramenta *Zoom* (*Zoom*), amplie a visualização na região do céu e busque por trechos não apagados. Veja o exemplo na imagem a seguir.

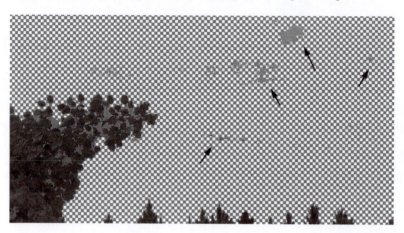

2. Ative a ferramenta *Borracha* (*Eraser*).

É possível trabalhar com a ferramenta *Borracha* (*Eraser*) de três formas diferentes: *Pincel* (*Brush*), *Lápis* (*Pencil*) e *Bloco* (*Block*). As opções *Pincel* (*Brush*) e *Lápis* (*Pencil*) fazem a borracha trabalhar como essas ferramentas. Ou seja, como pincel, a borracha tem as bordas suavizadas; como lápis, as bordas são duras. A opção *Bloco* (*Block*) deixa o cursor como um pequeno quadrado com arestas sólidas e de tamanho fixo, sem nenhuma opção para alterar opacidade ou fluxo. A opacidade de 100% apaga completamente os pixels, e uma opacidade menor apaga os pixels parcialmente.

3. Na *Barra de Opções* (*Option Bar*), ajuste o tamanho da ferramenta para *50*. Na caixa *Modo* (*Mode*), selecione *Pincel* (*Pencil*) e mantenha a *Opacidade* (*Opacity*) em 100%.

4. Feitas as escolhas, leve o cursor até a imagem e apague as áreas que sobraram.

Ferramenta Borracha de Plano de Fundo (Background Eraser)

Com essa ferramenta, apagam-se pixels de uma imagem até sua transparência. Isso possibilita apagar o plano de fundo mantendo as arestas de um objeto no primeiro plano. Especificando diferentes opções de amostra e tolerância, é possível controlar o intervalo da transparência e a nitidez dos limites. A ferramenta *Borracha de Plano de Fundo* (*Background Eraser*) obtém uma amostra da cor no centro do pincel, também chamado de ponto ativo, e exclui essa cor sempre que ela aparecer sob o pincel. Também executa a extração de cores nas arestas de qualquer objeto do primeiro plano, de forma que os halos de cor não fiquem visíveis se o objeto do primeiro plano for colado em outra imagem.

No caso da imagem trabalhada, essa ferramenta será usada para apagar o céu nas áreas de difícil acesso para as outras ferramentas, como a copa da árvore, abaixo dela, etc. Veja o exemplo a seguir.

1. Selecione a ferramenta *Borracha de Plano de Fundo* (*Background Eraser*).

2. Essa ferramenta funciona como um pincel, portanto ajuste o *Tamanho* para *100* px; na caixa *Lim.:* (*Limits*), selecione a opção *Indicação de Arestas* (*Find Edges*) para apagar áreas conectadas que contiverem a amostra de cor e preservar a nitidez ideal das arestas; e, finalmente, em *Amostras* (*Sampling*), selecione a opção *Amostragem: Uma Vez* (*Sampling: Once*).

3. Para começar, leve o cursor até próximo à copa da árvore, clique nos tons de azul que ainda restam e que estão no meio dos galhos. Veja o exemplo a seguir.

Editando imagens II – 113

4. Localize situações parecidas em toda a sua imagem e faça a limpeza.

5. Salve a imagem com a extensão *PSD*, natural do Photoshop.

6. Em seguida, pressione as teclas *Ctrl + A* para selecionar toda a imagem, e depois pressione as teclas *Ctrl + C* para copiá-la.

7. Abra a imagem *CUENCA-1.jpg*, localizada na pasta *Arquivos de trabalho/Capitulo3*.

8. Pressione *Ctrl + V* para colocar a cópia da imagem *ÁRVORE-1.jpg* e, com a ferramenta *Mover (Move)*, ajuste-a pela base da imagem *CUENCA-1.jpg*.

9. Salve a imagem em sua pasta *Meus trabalhos* com o nome *ÁRVORE-MONTAGEM.psd*.

10. Pressione as teclas de atalho *Alt + Ctrl + W* para fechar todas as imagens abertas. Pode-se também clicar no menu *Arquivo/Fechar todas (File/Close All)*.

Mais controle no recorte de imagens

A ferramenta *Corte (Crop)*, que você conheceu no Capítulo 1, oferece muitos recursos para o recorte de imagens. Você pode escolher a área a ser recortada após selecionar a região, rotacionar e até desfazer partes recortadas.

1. Abra a imagem *CAIS-SALVADOR-BAHIA.jpg*, localizada na pasta *Arquivos de trabalho/Capitulo3*.

2. Ative a ferramenta *Corte (Crop)* e, na *Barra de Opções (Option Bar)*, desative a opção *Excluir pixels cortados (Delete Cropped Pixels)* clicando na caixa em frente ao nome. Serão exibidos os controles, nos cantos e no centro das laterais da imagem.

3. Posicione o cursor próximo a um dos cantos da imagem até que uma seta dupla curva seja exibida. Nesse momento clique e rotacione a imagem, deixando o horizonte na horizontal.

Antes de finalizar o recorte, identifique alguns itens importantes dessa ferramenta:

- A – a área que será recortada fica cinza-clara e com certa transparência;
- B – a área demarcada sempre fica no centro da tela, dentro da grade;
- C – o tamanho da tela de pintura é ampliado para comportar a imagem;
- D – o ângulo de rotação é exibido em uma caixa ao lado do cursor.

4. Depois de rotacionar a imagem, ajuste o tamanho da área de recorte utilizando os controles laterais. Procure deixar aproximadamente como mostrado a seguir.

5. Para finalizar, tecle *Enter* ou clique no botão *Confirmar operação de corte atual* (*Commit Current Crop Operation*), na *Barra de Opções* (*Option Bar*).

Além do botão *Confirmar operação de corte atual*, você ainda tem o botão *Redefinir as configurações da caixa de corte, da rotação da imagem e da proporção* e o botão *Cancelar a operação de corte atual*, respectivamente mostrados abaixo.

A opção *Excluir pixels cortados* (*Delete Cropped Pixels*), que foi desabilitada no passo 2, permite que você mantenha as áreas da imagem que foram recortadas, caso queira modificar o recorte de sua imagem.

6. Com a ferramenta *Corte Demarcado* (*Crop*) ainda ativa, clique na imagem para voltar à edição da área de corte e movimente qualquer um dos controles da grade. Observe que as áreas anteriormente recortadas ainda estão disponíveis, caso você queira modificar o recorte feito.

7. Clique no botão *Cancelar a operação de corte atual* (*Cancel Current Crop Operation*), pois nesta etapa não será feita nenhuma alteração.

8. Para finalizar a edição de sua imagem, ative a ferramenta *Varinha Mágica* (*Magic Wand*) e clique no espaço livre, à esquerda da imagem e que ficou sem pixels após a rotação, para selecioná-lo.

9. Pressione *Shift + F5* e, no quadro *Preencher* (*Fill*), selecione a opção *Sensível ao Conteúdo* (*Content Aware*) na caixa *Conteúdo* (*Contents*).

10. Clique no botão *OK* para finalizar e desfaça a seleção pressionando *Ctrl + D*.

11. Repita essa operação para preencher as outras duas áreas sem pixels da imagem e veja o resultado.

12. Salve a imagem na pasta *Meus trabalhos* com o nome *CAIS-SALVADOR-BAHIA-FINAL.psd* e feche-a.

Opção Corrigir da ferramenta Corte

Mais um recurso interessante da ferramenta *Corte* (*Crop*) é a opção *Corrigir* (*Straighten the image by drawing a line on it*), que possibilita ajustar a rotação da imagem de acordo com uma linha base.

1. Abra a imagem *BARCELONA-1.jpg*, disponível na pasta *Arquivos de trabalho/Capitulo3*. Observe que essa foto foi tirada com a máquina em uma posição errada, resultando na inclinação da foto.

2. Ative a ferramenta *Corte* (*Crop*) e, na *Barra de Opções* (*Option Bar*), clique no botão *Corrigir* (*Straighten the image by drawing a line on it*) para ativá-lo. Você vai desenhar uma linha com a inclinação que desejar, e a ferramenta rotacionará a imagem baseada nessa linha.

3. Por exemplo, clique no ponto indicado na imagem a seguir e arraste o cursor desenhando uma linha até o segundo ponto. Aqui está sendo usada como referência a linha no topo da fachada do prédio, e veja que ao lado do cursor é exibida uma caixa com o ângulo atual da linha desenhada.

4. Libere o botão do mouse e a imagem será rotacionada, deixando a linha da construção na horizontal, conforme o desenho da linha que você fez; aguarde a finalização do recorte.

5. Tecle *Enter* para finalizar e recortar a imagem. Em seguida, salve a imagem na pasta *Meus trabalhos* com o nome *BARCELONA-1-FINAL.psd* e feche-a.

Com esse simples recurso, você pode desenhar uma linha utilizando qualquer elemento da imagem como referência para rotacioná-la.

Opções de corte adicionais da ferramenta Corte (Crop)

A ferramenta *Corte* (*Crop*) mantém a área de recorte fixa, depois que você a define, e permite movimentar a imagem para escolher a melhor posição, além de outros detalhes. Você pode optar por trabalhar com ela no modo clássico, no qual é possível movimentar a área de recorte em vez de movimentar a imagem.

Quando a ferramenta está ativa, basta clicar no botão *Definir opções de corte adicionais* (*Set Additional Crop options*) na *Barra de Opções* (*Option Bar*) e, no menu, selecionar a opção *Usar modo clássico* (*Use Classic Mode*).

Já no modo padrão, ou seja, com a opção *Usar modo clássico* (*Use Classic Mode*) desabilitada, as opções do botão *Definir opções de corte adicionais* (*Set Additional Crop options*) são as seguintes:

- *Mostrar área cortada* (*Show Cropped Area*): essa opção exibe a área que será recortada. Quando desabilitada, exibe apenas a área da imagem que permanecerá após o recorte. Você pode mover a imagem antes de finalizar o recorte.

- *Visualização de centro* (*Auto Center Preview*): com essa opção ativa, o Photoshop centraliza automaticamente a área de recorte na tela. Se desativada, a área de recorte permanece no local em que você a criou.

- *Ativar proteção de corte* (*Enable Crop Shield*): essa opção controla a cor e a opacidade da área que será recortada. Basta selecionar a opção *Personalizar* (*Custom*), na caixa *Cor* (*Color*), e o quadro *Seletor de cores* (*Color Picker*) será aberto para a escolha da cor.

A opção *Corresponder tela de desenho* (*Match Canvas*) utiliza a mesma cor da área de trabalho; na caixa *Opacidade* (*Opacity*), você controla a opacidade da cor escolhida em porcentagem.

Escolhendo o tipo de grade da ferramenta Corte (Crop)

Você percebeu que, ao utilizar a ferramenta *Corte* (*Crop*), é exibida uma grade sobre a área de recorte. Como opção, você pode escolher entre vários tipos de grade que podem ser exibidas na área selecionada.

1. Abra a imagem *SEGOVIA-3.jpg*, disponível na pasta *Arquivos de trabalho/Capitulo3*, e ative a ferramenta *Corte* (*Crop*) no painel *Ferramentas* (*Tools*).

2. Na *Barra de Opções* (*Option Bar*), clique no botão *Definir opções de sobreposição para a ferramenta Corte* (*Set the overlay options for the crop tool*) para ver os vários tipos de grade que podem ser exibidos na área selecionada (*Regra dos terços* (*Rule of Thirds*), *Grade* (*Grid*), *Diagonal* (*Diagonal*), entre outras). Com a tecla de atalho O, você alterna entre as opções.

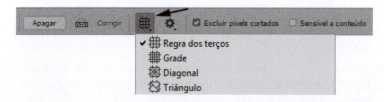

Selecionando as proporções da ferramenta Corte (Crop)

As proporções referem-se às medidas comumente utilizadas nas áreas de fotografia e web. Essas proporções são utilizadas como base para fazer ampliações ou reduções, e ainda permitem que você recorte a imagem, deixando-a com as proporções padrão de mercado.

1. Crie uma área de recorte qualquer na imagem com a ferramenta e, na *Barra de Opções* (*Options Bar*), clique no botão *Selecionar proporções de predefinição ou tamanho de corte demarcado* (*Select a preset aspect ratio or crop size*) para visualizar as opções disponíveis.

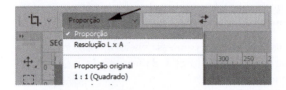

2. Como exemplo, selecione a opção *16 : 9*. A área de recorte será redimensionada na proporção escolhida, baseando-se nas dimensões que você definiu para a área de recorte.

3. Ao lado estão duas caixas que mostram as proporções escolhidas para largura e altura, e que também permitem que você digite valores personalizados. No botão entre as duas caixas, chamado de *Inverte a altura e a largura* (*Swaps height and width*), você alterna rapidamente a orientação da área selecionada.

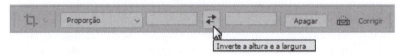

A opção *Nova predefinição de corte* (*New Crop Preset*) permite salvar a seleção atual para que você a utilize posteriormente.

4. Cancele a operação de recorte e feche a imagem sem salvá-la.

Preenchimento automático no corte de imagens

Você usou a ferramenta *Corte* (*Crop*) para endireitar fotografias que foram tiradas em um ângulo que não deixa um bom visual. Ao testar esse recurso nos itens anteriores, você deve ter percebido que, enquanto gira a imagem, a área de recorte é redimensionada para sempre exibir conteúdo. Se for preciso, ela faz o recorte de partes da imagem, pois, se sua área for aumentada manualmente, trechos em branco podem aparecer no resultado final.

Para que isso não ocorra, caso você precise manter partes importantes da imagem, a ferramenta *Corte* (*Crop*) trabalha também com a opção *Sensível a conteúdo* (*Content-Aware*), um recurso que você já aplicou neste capítulo.

1. Abra a imagem *CUENCA-2.jpg* disponível na pasta *Arquivos de trabalho/Capitulo3*. Essa imagem da cidade de Cuenca, na Espanha, está inclinada. Observe a ponte que liga a cidade ao antigo Convento de San Pablo. Você vai corrigi-la e não perderá nenhum detalhe no recorte.

2. Ative a ferramenta *Corte* (*Crop*) e, na *Barra de Opções* (*Option Bar*), ative a opção *Sensível a conteúdo* (*Content-Aware*); no botão *Selecionar proporções de*

predefinição ou tamanho de corte demarcado (Select a preset aspect ratio or crop size), selecione a opção *Resolução L x A (W x H x Resolution)*; e habilite a opção *Excluir pixels cortados (Delete Cropped Pixels)*.

3. Posicione o cursor próximo a um dos controles de canto da grade, clique e rotacione usando a ponte como referência, deixando-a na horizontal. Observe que algumas áreas da imagem seriam cortadas e outras ficariam em branco, se o comando fosse feito da maneira convencional.

4. Usando os controles de dimensionamento nas laterais da grade, amplie a altura e a largura de forma a englobar as partes que seriam cortadas. Assim você não perderá nenhuma parte da imagem.

5. Pressione *Enter* e observe que as áreas brancas foram preenchidas.

6. Salve a imagem em sua pasta *Meus trabalhos* como CUENCA-2-FINAL.jpg e feche-a.

Preenchimento com reconhecimento de conteúdo (Content Aware Fill)

Você utilizou anteriormente o comando *Preenchimento sensível ao conteúdo* (*Content Aware*) para remover objetos da imagem, mas em alguns casos o resultado pode não ser tão satisfatório. Essa operação depende da complexidade da imagem e da área onde será feita a alteração.

Para imagens mais complexas você conta com outro comando chamado *Preenchimento com reconhecimento de conteúdo* (*Content Aware Fill*).

A tecnologia sensível ao conteúdo utiliza toda a imagem como uma área de amostragem para conseguir eliminar a parte selecionada e preencher essa área de forma a dar a impressão de que ela nunca esteve ali, como visto anteriormente.

A diferença entre a opção *Preenchimento sensível ao conteúdo* (*Content Aware*) e a opção *Preenchimento com reconhecimento de conteúdo* (*Content Aware Fill*) é que esta última conta com uma área de trabalho própria, permitindo muito mais controle sobre as áreas em que o Photoshop deve se basear para preencher a área selecionada, além de oferecer ferramentas e configurações para facilitar seu trabalho.

1. Abra a imagem *Rosa-cha.psd*, disponível na pasta *Arquivos de trabalho/Capitulo3*. Seu trabalho será remover a rosa da imagem.

2. Ative a ferramenta de seleção *Laço* (*Lasso*) e faça uma seleção em torno da rosa, como mostrado a seguir. Não precisa ser perfeita.

3. Primeiro você vai aplicar o comando *Preenchimento sensível ao conteúdo* (*Content-Aware*), como fez anteriormente, para ver o resultado, e depois utilizará o outro comando. No menu *Editar* (*Edit*) clique em *Preencher* (*Fill*) ou use as teclas de atalho *Shift + F5*.

4. No item *Conteúdo* (*Content*), selecione a opção *Sensível a conteúdo* (*Content-Aware*) e clique em *OK*. Observe que o resultado não foi bom, pois parte da asa da xícara aparece no local e existem algumas manchas incoerentes com o fundo.

5. No menu *Editar* (*Edit*), clique na opção *Desfazer Preencher* (*Undo Fill*).
6. Novamente no menu *Editar* (*Edit*), clique dessa vez em *Preenchimento com reconhecimento de conteúdo* (*Content Aware Fill*), e a área de trabalho do comando será exibida.

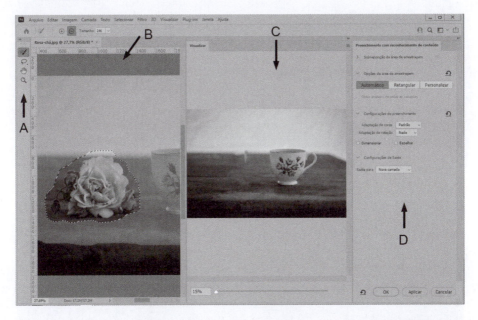

Esta área de trabalho está dividida em quatro regiões, da esquerda para a direita:

- A – *Painel de ferramentas* (*Tools panel*): contém as ferramentas para que você altere a seleção feita inicialmente, na área de amostragem, e as já conhecidas ferramentas *Mão* (*Hand*) e *Zoom* (*Zoom*).
- B – *Janela da imagem*: exibe a imagem e cobre toda a região de amostragem com uma máscara de sobreposição, com exceção da área que você selecionou.

Editando imagens II – 123

- C – *Painel Visualização* (*Preview panel*): mostra uma pré-visualização do resultado final em alta resolução, e no seu rodapé existe um controle de zoom.

- D – *Painel Preenchimento com reconhecimento de conteúdo* (*Content-Aware Fill panel*): neste painel estão todas as opções de configuração para alterar o resultado de forma mais precisa. Para qualquer alteração feita, o painel *Visualização* (*Preview panel*) mostra o resultado imediatamente.

Observe no painel *Visualização* (*Preview panel*) que uma pequena parte da xícara foi replicada no lugar do preenchimento. Mas dessa vez você pode indicar ao Photoshop exatamente o que usar como amostragem, simplesmente editando a máscara de sobreposição, que por padrão está na cor verde. Essa máscara de amostragem indica a região que o programa utiliza para coletar a amostra e fazer o preenchimento da área selecionada.

7. Ative a ferramenta *Pincel de amostragem* (*Sampling Brush*) e ligue a opção *Subtrair da área de sobreposição* (*Subtract from overlay area*). Com essa opção você edita a área de amostragem retirando partes dela como se estivesse pintando.

Se a qualquer momento você precisar modificar a área de seleção, use a ferramenta *Laço* (*Lasso*), que permite fazer essa edição a qualquer momento sem sair da área de trabalho do comando.

8. Leve o cursor até a imagem e pinte a região da xícara para removê-la da área de amostagem.

Observe a mudança no painel *Visualização* (*Preview panel*) e perceba que o resultado já está muito melhor.

9. No item *Configurações de preenchimento* (*Fill Settings*), clique na seta da caixa *Adaptação de cores* (*Color adaptation*) para ver as opções. Experimente selecionar cada uma delas para ver o resultado na área de visualização. Esse item faz uma adaptação do contraste e do brilho para uma melhor correspondência da área preenchida com o restante da imagem.

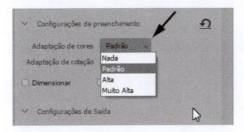

10. Para essa atividade selecione a opção *Muito Alta* (*Very High*). Veja que a região alterada ficou perfeita.
11. Clique em *OK* para finalizar e em seguida pressione *Ctrl + D* para desfazer a seleção. Veja o resultado final.
12. Salve o arquivo em sua pasta *Meus Trabalhos* como *Rosa-cha-editada.psd*.

Veja a seguir um breve descritivo das opções de configuração do painel *Preenchimento com reconhecimento de conteúdo* (*Content-Aware Fill panel*):

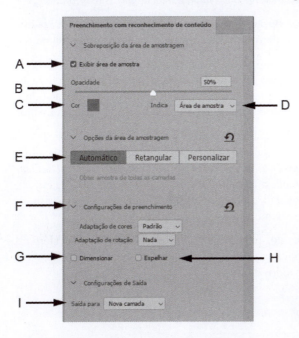

- A – *Exibir área de amostragem* (*Show Sampling Area*): ao desabilitar essa opção você oculta a área de amostragem.

- B – *Opacidade* (*Opacity*): ajusta a transparência da cor da área de amostragem.
- C – *Cor* (*Color*): permite alterar a cor da área de amostragem.
- D – *Indica* (*Indicates*): permite a escolha do que a cor indicará, se a área de amostragem ou a área de exclusão.
- E – *Opções da área de amostragem* (*Sampling Area Options*):
  - *Automático* (*Auto*): essa opção permite usar, de forma automática, um conteúdo semelhante à área de preenchimento ao redor.
  - *Retangular* (*Rectangular*): essa opção permite usar a região retangular ao redor da área de preenchimento.
  - *Personalizada* (*Custom*): essa opção permite definir manualmente uma área de amostragem. No caso, você utiliza a ferramenta *Pincel de amostragem* para fazer uma adição à área de amostragem.
- F – *Configurações de preenchimento* (*Fill Settings*):
  - *Adaptação de cores* (*Color Adaptation*): com este recurso você define como o brilho e o contraste se adaptarão na área de preenchimento por meio de quatro opções: *Nenhum* (*None*), *Padrão* (*Default*), *Alto* (*High*) e *Muito Alto* (*Very High*).
  - *Adaptação de rotação* (*Rotation Adaptation*): este recurso é ideal para áreas a serem preenchidas que tenham curvas ou que tenham um padrão que precise acompanhar a rotação da área. São cinco opções: *Nada*, *Baixo*, *Médio*, *Alto* e *Total*.
- G – *Dimensionar* (*Scale*): essa opção é ideal para áreas que tenham padrões que se repetem, como uma parede de tijolos, por exemplo, ou áreas que estejam em perspectiva.
- H – *Espelhar* (*Mirror*): essa opção é indicada para imagens que possuam uma simetria horizontal na área a ser preenchida. Com ela a área a ser preenchida é virada na horizontal no momento do preenchimento, resultando em uma melhor correspondência.
- I – *Saída para* (*Output Settings*): com essa opção você define onde será aplicado o preenchimento, podendo escolher entre *Camada atual* (*Current Layer*), *Duplicar camada* (*Duplicate Layer*), *Duplicar camada mascarada* (*Duplicate Masked Layer*), *Nova camada* (*New Layer*) ou *Filtro inteligente* (*Smart Filter*). Você saberá mais sobre *Camadas* (*Layers*) no próximo capítulo.

Na base do painel estão os comandos para finalizar ou cancelar a operação, além do comando *Aplicar* (*Apply*), que aplica as alterações sem sair do filtro, e o botão *Redefinir* (*Reset all settings*), para reverter todos os ajustes.

Atividade 2 – Desfazendo e refazendo ações no Photoshop

Objetivo: » Conhecer os recursos para desfazer e refazer alterações.

Tarefas: » Utilizando os comando *Desfazer* (*Undo*) e *Refazer* (*Redo*).

» Restaurar a imagem com a ferramenta *Borracha* (*Eraser*).

» Aplicar o comando *Reverter* (*Revert*).

» Restaurar a imagem com o comando *Preencher* (*Fill*).

» Trabalhar com o painel *Histórico* (*History*).

Desfazendo ações no Photoshop

Existente na maioria dos programas, o comando *Desfazer* (*Undo*) permite que o usuário desfaça uma ação errada ou da qual tenha se arrependido. A capacidade desse comando varia de programa para programa. Em alguns, somente a última ação pode ser desfeita; em outros, várias.

No Photoshop, as ações podem ser desfeitas ou refeitas por meio dos comandos *Desfazer* (*Undo*), *Refazer* (*Redo*), *Avançar uma Etapa* (*Step forward*), *Retroceder uma Etapa* (*Step Back*) e *Reverter* (*Revert*) (que reverte totalmente uma imagem até o ponto inicial da edição) e do painel *Histórico* (*History*), que executa todas as opções anteriores.

1. Abra o arquivo *LAS-TABLAS-MADRI.jpg*, localizado na pasta *Arquivos de trabalho/ Capitulo3*.

2. Primeiro você fará algumas alterações na imagem para poder testar as opções de desfazer. Pressione as teclas *Ctrl + A* para selecionar toda a imagem e, no menu *Selecionar* (*Select*), clique em *Transformar Seleção* (*Transform Selection*).

3. Na *Barra de Opções* (*Option Bar*), ative o botão *Manter as proporções* (*Maintain aspect ratio*), caso não esteja ativo, e altere a *Largura* (*Width*) para *70%*. A altura será alterada proporcionalmente.

4. Tecle *Enter* para finalizar e pressione *Shift + Ctrl + I* para inverter a seleção.

5. No menu *Imagem* (*Image*), clique em *Ajustes/Remover saturação* (*Adjustments/ Desaturate*), ou pressione as teclas de atalho *Shift + Ctrl + U*. Esse comando converte as cores da imagem em tons de cinza, mas mantém o mesmo modelo de cor – no caso, o RGB.

6. Aplique agora um desfoque na área selecionada com um filtro que você já utilizou. No menu *Filtro* (*Filter*), clique em *Desfoque/Desfoque de Caixa* (*Blur/Box Blur*) e

altere o valor na caixa *Raio* (*Radius*) para *12 pixels*. Todos esses valores são sugestões, você pode experimentar outros.

7. Clique em *OK* para finalizar e pressione *Shift + Ctrl + I* para inverter a seleção novamente.

8. No menu *Editar* (*Edit*), clique em *Traçar* (*Stroke*) e configure o quadro, como mostrado a seguir.

   - *Largura* (*Width*): *20* px
   - *Cor* (*Color*): branco
   - *Localização* (*Location*): Centro
   - *Modo* (*Mode*): Normal
   - *Opacidade* (*Opacity*): 50%

9. Clique em *OK* para finalizar o traçado e pressione *Ctrl + D* para desfazer a seleção.

Comandos Desfazer (Undo) e Refazer (Redo)

Estes comandos permitem que você desfaça ou refaça ações em sua imagem e estão presentes no menu *Editar* (*Edit*). Você pode utilizar as teclas de atalho *Ctrl + Z* para desfazer e *Shift + Ctrl + Z* para refazer.

O Photoshop guarda as informações permitindo que se desfaça ou refaça uma série de ações, sendo que no menu *Editar* (*Edit*) é possível também ver o nome dessas ações.

1. Abra o menu *Editar* (*Edit*) e observe que ele informa o que será desfeito no momento. Nesse caso, foi sua última ação na imagem.

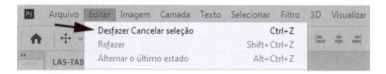

2. Pressione *Ctrl + Z*, ou clique na opção *Desfazer Cancelar seleção* (*Undo Deselect*) no menu *Editar* (*Edit*), e veja que a ação desfeita antes dessa ficará disponível (*Desfazer Traçar – Undo Stroke*). Ao mesmo tempo, a ação desfeita fica disponível na opção *Desfazer Cancelar seleção* (*Redo Deselect*).

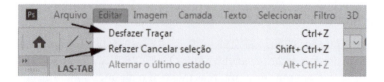

3. Dessa forma você consegue desfazer inúmeras ações e refazê-las, se necessário. Pressione *Shift + Ctrl + Z* para desfazer a seleção.

Restaurando a imagem com a ferramenta Borracha (Eraser)

Com a ferramenta *Borracha* (*Eraser*), você pode restaurar a imagem inteira ou partes dela, voltando ao seu estado inicial.

1. Ative a ferramenta *Borracha* (*Eraser*) e, na caixa *Modo* (*Mode*) da *Barra de Opções* (*Option Bar*), selecione a opção *Pincel* (*Brush*) caso não seja esta a opção selecionada. Você pode usar outro modo para a ferramenta, pois a opção escolhida aqui é apenas sugestão.

2. Clique na seta do seletor *Predefinições do Pincel* (*Tool Preset picker*), selecione a opção *Redondo Duro* (*Hard Round*), altere os itens *Tamanho* (*Size*) para *400 px* e *Dureza* (*Hardness*) para *0%*, e clique na caixa do item *Apagar para Histórico* (*History*). Essa opção fará com que a *Ferramenta Borracha* (*Erase to History*) apague todas as alterações feitas na imagem, deixando-a como no início da edição.

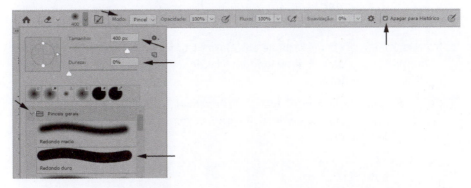

3. Clique e arraste o cursor sobre a imagem para apagar algumas regiões. Veja o exemplo a seguir e perceba que você pode criar efeitos muito interessantes com esse recurso.

Comando Reverter (Revert)

Esse comando do menu *Arquivo* (*File*) reverte todo o processo de edição até a última vez que a imagem foi salva.

1. Clique no menu *Arquivo/Reverter* (*File/Revert*) (ou pressione a tecla *F12* do teclado).

2. No menu *Arquivo* (*File*), clique em *Fechar* (*Close*) ou pressione *Ctrl + W*.

RESTAURANDO A IMAGEM COM O COMANDO PREENCHER (FILL)

Você já utilizou o comando *Preencher* (*Fill*) para completar uma área da imagem, mas ele também pode ser usado para restaurar uma imagem ou partes dela, baseado no histórico de alterações que foram feitas.

1. Abra a imagem *BARCELONA-2.jpg*, disponível na pasta *Arquivos de trabalho/Capitulo3*.

2. No menu *Imagem* (*Image*), clique em *Ajustes* (*Adjustments*) e selecione *Remover saturação* (*Desaturate*), ou pressione as teclas de atalho *Shift + Ctrl + U*. A imagem ficará em tons de cinza.

3. Com a ferramenta *Letreiro Retangular* (*Rectangular Marquee*), faça uma seleção desde o canto superior esquerdo da imagem, envolvendo toda a largura, até a base do texto "La Pedrera".

O comando *Preencher* (*Fill*) possui uma opção chamada *Histórico* (*History*). Com ela você preenche a área selecionada com estado original da imagem no início da edição, independentemente da quantidade de alterações que você tenha feito na imagem.

4. No menu *Editar* (*Edit*), clique em *Preencher* (*Fill*) e, no quadro, selecione a opção *Histórico* (*History*) no item *Conteúdo* (*Contents*); clique em *OK* e pressione *Ctrl + D* para desfazer a seleção.

5. Salve a imagem em sua pasta *Meus trabalhos* como *BARCELONA-2-FINAL.jpg* e feche-a.

Painel Histórico (History)

Toda ação feita em uma imagem é gravada no painel *Histórico* (*History*), o que permite que você desfaça ou refaça as alterações voltando para qualquer estágio, anterior ou posterior.

1. Abra o arquivo *MADRI-1.jpg*, disponível na pasta *Arquivos de trabalho/Capitulo3*.
2. Clique no menu *Janela/Histórico* (*Window/History*) para exibir o painel. Veja o botão referente na área dos painéis.

Observe que o painel *Histórico* (*History*) já gravou a ação de abrir o arquivo. Todas as ações gravadas são denominadas *Estados* (*States*). Elas mostram o estado de cada etapa do trabalho realizado na imagem. O estado inicial da imagem é mostrado no item *Instantâneo* (*Snapshot*) do painel *Histórico* (*History*).

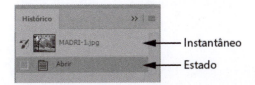

Você vai aplicar alguns efeitos nessa imagem para criar um histórico e, assim, ver como o painel funciona.

3. Ative a ferramenta *Letreiro Retangular* (*Rectangular Marquee*) e, na *Barra de Opções* (*Option Bar*), selecione *Tamanho Fixo* (*Fixed Ratio*) na caixa *Estilo* (*Style*); defina a largura (*W*) com *1.024 px* e a altura (*H*) com *2.304 px*.

4. Leve o cursor até a imagem e dê um clique. A seleção retangular será criada com as dimensões definidas. A largura dela tem 1/3 da largura da imagem, e a altura, a mesma da imagem.

5. Desloque a seleção clicando dentro dela e movendo-a para a esquerda até a lateral encostar na borda da imagem.

6. No menu *Imagem* (*Image*), clique em *Ajustes/Filtro de fotos* (*Adjustments/Photo Filter*), selecione a opção *Yellow* na caixa *Filtro* (*Filter*) e altere a *Densidade* (*Density*) para 50%.

7. Clique em *OK* para aplicar o efeito, mas não desfaça a seleção, pois ela ainda será utilizada. Observe, no painel *Histórico* (*History*), que todas as ações foram gravadas. Caso você não consiga visualizar toda a lista, clique em sua base e expanda o painel.

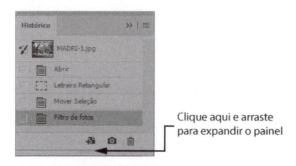

8. Continuando a aplicação dos efeitos, com a ferramenta *Letreiro Retangular* (*Rectangular Marquee*) ainda ativa, desloque a seleção posicionando-a no centro da imagem.

9. Aplique novamente o *Filtro de fotos* (*Photo Filter*) e desta vez utilize o *Red* no item *Filtro* (*Filter*), com 60% em *Densidade* (*Density*). Ao final, clique em *OK*.

10. Desloque novamente a seleção para a direita, encostando sua lateral na borda da imagem, e aplique o filtro *Blue* com 60% em *Densidade* (*Density*).

11. Clique em *OK* e pressione *Ctrl + D* para desfazer a seleção. Observe no painel *Histórico* (*History*) que foram gravados nove estados, e cada um representa uma edição que você executou na imagem.

12. Salve a imagem em sua pasta *Meus trabalhos* como MADRI-1-FINAL.jpg.

Algumas mudanças não são gravadas no painel, como as alterações de configuração de cores e de preferências. Ou seja, as alterações padrões não serão gravadas nas imagens que forem abertas.

Substituindo ações

1. Clique no estado *Mover Seleção* (*Move Selection*) (o terceiro, de cima para baixo) do painel *Histórico* (*History*) para que a imagem retorne ao ponto em que a seleção foi movida para a esquerda. Todos os estados que vêm depois ficarão na cor cinza-claro, indicando que foram desativados.

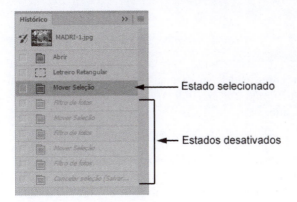

Após selecionar um estado, qualquer nova edição que você efetuar na imagem eliminará os estados desativados e entrará logo após o estado selecionado.

2. Clique no *Instantâneo* (*Snapshot*), no topo do painel, e a imagem voltará ao estado original, antes das edições.

Apagando estados

Você pode apagar qualquer estado do painel, mas todos os que estiverem abaixo dele também serão apagados.

1. Clique no penúltimo estado do painel *Histórico* (*History*) para selecioná-lo e, em seguida, clique no ícone da lixeira na base do painel. Clique no botão *Sim* (*Yes*) do quadro para confirmar a exclusão, e o estado e todos os que estão abaixo dele serão eliminados.

 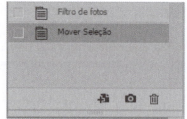

O mesmo pode ser feito utilizando o menu do painel. Basta clicar no botão do canto superior direito dele para exibir o menu e selecionar *Excluir* (*Delete*).

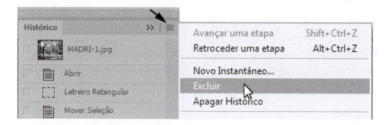

Configurando a quantidade limite de estados

O painel *Histórico* (*History*) tem como padrão armazenar determinado número de estados da imagem. Quando esse número for excedido, o estado mais antigo (o que estiver no topo da lista) será apagado.

1. No menu *Editar* (*Edit*), clique em *Preferências/Desempenho* (*Preferences/Performance*).

2. Observe na área *Histórico & Cache* (*History & Cache*), no item *Estados de Histórico* (*History States*), o número 50. Esse é o valor padrão e indica o número máximo de estados a serem armazenados no painel. Você pode estabelecer o valor que desejar até o limite de 1.000, lembrando que, quanto maior o número, mais memória será necessária para o computador processar os trabalhos.

3. Clique em *Cancelar* (*Cancel*) para fechar o quadro e feche a imagem sem salvá-la.

Os estados do painel *Histórico* (*History*) só permanecem enquanto a imagem é editada. Ao fechar o arquivo o painel é zerado.

Atividade 3 – Conhecendo os filtros do Photoshop

Objetivo: »   Conhecer o recurso de filtros e como trabalhar com eles em suas imagens.

Tarefas: »   Aplicar o filtro *Extrusão* (*Extrude*) em uma imagem.

         »   Conhecer e trabalhar com a *Galeria de Filtros* (*Filter Gallery*).

         »   Conhecer e trabalhar com o filtro *Dissolver*.

FILTROS

Os filtros são ferramentas que possibilitam a aplicação de efeitos especiais nas imagens, trabalhos de limpeza ou retoque, e até mesmo a transformação das imagens com efeitos de iluminação e distorções.

No menu *Filtro* (*Filter*), existem diversos tipos de filtros, cada um com várias opções. Alguns melhoram o foco da imagem, outros enevoam, distorcem, etc. Quando combinados, os filtros apresentam um número ainda maior de resultados.

APLICANDO FILTROS

Nesta etapa você vai aplicar um filtro para ter uma ideia de como eles funcionam, mas não deixe de experimentar todos. Consulte a *Ajuda on-line do Photoshop* (*Photoshop Help*), disponível no menu *Ajuda* (*Help*), para consultar detalhes a respeito de cada um deles.

Filtro Extrusão (Extrude)

Esse filtro cria objetos que parecem estar saltando da imagem. Podem ser blocos com quatro faces laterais e a face frontal quadrada, ou pirâmides com quatro lados triangulares que se encontram em um ponto.

1. Abra a imagem *TOLEDO-1.jpg*, disponível na pasta *Arquivos de trabalho/Capitulo3*.

2. No menu *Filtro* (*Filter*), selecione *Estilização/Extrusão* (*Stylise/Extrude*). Esse filtro apresenta um quadro para suas configurações, e os valores solicitados aqui são apenas uma sugestão.

3. Para esse exemplo, selecione a opção *Blocos* (*Blocks*) no item *Tipo* (*Type*).

4. Na caixa *Tamanho* (*Size*), digite o valor *50*. Esse item determina o comprimento da lateral da face do bloco, e nesse caso será um quadrado de 50 pixels × 50 pixels.

5. Na caixa *Profundidade* (*Depth*), digite *30*. Aqui você define qual a distância máxima em que a face do bloco deve aparecer para se sobressair na imagem.

6. Em *Profundidade* (*Depth*) você tem duas opções: *Aleatória* (*Random*), que aplica a cada bloco ou pirâmide uma profundidade aleatória, ou *Com Base em Níveis* (*Level-based*), que aplica uma profundidade a cada objeto de acordo com o brilho da imagem na região em que ele for criado. Neste exemplo, selecione a opção *Aleatória* (*Random*) e clique em *OK* para ver o resultado.

7. Feche a imagem sem salvá-la.

Galeria de Filtros (Filter Gallery)

Além dos filtros listados no menu *Filtro* (*Filter*), você tem a *Galeria de Filtros* (*Filter Gallery*), com mais uma série deles. Ela facilita a aplicação dos filtros nas imagens, sendo possível aplicar um filtro e pré-visualizar o resultado sem a necessidade de finalizar o processo de aplicação. Além disso, permite que se aplique mais de um filtro ao mesmo tempo ou até o mesmo filtro mais de uma vez.

Explorando a janela da Galeria de Filtros (Filter Gallery)

Você aplicará um filtro em uma imagem do Parque del Retiro, em Madri, para conhecer o funcionamento dessa galeria.

1. Abra a imagem *MADRI-3.jpg*, disponível na pasta *Arquivos de trabalho/Capitulo3*.

2. Clique no menu *Filtro* (*Filter*) e selecione a opção *Galeria de Filtros* (*Filter Gallery*). Conheça as seções da galeria na figura a seguir.

136 – Adobe Photoshop

- A – *Área de pré-visualização:* onde se visualiza a imagem com os efeitos aplicados;
- B – *Lista de filtros disponíveis:* mostra a lista das categorias de filtros disponíveis e suas opções;
- C – *Ajustes dos filtros:* exibe os ajustes permitidos do filtro escolhido;
- D – Área que exibe os filtros aplicados à imagem.

É importante ressaltar que nem todos os filtros do menu *Filtro* (*Filter*) estão disponíveis na *Galeria de Filtros* (*Filter Gallery*). Se você escolher um filtro no menu que pertence à *Galeria de Filtros* (*Filter Gallery*), ela se abrirá automaticamente. Caso contrário, o filtro será aplicado diretamente ou será aberto o quadro de diálogo específico do filtro escolhido.

3. Na área de pré-visualização é possível controlar o zoom da imagem nos controles do canto inferior esquerdo do quadro, por meio dos botões + e –, ou escolhendo um valor de zoom ao se clicar na seta ao lado da caixa de zoom. Clique na seta ao lado da indicação do valor de zoom e, no menu exibido, clique no valor *100%*.

É possível ampliar a área de pré-visualização ocultando a área de listagem dos filtros. Basta clicar no botão ao lado da listagem de filtros.

Aplicando apenas um filtro

1. Na lista de filtros, clique na seta ao lado da categoria *Distorção* (*Distort*) para exibir os filtros disponíveis e selecione *Vidro* (*Glass*). Do lado direito serão exibidas as opções de configuração desse filtro.

2. Os ajustes de distorção e suavidade são feitos ao clicar e arrastar os botões deslizantes desses itens. O filtro permite ainda a escolha de uma textura. Clique na seta ao lado da caixa *Textura* (*Texture*) e, para esta atividade, selecione a opção *Blocos* (*Blocks*), que dá a impressão de que a paisagem está atrás de blocos de vidro.

3. Ajuste o valor de *Distorção* (*Distortion*) para 5, *Suavidade* (*Smoothness*) para 1 e o item *Escala* (*Scaling*) para 110%. Você pode deslocar o controle deslizante de cada item ou digitar o valor direto na caixa.

4. Clique no botão *OK* para aplicar o filtro à imagem, salve-a como *MADRI-3-FINAL.jpg* em sua pasta *Meus trabalhos* e feche-a.

Aplicando filtro sobre filtro

Com a *Galeria de Filtros* (*Filter Gallery*), é possível aplicar mais de um filtro à mesma imagem e acompanhar o resultado da combinação na pré-visualização antes de finalizar.

1. Abra a imagem *MADRI-2.jpg*, disponível na pasta *Arquivos de trabalho/Capitulo3*.

2. No menu *Filtro* (*Filter*), abra a *Galeria de Filtros* (*Filter Gallery*), clique na categoria *Artístico* (*Artistic*) e selecione a opção *Aquarela* (*Watercolor*).

Se você clicar em outro filtro, o filtro aplicado anteriormente será substituído na imagem, mas para aplicar um filtro sobre outro é preciso criar uma camada de efeito.

3. Clique no botão *Nova camada de efeito* (*New effect layer*) no canto inferior direito da janela. Dessa forma, você cria uma nova camada de efeito com o mesmo filtro aplicado anteriormente. O fundo do nome do filtro está mais escuro, o que indica que ele está selecionado.

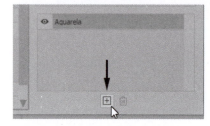 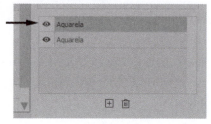

4. Estando o primeiro filtro da lista selecionado, abra a categoria *Textura* (*Texture*) e selecione a opção *Craquelê* (*Craquelure*). Veja que o filtro é aplicado à imagem e sobre o filtro anterior.

5. Na área de ajustes do filtro selecionado, ajuste os valores como mostrado a seguir:

- *Espaçamento entre Fissuras* (*Crack Spacing*): 55
- *Profundidade das Fissuras* (*Crack Depth*): 9
- *Brilho das Fissuras* (*Crack Brightness*): 3

Lembre-se de que todos os valores são sugestões. Você pode aplicar outros valores para obter o resultado que desejar.

Além de aplicar um filtro sobre outro, é possível mudar a ordem dos filtros para experimentar resultados diferentes na imagem.

6. Clique sobre a camada do filtro *Craquelê* (*Craquelure*) e arraste-a para baixo da camada do filtro *Aquarela* (*Watercolor*). Observe o resultado dessa mudança na imagem.

Se for preciso eliminar qualquer um dos filtros aplicados, basta selecioná-lo na lista e clicar no botão *Excluir Efeito de Camada* (*Delete effect layer*) (ícone da lixeira).

7. Posicione a camada *Aquarela* abaixo da camada *Craquelé* (*Craquelure*) novamente e clique em *OK*.

8. Salve o arquivo como *MADRI-2-FINAL.jpg* em sua pasta *Meus trabalhos* e feche-a.

Filtro Dissolver (Liquify)

Esse filtro permite a edição de imagens de forma manual, criando distorções tanto para uma correção quanto para uma estilização. Ele tem uma janela de trabalho própria, composta de ferramentas e controles de ajustes.

1. Abra a imagem *Cidade.psd*, disponível na pasta *Arquivos de trabalho/Capitulo3*. Com esse filtro, que é um recurso de edição muito utilizado e conhecido, você poderá fazer diversas mudanças.

2. A alteração será feita no personagem, portanto, selecione a *Camada 2* no painel *Camadas* (*Layers*).

3. No menu *Filtro* (*Filter*), clique em *Dissolver* (*Liquify*) para abrir a janela do filtro com a imagem.

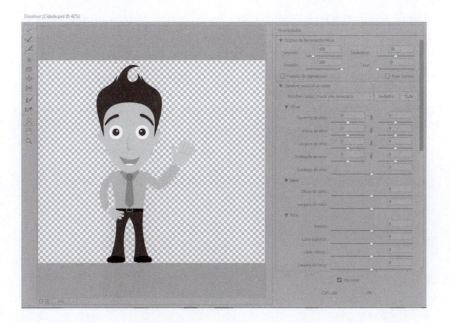

Do lado esquerdo da janela está a *Barra de Ferramentas*; ao centro, a área de trabalho exibindo a imagem; e do lado direito, os controles de ajuste das ferramentas, efeitos e recursos de trabalho. É possível redimensionar a janela do filtro, bastando clicar em suas bordas, manter o botão do mouse pressionado e arrastar.

Com as ferramentas disponíveis nesse filtro você pode empurrar, puxar, girar, refletir, enrugar e inchar qualquer parte da imagem. Cada ferramenta tem uma tecla de atalho, e basta pousar o cursor do mouse sobre uma delas para exibir seu nome e sua tecla de atalho.

Assim como a interface do Photoshop, você tem as ferramentas *Mão* (*Hand*) e *Zoom* (*Zoom*) para ajustar a visualização da imagem na janela, a fim de facilitar o trabalho nos detalhes. Existe ainda uma caixa no canto inferior esquerdo da janela para que você entre com o valor de zoom desejado ou use os botões com sinal de "+" ou "−" para ampliar ou reduzir o zoom.

4. Aplique um zoom na região do braço no lado esquerdo da imagem, ative a ferramenta *Deformação progressiva* (*Forward Warp Tool*), a primeira da lista, ou pressione a tecla de atalho W.

5. Assim que uma ferramenta é ativada, os controles no item *Propriedades* (*Properties*), do lado direito, ficam disponíveis. Eles permitem configurar o tamanho, a densidade, a pressão e a taxa (ou o ritmo) das ferramentas.

6. Ajuste o tamanho da ferramenta para *80*, como sugestão. Você pode usar as teclas de atalho *[* e *]* para ajustar o tamanho e escolher aquele que achar melhor, pois esse trabalho é bem intuitivo.

7. Posicione a ferramenta sobre a região do ombro, clique e arraste para fora do personagem. Observe que a ferramenta deforma a região, empurrando-a para fora. O intuito aqui é deixar o braço do personagem mais robusto com esse trabalho de modificação.

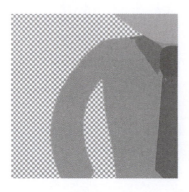
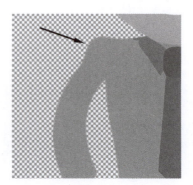

8. Ajustando o tamanho da ferramenta de acordo com a região a ser alterada, faça a edição de todo o braço do personagem, como sugerido a seguir.

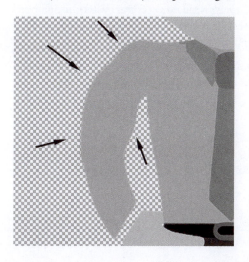

9. Repita o mesmo procedimento no outro braço do personagem.
10. Aplique um zoom no colarinho do personagem, ative a ferramenta *Enrugar* (*Pucker*) e ajuste seu tamanho para aproximadamente *80*.

 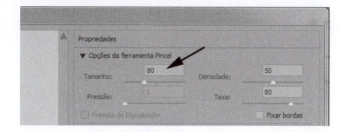

11. Posicione a ferramenta como mostrado a seguir, clique e mantenha o botão do mouse pressionado até reduzir um pouco o tamanho do colarinho. Depois repita o mesmo procedimento para o outro lado, e faça o mesmo com o nó da gravata.

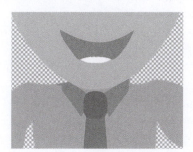 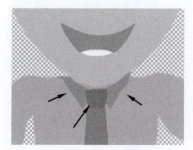

O próximo passo é aumentar um pouquinho as orelhas do personagem. Mas antes é preciso que você proteja o restante da imagem para que ela não sofra nenhuma deformação. Para isso existe a ferramenta *Congelar Máscara* (*Freeze Mask*), usada para pintar as regiões a serem protegidas. Se precisar corrigir algo na máscara criada, use a ferramenta *Descongelar Máscara*, logo abaixo da anterior.

12. Ative a ferramenta e pinte a região mostrada a seguir.

13. Abra o item *Opções de Máscara* (*Mask Options*) e clique no botão. Assim, toda a imagem será protegida, exceto a região que precisa ser alterada.

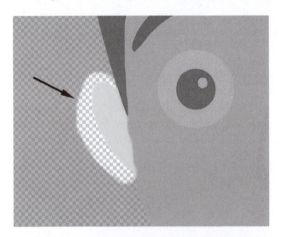

14. Ative a ferramenta *Deformação progressiva* (*Forward Warp Tool*), ajuste o tamanho para *70* e faça um ligeiro aumento da orelha clicando e arrastando para fora. Faça o mesmo na outra orelha.

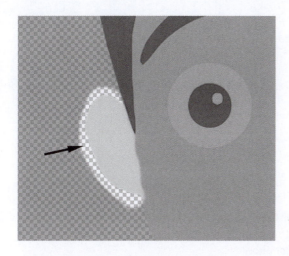

15. Para desfazer a máscara, clique no botão *Nenhum* (*None*) do item *Opções de Máscara* (*Mask Options*).

Até agora você viu como é simples, e muito intuitivo, o uso das ferramentas desse filtro. Mas use sempre o bom senso, pois trata-se de ajustes manuais, como dito anteriormente.

A qualquer momento você pode desfazer ou suavizar as alterações feitas usando a ferramenta *Reconstruir* (*Reconstruct*), que desfaz as alterações com o controle do cursor do mouse, o que dá mais precisão; e a ferramenta *Suavizar* (*Smooth*), que permite suavizar as alterações feitas.

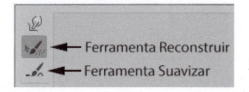

16. Clique no botão *OK* para finalizar o filtro, salve a imagem como *Cidade2* e feche-a.

Dissolver sensível ao rosto

Essa opção do filtro *Dissolver* (*Liquify*) identifica automaticamente os itens do rosto, como boca, nariz, olhos e outros traços da face. Isso facilita muito os ajustes a serem feitos nessa região, sendo perfeito para retoques em fotos ou para criar caricaturas, entre outros efeitos.

Esses ajustes podem ser realizados nos controles do lado direito da janela do filtro, que apresenta botões para cada um dos itens.

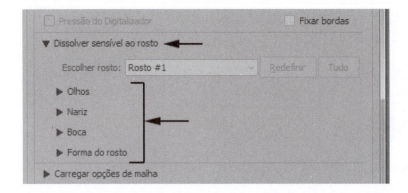

Outra forma de executar esses ajustes é ativando a ferramenta *Rosto* (*Face*). Dessa forma, serão exibidos controles diretamente sobre a imagem quando você passar o cursor sobre as áreas que podem ser alteradas.

1. Abra a imagem *Marcos.jpg* disponível na pasta *Arquivos de trabalho/Capitulo3*. Trata-se de uma ilustração do autor deste livro.

2. No menu *Filtro* (*Filter*), clique em *Dissolver* (*Liquify*), e será aberta a janela do filtro com a imagem.

3. Ative a ferramenta *Rosto* (*Face*). Observe que, ao posicionar o cursor sobre o rosto, um contorno é exibido em torno dele.

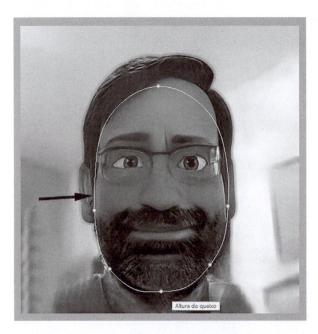

4. Experimente colocar o cursor sobre os olhos, nariz e boca, e observe os controles. Coloque o cursor sobre cada linha e veja que cada uma delas faz um ajuste do item.

  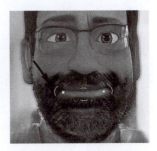

5. Utilizando esses controles, diminua a largura do rosto, um pouco da altura da testa e reduza a altura do queixo. Depois reduza um pouco a largura do nariz, ajuste um pouco a largura do lábio superior e aumente um pouco o sorriso. Lembre-se de que cada um desses itens é identificado quando o cursor é colocado sobre a linha de controle. Por fim, compare o antes e o depois nas imagens a seguir.

6. Para finalizar, reduza ligeiramente o tamanho do olho equerdo para que fique mais coerente com o direito.
7. Clique em *OK* para finalizar e compare o antes e depois das imagens.
8. Salve a imagem como *Marcos2.jpg* em sua pasta *MEUS TRABALHOS* e feche-a.

Atividade 4 – Criando efeitos com a *Galeria de Desfoques (Blur Gallery)*

Objetivo: » Explorar os recursos da *Galeria de Desfoques* (*Blur Gallery*).

Tarefas: » Conhecer e aplicar o filtro *Desfoque de campo* (*Field Blur*).

» Conhecer e aplicar o filtro *Desfoque de íris* (*Iris Blur*).

» Conhecer e aplicar o filtro *Inclinação-Shift* (*Tilt-Shift*).

» Conhecer e aplicar o efeito *Bokeh*.

» Conhecer e aplicar o efeito *Desfoque de giro* (*Spin Blur*).

» Conhecer e aplicar o efeito *Desfoque do demarcador* (*Path Blur*).

SOBRE A GALERIA DE DESFOQUES (BLUR GALLERY)

A *Galeria de Desfoques* (*Blur Gallery*) é uma coleção de filtros projetados para produzir efeitos de foco seletivo. Por meio de uma interface interativa, você adiciona e manipula controles diretamente na área da imagem.

A galeria é composta de cinco filtros: *Desfoque de campo* (*Field Blur*), *Desfoque de íris* (*Iris Blur*), *Inclinação-Shift* (*Tilt-Shift*), *Desfoque do demarcador* (*Path Blur*) e *Desfoque de giro* (*Spin Blur*). Quando qualquer um deles é ativado, a área de trabalho exibe os painéis de ajuste do lado direito.

Nas máquinas fotográficas, há controles para ajustar o foco e as áreas desfocadas da imagem. Apesar disso, dependendo das condições do local ou de restrições técnicas, esses efeitos são difíceis de ser produzidos no momento de feitura da foto. Nesses casos, os filtros de desfoque ajudam a conseguir o efeito exatamente como você deseja.

Os efeitos criados por esses filtros são mais indicados para fotos de paisagens ou com objetos localizados em distâncias variadas. Portanto, evite utilizá-los em imagens com rostos ou objetos em detalhe.

FILTRO DESFOQUE DE CAMPO (FIELD BLUR)

Com esse filtro, você determina várias posições na imagem para aplicar um desfoque localizado. Por meio da inserção de pontos chamados "pinos", você passa a ter o controle de desfoque nas posições definidas.

1. Abra a imagem *CUENCA-3.jpg*, disponível na pasta *Arquivos de trabalho/ Capitulo3*. Você vai aplicar o filtro nessa imagem da cidade de Cuenca, na Espanha, definindo áreas de desfoque para destacar o mosteiro na paisagem.

2. No menu *Filtro* (*Filter*), clique em *Galeria de Desfoques* (*Blur Gallery*) e selecione *Desfoque de campo* (*Field Blur*).

Do lado direito é exibido o painel *Ferramentas de desfoque* (*Blur Tools*) com os controles de ajuste dos filtros. Ele lista os cinco filtros disponíveis, observe que o primeiro (*Desfoque de campo – Field Blur*) já está selecionado, pois foi o que você selecionou no menu. A qualquer momento você pode mudar o filtro desejado apenas desligando um e ligando outro.

No centro da imagem, aparece um pino, que é o controle de posição e desfoque.

Você pode mover o pino para qualquer posição da imagem clicando no centro dele e arrastando-o. Quando você posiciona o cursor sobre o centro, o formato dele muda para uma seta preta com o ícone de um pino ao lado dela. Em qualquer outra posição, é exibido o ícone do pino com um sinal de mais (+), indicando que você pode clicar e acrescentar novos pinos.

A quantidade de desfoque a ser aplicada na imagem pode ser controlada pelo painel no item *Desfoque* (*Blur*). Basta clicar e arrastar o botão deslizante ou digitar um valor diretamente na caixa.

3. Arraste o botão deslizante até o valor *30 px* (observe o valor na caixa) e veja o resultado na imagem.

4. Outra opção para ajustar a quantidade de desfoque é utilizar o próprio pino. Posicione o cursor sobre o anel externo do pino, clique e arraste-o ao longo do anel para ajustar o valor de desfoque. Uma pequena caixa é exibida acima do cursor, mostrando o valor numérico do desfoque.

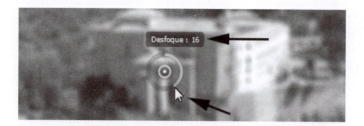

Para essa imagem você deverá acrescentar vários pinos para conseguir desfocar partes dela e preservar o foco em outras. Os desfoques devem ser aplicados em torno da construção do mosteiro.

5. Mova o pino atual para a posição mostrada na imagem a seguir. Lembre-se de que basta clicar no centro do pino e arrastá-lo para reposicioná-lo.

6. Ajuste o valor de desfoque desse pino para *0* (zero), pois nessa região o foco deverá ser preservado.

7. Para acrescentar um novo pino, basta clicar em uma região da imagem. Acrescente mais um pino na posição mostrada a seguir e configure o valor para *0* (zero).

8. Para completar o efeito desejado, acrescente mais três pinos nas posições mostradas a seguir e ajuste os valores para *22 px*.

O desfoque configurado em cada pino respeita os valores aplicados nos pinos vizinhos, criando uma transição suave entre esses valores. Dessa forma, você consegue aplicar esse efeito para criar uma imagem mais realista.

9. Na *Barra de Opções* (*Option Bar*) estão os botões para finalizar e para cancelar a aplicação do efeito ou para remover todos os pinos. Você pode também ligar ou desligar a visualização no item *Visualizar* (*Preview*).

10. Clique no botão *OK* para finalizar e veja o resultado. Com esse filtro, portanto, você pode aplicar desfoque em várias áreas da imagem e regular a quantidade do desfoque aplicada, conseguindo efeitos bem personalizados.

11. Salve a imagem em sua pasta *Meus trabalhos* com o nome *CUENCA-3-FINAL.jpg* e feche-a.

Filtro Desfoque de íris (Iris Blur)

O filtro *Desfoque de íris* (*Iris Blur*) oferece, diretamente na tela da imagem, controles abrangentes que ajustam tanto a localização quanto a intensidade de desfoque. Seus controles são simples, mas poderosos e flexíveis. A função desse filtro é criar uma área protegida na imagem, enquanto o restante dela sofre a ação do desfoque.

1. Abra a imagem *BARCELONA-3.jpg*, disponível na pasta *Arquivos de trabalho/Capitulo3*, e no menu *Filtro* (*Filter*) selecione *Galeria de Desfoques/Desfoque de íris* (*Blur Gallery/Iris Blur*). Será exibida uma elipse que controla a ação do filtro:

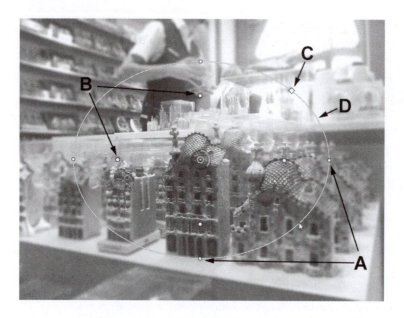

- A – *Controles de tamanho:* clicando e arrastando um desses controles (são quatro), você pode alterar a largura ou a altura da elipse. Além disso, com eles você pode girar a elipse.

- B – *Controles de transição:* esses controles (são quatro) ajustam a transição entre a área protegida e o desfoque. Clicando e arrastando um deles, os quatro se movimentarão. Quanto mais próximos do centro eles estiverem, mais suave será a transição do desfoque. Para mover apenas um deles, mantenha a tecla *Alt* pressionada.

- C – *Controle de arredondamento:* esse controle permite alterar a forma do canto da elipse, transformando o oval em um retângulo com cantos arredondados.

- D – *Ajuste de tamanho:* clicando e arrastando o cursor diretamente sobre a linha da elipse, você altera proporcionalmente o tamanho dela.

2. Usando os controles de tamanho, ajuste a elipse deixando-a quase no formato de um círculo e, em seguida, clique e arraste o controle de arredondamento para fora, transformando a elipse em um quadrado de cantos arredondados.

3. Utilizando o controle de tamanho, deixe o quadrado aproximadamente como mostrado a seguir, e coloque-o centralizado com a miniatura da casa, movendo-o por meio do pino.

4. Ajuste a quantidade de desfoque para 35 px no próprio pino ou na caixa *Desfoque* (*Blur*) do painel *Ferramentas de desfoque* (*Blur Tools*).
5. Para finalizar, clique e arraste um dos controles de transição, deixando-o mais próximo da miniatura da casa.

6. Clique no botão *OK* na *Barra de Opções* (*Option Bar*) para finalizar.
7. Salve a imagem em sua pasta *Meus trabalhos* com o nome *BARCELONA-3-FINAL.jpg* e feche-a.

Filtro Inclinação-Shift (Tilt-Shift)

"*Tilt-shift*", nome desse filtro em inglês, é uma técnica fotográfica usada para criar um efeito especial na foto. O nome vem de uma lente, com foco seletivo, que pode ser movida (*shift*) e apontada para diferentes ângulos (*tilt*). Com uma lente de *tilt-shift*, você pode trocar o foco da imagem de forma não usual e obter cenas que parecem miniaturas, ou maquetes.

As imagens miniaturizadas com o *tilt-shift* não vêm de maquetes. São fotos de paisagens reais que parecem modelos em miniatura. As fotos com esse efeito são normalmente chamadas de "miniaturas falsas".

O ideal é utilizar a técnica em cenas amplas, panoramas. Se você usar a técnica para *closes* ou enquadramentos mais fechados, o efeito não será o mesmo.

1. Abra a imagem *Mercado.jpg*, disponível na pasta *Arquivos de trabalho/Capitulo3*.
2. No menu *Filtro* (*Filter*), clique em *Galeria de Desfoques/Inclinação-Shift* (*Blur Gallery/Tilt-Shift*).

Quando o filtro é ativado, um pino, ladeado de linhas horizontais, é colocado no centro da imagem. As linhas sólidas indicam a área protegida da imagem, na qual não haverá desfoque. Já as linhas tracejadas estabelecem a fronteira entre as partes totalmente desfocadas e o início da transição para a parte protegida.

Como nos outros filtros, você pode mover o pino para qualquer posição. Nesse caso, todas as linhas o acompanham. Você também pode mover as linhas sólidas ou tracejadas, de forma independente, para ajustar a área protegida ou as áreas de desfoque e transição.

3. No painel *Ferramentas de desfoque* (*Blur Tools*), ou diretamente no pino, aumente o valor do *Desfoque* (*Blur*) para *20 px*.
4. Aproxime um pouco as linhas tracejadas das linhas sólidas para reduzir a transição e clique no botão *OK*. Veja como fica interessante o resultado desse filtro.

5. Salve a imagem na pasta *Meus trabalhos* com o nome *Mercado-final.jpg* e feche-a.

Esse filtro apresenta mais um item no painel chamado *Distorção* (*Distortion*), que aplica um efeito de movimento na parte desfocada, para a direita ou para a esquerda, bastando mover o controle. A opção *Distorção Simétrica* (*Symmetric Distortion*) aplica essa distorção em ambos os lados da imagem.

Efeito Bokeh

O efeito *Bokeh* é um dos mais explorados pelos fotógrafos profissionais e amadores. Sua função é deixar o fundo desfocado com alguns pontos de luz bem definidos, graças ao uso de lentes especiais. No Photoshop, você consegue o efeito de desfoque com vários filtros, mas quando usa os filtros da *Galeria de Desfoques* (*Blur Gallery*), pode contar com opções adicionais no painel *Ferramentas de desfoque* (*Blur Tools*). Uma delas é justamente o ajuste do efeito *Bokeh*.

1. Abra a imagem *Noite.jpg*, disponível na pasta *Arquivos de trabalho/Capitulo3*. Trata-se de uma foto noturna com a presença de vários pontos de luz.

2. No menu *Filtro* (*Filter*), clique em *Galeria de Desfoques/Desfoque de íris* (*Blur Gallery/Iris Blur*), altere a elipse para um retângulo de cantos arredondados e ajuste seu tamanho e sua posição, como mostra a imagem a seguir.

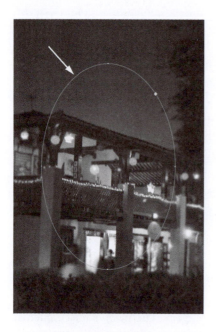 

3. Ajuste o valor de desfoque para *30 px* e observe como estão os pontos de luz na imagem.

4. No painel *Ferramentas de desfoque* (*Blur Tools*), clique na guia *Efeitos de desfoque* (*Effects*), onde estão os comandos para ajuste do *Bokeh*:

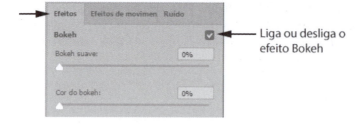

- *Bokeh suave* (*Light Bokeh*): controla a intensidade de luz do efeito.
- *Cor do bokeh* (*Bokeh Color*): controla a intensidade das cores nas luzes do efeito.
- *Intervalo suave* (*Light Range*): controla a variação de luz onde o efeito *Bokeh* aparece.

5. Altere o valor do item *Bokeh suave* (*Light Bokeh*) para *50%* e do item *Cor do bokeh* (*Bokeh Color*) para *30%* e veja o resultado.

6. Clique no botão *OK* na *Barra de Opções* (*Option Bar*) para finalizar e salve a imagem como *Noite_final.jpg* em sua pasta *Meus trabalhos*. Em seguida feche a imagem.

Rotacionando linhas do comando Inclinação-Shift (Tilt-Shift) *e aplicando* Bokeh

O *Bokeh* é um recurso muito simples de ser utilizado e dá um toque especial nas imagens. Ele pode ser usado com os outros filtros da *Galeria de Desfoques* (*Blur Gallery*), como você fará a seguir ao aplicá-lo em uma imagem junto com o filtro *Inclinação-Shift* (*Tilt-Shift*), ajustando também o ângulo das linhas de controle.

1. Abra a imagem *Predio_historico.jpg*, disponível na pasta *Arquivos de trabalho/ Capitulo3*, e no menu *Filtro* (*Filter*) clique em *Galeria de Desfoques/Inclinação-Shift* (*Blur Gallery/ Tilt-Shift*).

2. No painel *Ferramentas de desfoque* (*Blur Tools*), ajuste o valor de *Desfoque* (*Blur*) para *30 px*.

3. Posicione o cursor sobre o ponto branco central da linha sólida acima do pino e veja que ele se transforma em uma seta dupla curva. Isso permite que você gire o conjunto de linhas.

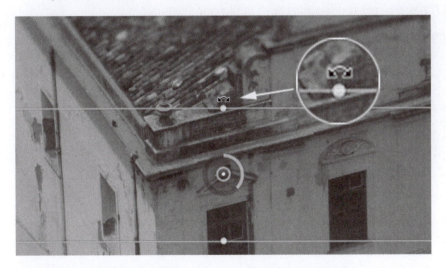

4. Gire as linhas de forma que o ângulo coincida com a fachada dianteira do prédio.

5. Posicione o pino sobre a janela do lado esquerdo do primeiro andar do prédio.

6. Na guia *Efeitos de desfoque* (*Effects*), ajuste o valor do item *Bokeh suave* (*Light Bokeh*) para *33%*; no item *Cor do bokeh* (*Bokeh Color*), ajuste para *33%*; e, em *Intervalo suave* (*Light Range*), use as caixas numéricas e digite respectivamente *101* e *255*.

7. Clique no botão *OK*. Observe que, utilizando o *Bokeh* com o filtro *Inclinação-Shift* (*Tilt-Shift*), você realça ainda mais a ilusão de miniatura.

8. Salve a imagem como *Predio_historico_final.jpg* na pasta *Meus trabalhos* e feche-a.

Filtro Desfoque de giro (Spin Blur)

Com esse filtro você pode girar e desfocar uma imagem em torno de um ou mais pontos, simulando um efeito de movimento. Esse desfoque é radial, medido em graus, e você pode manipular o ponto central de aplicação, ajustar o tamanho e a forma do desfoque, além de outras configurações.

1. Abra a imagem *Rodas.tif*, disponível na pasta *Arquivos de trabalho/Capitulo3*. Com esse filtro, você simulará as rodas em movimento.

2. No menu *Filtro* (*Filter*), clique em *Galeria de Desfoques/Desfoque de giro* (*Blur Gallery/Spin Blur*). Um círculo de aplicação do filtro será exibido; para ver os controles, basta posicionar o cursor sobre ele. Veja a seguir do que se trata cada um dos controles.

A – Anel de desfoque.
B – Ponto de rotação.
C – Manipuladores de transição do desfoque.
D – Manipuladores de tamanho e forma da elipse.

3. Clique no centro do pino e mova-o para o centro do pneu da esquerda.
4. Posicione o cursor sobre a linha do círculo, clique e arraste para aumentar o diâmetro até que fique do tamanho do pneu. Depois, se necessário, ajuste a posição para coincidir com o pneu.

5. No painel *Ferramentas de desfoque* (*Blur Tools*), altere o valor do *Ângulo de desfoque* (*Blur Angle*) para *20°*.
6. Clique no botão *OK* na *Barra de Opções* (*Option Bar*) para finalizar. Repita o mesmo procedimento para o pneu direito e veja o resultado.

Para que a imagem fique bem realista, é preciso simular o movimento também no asfalto, onde as rodas do caminhão estão apoiadas.

7. Essa imagem já possui a seleção da estrada salva, para facilitar seu trabalho. No menu *Selecionar* (*Select*) clique em *Carregar Seleção* (*Load Selection*), e na caixa de diálogo selecione *Estrada* no item *Canal* (*Channel*). Clique em *OK*.
8. Com a seleção carregada, abra o menu *Filtro* (*Filter*) e selecione a opção *Desfoque/Desfoque de Movimento* (*Blur/Motion Blur*).
9. Ajuste o item *Ângulo* (*Angle*) para *0°* e o item *Distância* (*Distance*) para *30 pixels*, clique em *OK* e desfaça a seleção. Perceba que agora ficou mais real.
10. Salve o arquivo como *Rodas_final.tif* em sua pasta *Meus trabalhos* e feche-o.

Filtro Desfoque do demarcador (Path Blur)

Esse filtro cria um desfoque de movimento ao longo de um caminho definido por uma linha. Pode-se criar vários caminhos para definir os desfoques, com pleno controle da quantidade a ser aplicada e do formato, e tudo composto automaticamente.

1. Abra a imagem *Roda gigante.jpg*, disponível na pasta *Arquivos de trabalho/Capitulo3*.

Nesse exemplo, você vai aplicar um desfoque de movimento para dar a ilusão de que a roda está girando. Por causa do ângulo da foto, não é possível usar o filtro anterior (*Desfoque de giro – Spin Blur*), e é aí que entra o filtro *Desfoque do demarcador (Path Blur)*.

2. No menu *Filtro (Filter)*, clique em *Galeria de Desfoques/Desfoque do demarcador (Blur Gallery/Path Blur)*. Será exibido o demarcador do filtro (ou caminho) na imagem na forma de uma seta azul. A seta possui dois pontos em suas extremidades para definir e posicionar o início e o fim da aplicação do filtro. Há também um ponto central para ajuste de curvatura.

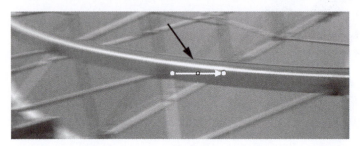

3. Clique e arraste os pontos final e inicial da seta, movendo-os como mostra a figura.

4. Clique no ponto central da seta e posicione-o no extremo da curva da roda gigante. Veja que você está ajustando o demarcador ao formato da curvatura da roda gigante.

Para ajustar perfeitamente a curvatura, você pode acrescentar pontos de controle na curva simplesmente posicionando o cursor sobre a linha do demarcador.

5. Posicione o cursor sobre a linha do demarcador e um sinal de mais (+) será exibido. Clique para acrescentar mais um ponto à curva do demarcador próximo ao atual e faça o ajuste fino da curvatura utilizando os dois pontos agora existentes.

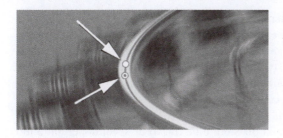

No painel *Ferramentas de desfoque* (*Blur Tools*) você pode escolher entre dois tipos de desfoque:

- *Desfoque básico* (*Basic Blur*): define o número de exposições da luz do *flash* virtual.
- *Flash de sincronização traseiro* (*Rear Sync Flash*): determina quanto de desfoque será exibido entre as exposições de luz do *flash* virtual. Se você ajustar o valor para *0%*, nenhum efeito estroboscópico será exibido, somente um borrão contínuo.

6. Experimente os dois tipos e veja a diferença na imagem. Para esta atividade, deixe selecionada a opção *Flash de sincronização traseiro* (*Rear Sync Flash*).
7. No item *Velocidade* (*Speed*) do painel, ajuste para *160%* e, em *Estreitamento* (*Taper*), ajuste para *25%*.
8. A opção *Desfoque centralizado* (*Centered Blur*), quando ativada, faz com que o desfoque produzido na imagem seja direcionado para os dois lados. Não deixe de experimentar essa opção para ver a diferença.
9. Para finalizar, clique no botão *OK* da *Barra de Opções* (*Option Bar*) e veja o resultado.
10. Salve a imagem como *Roda gigante movimento.jpg* em sua pasta *Meus trabalhos* e feche-a.

Atividade 5 – Trabalhando com o filtro *Camera Raw* e imagens HDR

Objetivo: » Trabalhar com imagens RAW e HDR.

Tarefas: » Ajustar imagens RAW no Photoshop.

» Trabalhar com o filtro *Camera Raw*.

» Manipular imagens HDR.

Formato de arquivo RAW

O termo RAW vem do inglês "cru". Os arquivos nesse formato são ideais para trabalhos profissionais em fotografia.

Na fotografia digital, RAW significa que é o mais próximo da realidade que nossos olhos podem ver, pois podemos ver muito mais detalhes em uma cena do que uma foto é capaz de reproduzir.

Ao pressionar o botão de sua câmera digital para tirar uma foto, a lente da câmera capta a luz da cena e essa luz incide em um sensor fotossensível chamado CCD (abreviatura de *Charge Couple Device*, que é um dispositivo constituído de um chip de silício que contém células fotossensíveis capazes de registrar a luz, sendo responsável por transformar luz em imagem), que gera energia elétrica gravando a informação digital, pixel por pixel. Os pixels que compõem o sensor (e são milhares) recebem uma quantidade de luz, gerando um sinal que será enviado ao processador da câmera. Ele interpreta os sinais enviados por cada pixel em uma fração de segundo, criando um mapa de todos os pontos, que na realidade é a imagem obtida pelo CCD, ou uma imagem RAW. E não são todas as câmeras que podem fotografar em RAW, mas somente as semiprofissionais e profissionais, que geralmente têm essa opção.

Nas câmeras digitais convencionais a imagem gerada pelo CCD é interpretada pelo processador, que já aplica uma série de filtros e efeitos, criando um arquivo de imagem e salvando-o como JPEG. Observe no diagrama a seguir como se dá o processo:

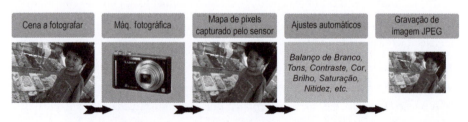

Como o processador de uma câmera não é tão potente quanto o de um computador, os efeitos, filtros e ajustes geram falhas na imagem final, o que diminui a qualidade. Mas isso é necessário para que você possa obter de sua câmera uma imagem pronta em um formato que possa ser lido (exibido) pela grande maioria dos softwares e que também possa ser utilizado para as mais diversas aplicações, como álbuns de fotos digitais, páginas da web, etc.

Tudo isso porque uma imagem RAW, além de enorme em termos de tamanho de arquivo, não pode ser lida por qualquer programa. Mas sua qualidade é muito superior.

Contudo, com uma câmera que salve a imagem no formato RAW, você terá um arquivo que nada mais é que um banco de dados enorme com toda a informação captada pelos milhares de pixels do sensor da câmera, sem nenhuma alteração. Veja a seguir a diferença no processo de captura no formato RAW:

Dessa forma, você pode aplicar todo o tratamento à imagem em seu computador, que é muito mais potente que o processador da câmera.

Os arquivos RAW precisam necessariamente ser tratados antes de virar fotografias prontas, e esse processamento fica por conta do computador, tornando assim a sua participação bem mais direta nessa tarefa. Ou seja, você pega todo o material bruto e pode editá-lo sem perdas posteriores, usando um aplicativo próprio para isso e ajustando cada pixel da imagem como você bem entender.

Ao contrário do arquivo JPEG, o formato RAW não é universal, pois os sensores das câmeras fotográficas diferenciam-se de fabricante para fabricante, e cada um monta as informações de captura da imagem de uma forma diferente. Sendo assim, cada fabricante possui um formato RAW diferente em seus equipamentos, por exemplo, a Canon, que utiliza a extensão "Cr2", ou a Nikon, que utiliza o "Nef", e assim por diante.

O Photoshop possui recursos poderosos para processar arquivos no formato RAW através de um plug-in chamado Camera Raw, para que você realize vários ajustes manuais. Dessa forma o controle sobre o resultado final da fotografia é bem maior, o que garante um melhor resultado em seus trabalhos.

Esse plug-in possibilita importar e trabalhar com arquivos camera raw, sendo também possível usá-lo para trabalhar com arquivos JPEG e TIFF. Além disso, ele oferece suporte a imagens com até 65.000 pixels de altura ou largura e até 512 megapixels. Vale ressaltar que ele converte imagens CMYK em RGB ao abri-las.

Atualmente os arquivos JPEG gerados pelas câmeras digitais possuem uma boa qualidade, pois os ajustes automáticos costumam dar bons resultados. Mas para quem precisa fazer fotos de alta qualidade, é melhor utilizar uma câmera com esse recurso, pois assim é possível ter o controle de todas as etapas de tratamento das fotos e, é claro, fazê-los como desejar.

Em resumo, pode-se destacar três grandes diferenças entre os arquivos JPEG e RAW:

JPEG	RAW
Tamanho de arquivo pequeno	Arquivos enormes
Pode ser visualizado e editado em diversos softwares	Necessita um editor RAW
Possui 16 milhões de cores	Possui mais de 68 bilhões de cores

Ajustando imagens RAW no Photoshop

Quando você seleciona um arquivo no formato RAW para abrir no Photoshop, ele não carrega a imagem, mas abre um plug-in chamado *Camera Raw*, que possibilita importar e trabalhar com arquivos RAW.

Após abrir e tratar um arquivo RAW, será possível salvá-lo em outros formatos de imagem, como PSD, JPEG, PSB (Formato de Documento Grande), TIFF, Cineon, Photoshop Raw, PNG ou PBM. Na caixa de diálogo *Camera Raw*, os arquivos processados podem ser salvos nos formatos DNG (Negativo Digital), JPEG, TIFF ou Photoshop (PSD). Embora o Photoshop, por meio de seu plug-in, possa abrir e editar um arquivo de imagem RAW, ele não pode salvar uma imagem no formato RAW.

São diversos os controles que você tem à disposição no Camera Raw, e os ajustes de uma imagem são muito intuitivos e dependem do resultado que você deseja obter. Nesta atividade, você vai explorar alguns deles para conhecer esse recurso.

1. Pressione *Ctrl + O*, selecione a imagem *FOTO_AFA_04.NEF*, na pasta *Arquivos de trabalho/Capitulo3*, e clique em *Abrir*. Imediatamente é exibida a tela do Camera Raw. Veja a seguir uma visão geral de seus itens:

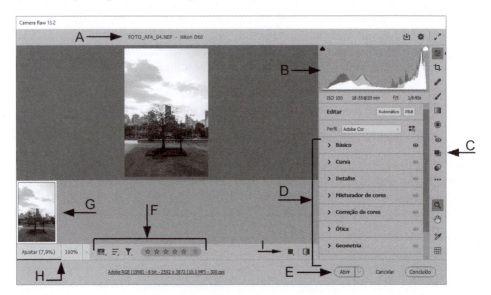

- A – Nome e formato do arquivo e nome da câmera.
- B – Histograma.
- C – Barra de ferramentas.
- D – Guias de ajuste da imagem.
- E – Botão para abrir uma nova imagem. Você pode abrir mais de uma imagem no Camera Raw.
- F – Controles de exibição e classificação das imagens exibidas na área de miniaturas.
- G – Miniatura das imagens abertas no Camera Raw.
- H – Níveis de zoom.
- I – Controles avançados de visualização para comparação dos estados antes e depois da imagem que está sendo editada.

A barra de ferramentas (item C) possui ferramentas já conhecidas do painel *Ferramentas* (*Tools*) do Photoshop e algumas específicas para ajustes de imagens RAW.

Para fazer os ajustes na imagem é sempre aconselhável trabalhar com o nível de zoom em pelo menos 100%. Na seta ao lado da caixa *Níveis de zoom*, você seleciona o zoom desejado, e quando precisar ajustar a imagem ao tamanho da área de exibição é só clicar no botão *Ajustar* (*Fit*), do lado esquerdo da caixa.

2. Ajuste o valor do zoom para *100%*.

3. A opção *Automático* (*Auto*) já está ativa quando o plug-in *Camera Raw* é aberto, mas nesta atividade clique para desabilitá-la, a fim de poder fazer os ajustes manuais.

Visualizando corte de sombras e realces

No *Histograma*, existem dois pequenos triângulos (botões) nos cantos superiores que permitem identificar e exibir na imagem o corte de sombras e realces, o que é ideal para você corrigir esses problemas.

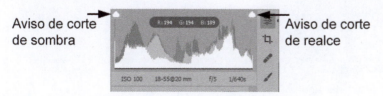

Editando imagens II – 163

As sombras cortadas são áreas na imagem onde a combinação dos três canais RGB estão totalmente em preto e sem detalhes, e na imagem são mostradas em azul. Já os realces são áreas onde qualquer um dos três canais RGB estão cortados, ou seja, completamente saturados e sem detalhes, e na imagem são mostrados em vermelho.

1. Clique nos dois botões para ligá-los e observe na imagem as regiões em azul e vermelho. Se necessário, aumente o zoom para observar mais detalhadamente.

2. Desligue os dois botões.

Efetuando ajustes básicos na imagem

As *Guias de ajuste da imagem* contêm as opções para efetuar diferentes ajustes por meio de controles deslizantes.

- a – *Básico* (*Basic*): ajusta o equilíbrio de branco, a saturação de cor e a tonalidade.
- b – *Curva de tons* (*Curve*): ajusta a tonalidade usando uma curva paramétrica e uma curva de ponto.
- c – *Detalhe* (*Detail*): ajusta a nitidez ou reduz o ruído das imagens.
- d – *Misturador de cores* (*Color Mixer*): ajusta as cores usando ajustes de *Matiz* (*Hue*), *Saturação* (*Saturation*) e *Luminância* (*Luminance*).
- e – *Correção de cores* (*Color Grading*): adiciona cores às imagens monocromáticas ou cria efeitos especiais com imagens coloridas.
- f – *Ótica* (*Optics*): compensa o desvio cromático, as distorções geométricas e as vinhetas geradas pela lente da câmera.
- g – *Geometria* (*Geometry*): permite a aplicação de perfis de câmera às imagens RAW para corrigir projeções de cores, bem como ajustar cores não neutras para compensar o comportamento do sensor de imagem de uma câmera.
- h – *Efeitos* (*Effects*): permite simular uma granulação do filme ou aplicar uma vinheta de corte posterior.
- i – *Calibração* (*Calibration*): salva e aplica conjuntos de ajustes de imagem como predefinições.

É possível fazer a maioria dos ajustes na guia *Básico* (*Basic*) e, em seguida, usar controles em outras guias para ajustar os resultados. Nesta atividade você vai experimentar os controles da guia *Básico* (*Basic*).

1. Oculte a área de visualização das miniaturas das imagens para ganhar mais espaço clicando no botão *Clique para ocultar a tira de filme* (*Click to hide filmstrip*).

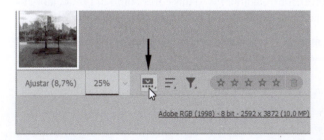

2. Com a ferramenta *Mão* (*Hand*), mova a visualização da imagem para a região esquerda da árvore maior e veja como ela está escura.
3. Clique na seta da guia *Básico* (*Basic*) para expandi-la, altere o valor do item *Exposição* (*Exposure*) para aproximadamente +2,00 e perceba a diferença.

4. Observe que o céu ficou muito claro, perdendo muito os detalhes das nuvens. Altere o valor do item *Contraste* (*Contrast*) para aproximadamente *-60* e perceba a melhora.

5. No item *Realces* (*Highlights*), que permite escurecer ou clarear as partes mais claras da imagem, experimente alterar o valor para *-70*. Veja que mais detalhes do céu foram expostos.

6. Altere o valor do item *Sombras* (*Shadows*) para *-20*. Esse item clareia ou escurece as sombras, e, alterando o valor como sugerido, mais detalhes da árvore são mostrados.

7. O item *Brancos* (*Whites*) permite clarear ou escurecer os brancos da imagem; portanto, experimente alterar o valor para *-30*. O item *Pretos* (*Blacks*) tem a mesma função, só que para os pretos da imagem.

8. No item *Claridade* (*Clarity*) você controla a claridade geral da imagem. Nesse caso, experimente colocar o valor de *+60*.

9. O item *Vibração* (*Vibrance*) controla a vibração das cores como um todo, aumentando ou diminuindo sua intensidade. Ajuste esse valor para *+40* nesse caso.

10. Para realçar um pouco mais as cores, altere o valor dos itens *Vibração* (*Vibrance*) para *+40* e *Saturação* (*Saturation*) para *+20*.

Visualizando o antes e depois

O quadro *Camera Raw* possui opções de visualização de antes e depois para você comparar os resultados dos ajustes. São dois botões localizados no canto inferior esquerdo da janela da imagem, sendo o da esquerda chamado de *Alternar entre exibições Antes/Depois* (*Cycles Between Before/After views*). Ele oferece quatro formas de visualizar, e ao clicar sobre ele é exibida a primeira forma.

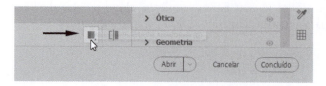

1. Clique no botão ou pressione a tecla de atalho Q para visualizar a diferença do antes e depois. Faça isso mais três vezes para conhecer as formas de visualizar, e no final tecle mais uma vez para que a tela volte ao normal e o botão, para sua forma inicial.

Já o botão da direita exibe a imagem antes ou depois dos ajustes, e nunca as duas ao mesmo tempo, como o botão anterior. Ao utilizá-lo, seu nome também muda, alternando-se entre *Alternar para configurações padrão* (*Toggle to default settings*) ou *Alternar para configurações atuais* (*Toggle to current settings*).

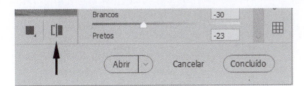

Salvando ou abrindo a imagem

Após efetuar todos os ajustes desejados você tem três opções, sendo que a primeira está no canto superior direito do quadro. Trata-se do botão *Converter e Salvar a imagem* (*Convert and save image*), que aplica as configurações do Camera Raw à imagem e salva uma cópia dela em um formato de arquivo JPEG, PSD, TIFF ou DNG.

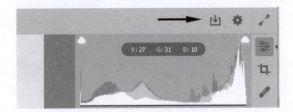

As outras duas opções estão no canto inferior direito do quadro.

- A – *Abrir* (*Open*): essa opção abre uma cópia da imagem RAW, com os ajustes aplicados, no Photoshop. O arquivo de imagem RAW original permanece inalterado.

- B – *Concluído* (*Done*): essa opção fecha a caixa de diálogo *Camera Raw* e armazena as configurações do arquivo no banco de dados do Camera Raw em um arquivo secundário XMP ou no arquivo DNG.

1. Para essa atividade você vai abrir a imagem no Photoshop; portanto, clique no botão *Abrir* (*Open*), e a partir daí ela está pronta para ser trabalhada.

2. Para finalizar, pressione *Shift + Ctrl + S*, salve a imagem como "FOTO_AFA_04_tratada.psd" em sua pasta *Meus Trabalhos* e feche-a.

Utilizando o Camera Raw para fazer ajustes nas imagens RAW, os dados originais da imagem são preservados. Os ajustes são armazenados no banco de dados do Camera Raw como metadados incorporados a um arquivo de imagem ou a um arquivo XMP secundário (um arquivo de metadados que acompanha um arquivo Camera Raw). Confira em sua pasta dos arquivos de trabalho do *Capítulo 3*.

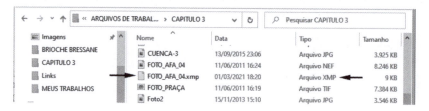

Trabalhando com o filtro *Camera Raw* (*Camera Raw Filter*)

O Adobe Camera Raw também está disponível como um filtro, o que amplia seu uso e possibilita a aplicação dos diversos recursos dessa ferramenta em qualquer arquivo, mesmo que ele não seja do formato nativo RAW, como os formatos PNG, videoclipes, TIFF, JPEG, entre outros.

Você conhecerá algumas ferramentas da barra de ferramentas do *Filtro do Camera Raw* (*Camera Raw Filter*). Existe uma pequena diferença dessa barra em relação ao plug-in *Camera Raw*: algumas ferramentas não aparecem na barra de ferramentas do filtro, pois já estão presentes na barra de ferramentas do Photoshop, como a ferramenta *Corte* (*Crop*) e o recurso *Instantâneo* (*Snapshot*), indicados a seguir.

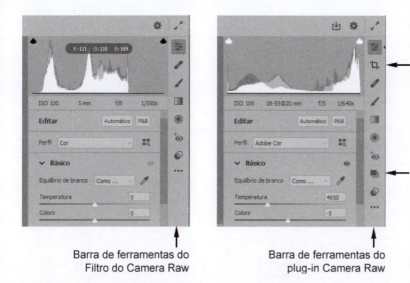

Barra de ferramentas do
Filtro do Camera Raw

Barra de ferramentas do
plug-in Camera Raw

A seguir, você utilizará algumas dessas ferramentas para conhecer as possibilidades de aplicação em arquivos no formato JPEG.

Filtro graduado (Graduated Filter)

Com a ferramenta *Filtro graduado* (*Graduated Filter*), pode-se aplicar *Exposição*, *Brilho*, *Claridade* e outros ajustes como se fosse um degradê em uma região da foto.

Todos os ajustes em uma imagem RAW, aplicados com o Camera Raw, não são destrutivos, e por isso nunca são aplicados de forma permanente à foto. Mas nesta atividade você trabalhará com uma imagem JPEG para explorar o filtro *Camera Raw*, e nesse caso a alteração será permanente.

1. Abra o arquivo *Segovia.jpg*, disponível na pasta *Arquivos de Trabalho/Capitulo3*, e em seguida salve-a em sua pasta *Meus trabalhos* como *Segóvia-final* com a extensão *PSD*.

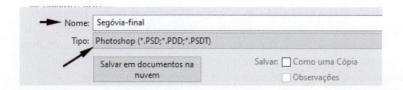

2. No menu *Filtro* (*Filter*), clique no filtro *Camera Raw*, ou pressione as teclas *Shift + Ctrl + A*.

3. Como você já explorou um pouco dos ajustes básicos na atividade anterior, para esta atividade clique no botão *Automático* (*Auto*) para que sejam feitos os ajustes automáticos na imagem. Perceba a diferença do antes e depois.

4. Para um ajuste fino, antes de aplicar o *Filtro graduado* (*Graduated Filter*), ajuste os itens e valores indicados na imagem a seguir. São apenas sugestão; portanto, experimente outros valores.

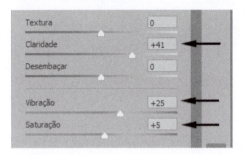

5. Clique no botão *Filtro graduado* (*Graduated Filter*) na *Barra de Ferramenas* (*Tools*) para ativá-lo e exibir seus controles de ajuste.

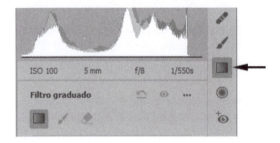

6. Posicione o cursor no topo da imagem, clique e arraste para baixo como se estivesse criando um degradê, e mantenha pressionada a tecla *Shift* para mantê-las na horizontal enquanto você ajusta. O ponto verde indica o início do filtro, e o ponto vermelho, o final; os ajustes do filtro serão aplicados na área que está entre as linhas tracejadas. Libere o botão do mouse sem se preocupar com a posição.

7. Você pode ajustar o tamanho dessa área mesmo depois de liberar o botão do mouse, pois o filtro é editável até que você finalize os ajustes do *Filtro Camera Raw* (*Camera Raw Filter*). Portanto, clique no ponto vermelho e arraste até aproximadamente o telhado do prédio no centro da imagem.

8. Ajuste o item *Exposição* (*Exposure*) para *-0,50*, *Claridade* (*Clarity*) para *+40*, *Sombras* (*Shadows*) para *-30* e *Realces* (*Highlights*) para *-10*.

9. Agora você vai dar mais cor ao céu, intensificando o visual da imagem. Localize o item *Cor* (*Color*) no final da lista de controles de ajuste e clique no retângulo para abrir o *Seletor de cores* (*Color Picker*).

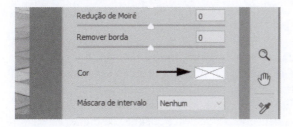

10. Clique em um tom azul de sua escolha, ou como indicado na imagem, e observe como fica a região demarcada pelo filtro. Você também pode digitar o valor da cor no item *Matiz* (*Hue*) do quadro.

11. Clique no botão *OK* para finalizar. Use o controle de visualização do antes e depois para comparar os resultados.

12. Você pode aplicar o mesmo filtro mais vezes em outras posições; portanto, clique na parte inferior da imagem e arraste para cima a fim de criar a área do filtro, como mostrado a seguir.

13. Abra o *Seletor de cores* (*Color Picker*) e escolha uma cor alaranjada, por exemplo, uma com *Matiz* (*Hue*) = 41. Em seguida, clique em *OK*.

14. Ajuste os itens *Temperatura* (*Temperature*) para -6, *Exposição* (*Exposure*) para -1,00, *Pretos* (*Blacks*) para -70, *Contraste* (*Contrast*) para +30 e *Saturação* (*Saturation*) para +85.

15. Clique no botão *OK* para finalizar os ajustes do filtro *Camera Raw* e veja como a imagem ficou mais impactante.

16. Salve a imagem e feche-a.

Filtro radial (Radial Filter)

Esse filtro cria o efeito de vinheta em suas imagens, um recurso em fotografia que lhe permite controlar para onde o usuário vai dirigir a atenção em uma imagem. Normalmente esse recurso está disponível em máquinas fotográficas mais completas, ou nos filtros dos softwares de edição de imagem, mas geralmente eles requerem que o objetivo principal da imagem (aquele ponto a que você quer dar destaque) esteja no centro dela.

Já com os filtros radiais do Camera Raw, você consegue direcionar a atenção para partes específicas da imagem, onde deseja que o observador concentre a atenção. Basta desenhar uma forma elíptica ao redor do objeto e aumentar a exposição e a claridade da área dentro da forma, o que deixará o assunto em evidência. E o mais interessante é que não importa se o objeto está fora de centro ou em qualquer lugar na fotografia, pois é você quem define a posição do filtro.

1. Abra a imagem *Foto2.jpg*, disponível na pasta *Arquivos de Trabalho/Capitulo3*.

Observe que a área do rosto desta linda garotinha está um pouco escura, e sua missão será clarear essa área para destacá-la.

2. Pressione as teclas *Shift + Ctrl + A* para abrir o filtro *Camera Raw* e ative a ferramenta *Filtro radial* (*Radial Filter*).

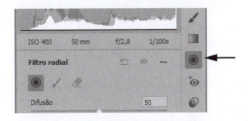

3. Clique no centro da imagem e arraste o cursor para desenhar uma elipse na região do rosto. Depois de desenhada, você pode ajustar a posição da elipse clicando no ponto verde no centro dela e utilizar um dos quatro pontos de controle para ajustar seu tamanho. Veja na imagem a seguir como você deve deixá-la.

4. Depois de criar a elipse, você precisa definir qual área da imagem será afetada pelos ajustes. Por padrão, a área afetada deve ser a interna; portanto, clique na caixa *Inverter* (*Invert*) para indicar a área externa.

5. Em *Difusão* (*Feather*), altere o valor para *17*, pois é onde é ajustada a transição da imagem original para a área afetada pelos ajustes.

6. Clique no item *Cor* (*Color*) para exibir o *Seletor de cores* (*Color Picker*) e selecione *Branco* (*White*).

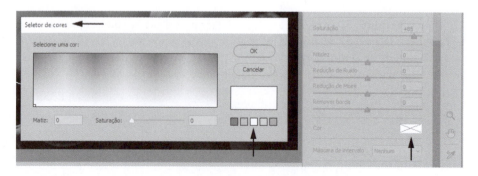

7. Use os controles deslizantes para ajustar os valores como desejar, ou ajuste-os conforme as imagens a seguir:

8. Clique no botão *OK* para finalizar, salve a imagem em sua pasta *Meus Trabalhos* como *Criança* e feche-a.

A vantagem desses filtros é a possibilidade de adicionar inúmeros filtros na mesma imagem, bastando ativar a opção *Novo* (*New*) e escolher uma nova área para aplicá-los.

Você pode duplicar ou excluir o filtro aplicado, bastando clicar com o botão direito do mouse sobre o controle central do filtro e selecionar a opção desejada no menu de contexto.

Para desabilitar a visualização dos controles do filtro, desligue a opção *Sobrepor* (*Overlay*) para ver como ficará a imagem no final.

Para excluir todos os filtros da imagem, clique no botão *Apagar todos* (*Reset to Default*) no canto inferior direito do quadro.

Ferramenta Transformar (Transform)

Com a ferramenta *Transformar* você corrige distorções de perspectiva da imagem, que podem ser causadas por balanço da câmera, mau posicionamento ou lente incorreta. Esse tipo de problema fica ainda mais evidente em imagens que contenham linhas verticais e formas geométricas.

1. Abra o arquivo *FOTO_PRAÇA.TIF*, disponível na pasta *Arquivos de Trabalho/Capitulo3*.

Observe como a perspectiva desta foto foi prejudicada no momento em que ela foi tirada.

2. Pressione as teclas *Shift* + *Ctrl* + *A* para abrir o filtro *Camera Raw* e em seguida clique na seta da guia *Geometria* (*Geometry*) para exibir os controles.

Você pode aplicar um ajuste por meio de um dos seis botões disponíveis, que apresentam as funções descritas a seguir:

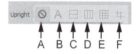

- A – *Desativar* (*Disable Upright*): desfaz os ajustes feitos na imagem.
- B – *Auto* (*Auto*): aplica um conjunto de correções de perspectiva automaticamente.
- C – *Nível* (*Level*): aplica somente a correção de nível, para que a imagem seja nivelada na horizontal.
- D – *Vertical* (*Vertical*): aplica correções de nível e de perspectiva na vertical.
- E – *Completo* (*Full*): aplica correções de nível e de perspectiva vertical e horizontal.

- F – *Guiado* (*Guided*): permite que você desenhe duas ou mais guias sobre a imagem para personalizar a correção de perspectiva.

Não existe uma regra para se fazer esses ajustes, pois é você quem vai determinar que resultado quer para seu trabalho.

3. Experimente clicar em cada um dos botões, exceto no último, para ver o resultado na imagem e entender como funcionam.
4. Após testar cada um deles, clique no primeiro para desfazer as alterações.

Opção Guiado (Guided)

Essa opção, que será aplicada ao se clicar no último botão, requer que você crie guias na imagem, identificando as linhas verticais e horizontais que devem determinar o ajuste. Ao criar pelo menos duas linhas, o recurso começará a correção.

1. Clique no botão *Guiado* (*Guided*) para ativá-lo.
2. Leve o cursor até a imagem, clique sobre a base do mastro à esquerda e, mantendo o botão do mouse pressionado, arraste-o para cima para criar a guia; sem soltar o botão do mouse, posicione-o no topo do mastro. Por fim, libere o botão.

Com isso, a primeira guia foi criada, com a mesma inclinação do mastro, e será usada pela ferramenta para definir o alinhamento vertical.

3. Procedendo da mesma forma, crie mais uma guia vertical usando a lateral do edifício à direita. Automaticamente a imagem já vai sendo ajustada de acordo com as guias criadas.

4. Crie mais uma guia, dessa vez horizontal, usando o topo do prédio central como referência.

Essas guias definem como a imagem deve ser transformada, e poderão ser criadas até quatro guias. Após o ajuste automático, você pode clicar na seta do item *Transformações manuais* (*Manual Transformations*) e usar os controles deslizantes exibidos para refinar as alterações, se necessário.

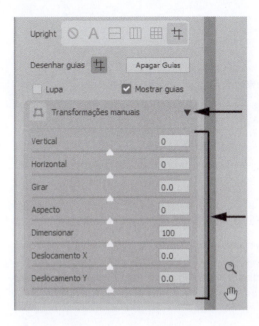

As guias também podem ser ajustadas, bastando posicionar o cursor sobre elas, clicar e arrastar.

Espaços transparentes nas laterais foram gerados devido ao ajuste da imagem. Para corrigi-los você pode recortar a imagem com a ferramenta *Corte* (*Crop*), no próprio Camera Raw (que funciona exatamente como no Photoshop), ou redimensioná-la usando o controle *Dimensionar* (*Scale*).

5. Para esta atividade, use o controle deslizante do item *Dimensionar* (*Scale*) e aumente a imagem até que os espaços transparentes sejam cortados.

A qualquer momento, durante o uso dessa ferramenta, você pode usar alguns recursos que facilitam o trabalho. Logo abaixo dos botões você encontrará as seguintes opções:

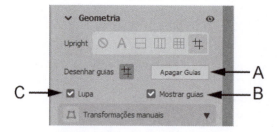

- A – *Apagar Guias* (*Clear Guides*): essa opção elimina todas as guias criadas, para que você recomece.
- B – *Mostrar guias* (*Show Guides*): ao desabilitar essa caixa, as guias criadas são ocultadas, deixando a imagem limpa para que você veja como ficará no final.
- C – *Lupa* (*Loupe*): esse recurso exibe uma lupa ao lado do cursor, mostrando uma ampliação da região onde ele está. Isso lhe dará mais precisão na criação e no posicionamento das guias. Veja o exemplo a seguir, em que o cursor está sobre o topo do mastro e a lupa mostra a região ampliada.

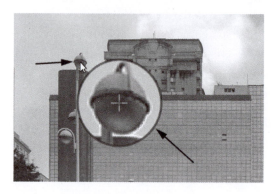

Outro recurso que também o auxilia é o botão *Grade* (*Toggle Grid Overlay*), na *Barra de ferramentas* (*Tools*). Ativando-se esse botão na *Barra de ferramentas* (*Tools*), uma grade é exibida sobre a imagem, ajudando a visualizar melhor as imperfeições e os ajustes a serem feitos.

Com os controles deslizantes na parte superior do quadro você dimensiona o tamanho da grade.

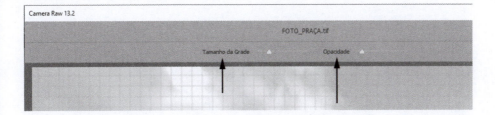

6. Para finalizar, clique no botão *OK*, salve a imagem como *FOTO_PRAÇA_CORRIGIDA.TIF* em sua pasta *Meus Trabalhos* e feche-a.

Existem outras ferramentas disponíveis, como a ferramenta *Remoção de manchas* (*Spot Removal*), *Remoção de olhos vermelhos* (*Red Eyes Removal*) e *Pincel de ajuste* (*Adjustment Brush*). Elas são similares às ferramentas do Photoshop, com a diferença de que você estará trabalhando no filtro *Camera Raw*.

Manipulando imagens HDR

O HDR, ou *High Dynamic Range* (Grande Alcance Dinâmico), são métodos utilizados em fotografia para aumentar o alcance dinâmico, que é o trecho entre o valor mais escuro e o mais claro de uma imagem. A função dessa técnica é representar precisamente nas imagens desde as áreas mais claras, normalmente iluminadas diretamente por uma fonte de luz, até áreas mais escuras, que são geralmente as sombras. Por meio desse recurso você pode criar imagens hiper-realistas.

Nossos olhos funcionam como uma câmera, só que muito melhor. Quando você olha uma paisagem, consegue ver o céu e todo o restante dela; quando olha uma pessoa, consegue ver tanto os detalhes de sua pele quanto os detalhes do local que está atrás dela. As câmeras não têm essa habilidade, e em uma foto normalmente não se consegue reproduzir o que você está vendo.

As fotos HDR tentam reproduzir a qualidade de nossos olhos (a qual não está nas câmeras), pois elas fazem a cena parecer tão real que você quase pode tocá-la. Já as fotos que você tira em JPEG com sua máquina digital são geradas com profundidade de cor de 8 bit por canal, ou seja, são processadas de 0 a 255 cores em cada canal, do preto ao branco (normalmente canais RGB, ou seja, três canais).

Já os arquivos com profundidade de cor de 16 bit possuem mais fidelidade de cores, pois contêm mais informações de cor em cada canal. O intervalo entre as imagens de 8 bits e 16 bits é chamado de *Dynamic Range* (ou alcance dinâmico). Você consegue muito mais detalhes e fidelidade de cores nas imagens de 16 bits, e isso porque existem mais informações sobre a luminosidade de cada pixel quando se tem um intervalo maior de valores de luminosidade em cada canal.

Ao fotografar você pode utilizar diferentes tempos de exposição em uma série de fotografias para atingir o grande alcance dinâmico, o que lhe permite aplicar a técnica HDR. Após o surgimento da fotografia digital e de softwares para tratamento de imagens, o que possibilitou facilmente a criação de imagens com grande alcance dinâmico, a técnica do HDR se popularizou.

Em resumo, as fotografias HDR nada mais são que a fusão de fotos com uma profundidade de cor de 8 bits, com diversas exposições para criar imagens de 16 bits. Dessa forma você consegue uma imagem com muito mais informação de cor e com mais detalhes tanto nas sombras quanto nas luzes, sem precisar editar somente uma parte da imagem.

Os arquivos de imagem de 8 e 16 bits guardam valores de luminescência somente de preto ao branco do papel, refletindo um segmento extremamente pequeno do intervalo dinâmico no mundo real. Para se conseguir valores fiéis à realidade é preciso gerar imagens de 32 bits; em contrapartida, nem todas as ferramentas e filtros do Photoshop podem ser aplicados a esse tipo de imagem.

Sendo assim, se você precisar imprimir ou usar ferramentas e filtros que não funcionam com imagens HDR de 32 bits ou 16 bits, basta convertê-las para 8 bits.

Antes de tirar suas fotos para trabalhar com HDR, e obter o melhor resultado no processo de mesclagem, tome os seguintes cuidados:

- Procure sempre que possível fixar a câmera em um tripé para evitar deslocamentos.
- Tire, pelo menos, de cinco a sete fotos, sendo que o número mínimo de fotos deve ser três.

- Altere a velocidade do obturador para criar exposições diferentes, ajustando a diferença de exposição entre as fotos de uma ou duas etapas EV (valor de exposição). Se você tirar três fotos, por exemplo, utilize os valores de EV -2, 0 e +2.
- Procure não variar a iluminação, por exemplo, usando flash em uma exposição e não usando na seguinte.
- Evite movimentos na cena, pois a mesclagem funciona apenas com imagens da mesma cena expostas de forma diferente.

Mesclando imagens para HDR

O comando *Mesclar para HDR Pro* (*Merge to HDR Pro*) permite a criação de imagens HDR combinando-se múltiplas fotografias capturadas em exposições diferentes. Uma vez que uma imagem HDR contém níveis de brilho que excedem em muito as capacidades de exposição de um monitor de 24 bits padrão, o Photoshop permite o ajuste da visualização HDR.

Você pode ativar o comando *Mesclar para HDR Pro* (*Merge to HDR Pro*) no Photoshop, estando com as imagens abertas ou não.

1. No menu *Arquivo*, clique em *Automatizar/Mesclar para HDR Pro* (*Automate/Merge to HDR Pro*), e será exibido o quadro de mesmo nome.

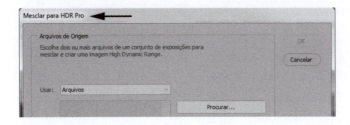

No item *Usar* (*Use*) do quadro, você seleciona a origem dos arquivos. A opção *Pasta* (*Folder*) utilizará todos os arquivos dentro de uma determinada pasta, e a opção *Arquivos* (*Files*) permitirá que você escolha os arquivos a serem mesclados. Além dessas opções, se os arquivos estiverem abertos no Photoshop, você pode clicar no botão *Adicionar Arquivos Abertos* (*Add Open Files*) para colocá-los na lista.

2. Selecione a opção *Arquivos* (*Files*) e clique no botão *Procurar* (*Browse*).

3. Localize a pasta FOTOS_HDR, disponível na pasta *Arquivos de Trabalho/Capitulo3*, e, com a tecla *Shift* pressionada, selecione os arquivos FOTO_1_A.JPG, FOTO_1_B.JPG e FOTO_1_C.JPG.

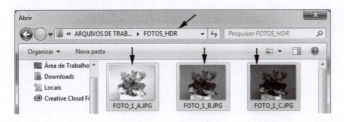

Essas imagens, assim como as demais que estão nessa pasta, foram feitas com uma câmera SONY DSC-W180. Foram tiradas três fotos da mesma cena, cada uma com uma exposição (EV) diferente. Em todas as cenas as letras A, B e C identificam as exposições.

4. Clique no botão *OK* e os arquivos escolhidos serão adicionados à lista. Se for necessário eliminar algum arquivo, basta selecioná-lo na lista e clicar no botão *Remover* (*Remove*).

A opção *Tentativa de Alinhar Automaticamente as Imagens de Origem* (*Attempt to Automatically Align Source Images*) já está habilitada. Ela permite que o Photoshop faça o alinhamento das imagens, no caso de você ter fotografado as diversas imagens com a câmera nas mãos.

5. Clique no botão *OK* e o Photoshop dará início à mesclagem das imagens selecionadas.

Ao final do processamento é exibido o quadro *Mesclar para HDR Pro* (*Merge to HDR Pro*). Ao lado do nome do quadro, no canto superior esquerdo, é mostrado o nível de zoom da imagem, e no canto inferior esquerdo da área de visualização você pode alterar o zoom utilizando os botões de "+" e "-", escolhendo um valor ao clicar na seta ao lado da porcentagem de zoom ou mesmo digitando o valor desejado. A área de visualização da imagem possui barras de rolagem para que você a posicione na região em que deseja ver os detalhes.

6. Clique na seta ao lado da caixa de zoom e selecione *66%*.

Na parte inferior do quadro são exibidas miniaturas das imagens que estão sendo mescladas, e abaixo de cada uma é mostrado o *EV* utilizado (Exposition Value, ou Valor de Exposição).

Do lado direito do quadro são mostradas as opções de ajustes da imagem, e para começar você deverá escolher a profundidade de bits que deseja para a imagem.

Ajustando imagens no modo 32 bits

Na opção 32 bits a imagem mesclada armazena a faixa dinâmica inteira da imagem HDR. Já os arquivos de imagem de 8 bits e de 16 bits não podem armazenar a faixa inteira dos valores de luminescência em uma imagem HDR.

1. Clique na seta do item *Modo* (*Mode*) para ver as três opções de profundidade de bits, ou seja, *32*, *16* ou *8*. Selecione a opção *32 bits* e observe a mudança da imagem.
2. Para que você possa fazer os ajustes, desabilite a caixa *Tonalização cheia no Adobe Camera Raw* (*Complete Toning in Adobe Camera RAW*) abaixo do histograma.
3. Para a opção de 32 bits só é possível ajustar a visualização do ponto branco da imagem. Mova o seletor, abaixo do histograma, para a direita até o último traço vertical vermelho (ou até onde você preferir). Isso já melhora a visualização da imagem.

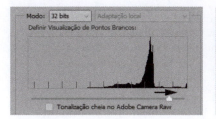 

Essa alteração ajusta apenas a visualização da imagem, mas todos os dados da imagem HDR permanecem no arquivo mesclado. Esse ajuste da visualização será armazenado no arquivo HDR e aplicado sempre que você abrir o arquivo no Photoshop. Com a imagem aberta no software, você pode voltar a ajustar a visualização do ponto branco, bastando ir ao menu *Visualizar* (*View*) e clicar em *Opções de visualização de 32 bits*.

4. Para desfazer a alteração, mantenha pressionada a tecla *Alt*, e o botão *Cancelar* (*Cancel*) é alternado para *Redefinir* (*Reset*). Proceda dessa forma e clique no botão *Redefinir* (*Reset*). Assim a alteração será desfeita e o quadro voltará a exibir o *Modo* (*Mode*) de *16 bits*.

Ajustando imagens nos modos 16 e 8 bits

Os modos 16 e 8 bits possuem uma série de controles para aplicar ajustes na imagem, pois as imagens HDR contêm níveis de luminescência que excedem em muito a faixa dinâmica que esses modos podem armazenar.

Ao lado da caixa *Modo* (*Mode*) você tem as opções de métodos de mapeamento de tom, que estavam desabilitados quando foi selecionado o modo de 32 bits. A opção padrão é a *Adaptação local* (*Local Adaptation*), que funciona como um modo personalizado, e além dela você tem mais três.

1. Clique na seta do lado direito, selecione a opção *Equalizar Histograma* (*Equalize Histogram*) e observe o resultado em sua imagem.

Essa opção compacta a faixa dinâmica da imagem HDR, tentando preservar o contraste. Você não precisa fazer nenhum ajuste adicional, pois esse método é automático.

2. Agora selecione a opção *Exposição e Gama* (*Exposure and Gamma*). Com essa opção serão apresentados dois controles de ajuste: *Exposição* (*Exposure*) e *Gama* (*Gamma*). Esses controles permitem ajustar manualmente o brilho (ganho de ponto) e o contraste da imagem HDR.

3. Experimente alterar o valor de *Exposição* (*Exposure*) para *1,00* e o de *Gama* (*Gamma*) para *1,40*. Observe o resultado em sua imagem.

4. Mantenha a tecla *Alt* pressionada e clique no botão *Redefinir* (*Reset*) na parte inferior do quadro para voltar à condição inicial.

5. Agora selecione a opção *Compactação de Realces* (*Highlight Compression*). Observe sua imagem.

Essa opção também é automática, por isso não possui controles de ajuste. Ela compacta os valores de realce da imagem HDR para que eles fiquem dentro da faixa de valores de luminescência do arquivo de imagem no modo 8 ou 16 bits, ou seja, de acordo com o modo escolhido.

6. Por último, selecione a opção *Adaptação local* (*Local Adaptation*).

Com essa opção você pode fazer vários ajustes na imagem em quatro áreas distintas: *Brilho de aresta* (*Edge Glow*), *Tom e detalhe* (*Tone and Detail*), *Avançado* (*Advanced*) e *Curva* (*Curve*).

Começando pela primeira, tem-se o item *Raio* (*Radius*), que especifica o tamanho das regiões de brilho locais, enquanto a *Intensidade* (*Strength*) especifica a separação que deve haver para os valores tonais de dois pixels antes de eles deixarem de existir (ficarem totalmente brancos) na mesma região de brilho.

7. Altere o valor do *Raio* (*Radius*) para *170 px* e mantenha o valor de *Intensidade* (*Strength*).

Na área de *Tom e detalhe* (*Tone and Detail*), o item *Gama* (*Gamma*) ajusta a faixa dinâmica, onde normalmente o valor ideal é *1,0*. Com esse valor a faixa dinâmica é maximizada, sendo ideal para as imagens. Se você utilizar configurações mais baixas, os tons médios serão acentuados; com configurações mais altas, as sombras e realces é que serão acentuados.

8. Mantenha o valor do *Gama* (*Gamma*) em *1,00*.

9. No item *Exposição* (*Exposure*) você altera o valor de *EV* (valor de exposição). Para valores acima de *0* a imagem ficará mais clara; e para valores abaixo de *0*, ficará mais escura. Para esta atividade altere o valor para *0,5*.

10. No item *Detalhe* (*Detail*) você ajusta a nitidez da imagem. Altere o valor para *90%*.

Sempre observe a imagem enquanto faz os ajustes para ver o resultado e fique à vontade para experimentar outros valores. Os indicados nesta atividade são sugestões, e não regras.

11. Com o ajuste do item *Sombra* (*Shadow*), na guia *Avançado* (*Advanced*), você clareia ou escurece as áreas de sombra da imagem. Altere o valor para *25%* e observe que nas áreas de sombra os detalhes ficam mais claros.

12. Com o ajuste de *Realce* (*Highlight*) você clareia ou escurece as áreas de realce da imagem. Altere o valor para *-50%* e observe que na área do cachepô mais detalhes são revelados.

Para o ajuste da cor existem dois controles: *Vibratilidade* (*Vibrance*), que ajusta a intensidade de cores sutis minimizando o contraste de cores altamente saturadas; e *Saturação* (*Saturation*), que ajusta a intensidade de todas as cores, sendo -100 (monocromático) a +100 (saturação dupla).

13. Para esta atividade altere o valor de *Vibratilidade* (*Vibrance*) para *20%* e de *Saturação* (*Saturation*) para *50%*.

14. Clique na guia *Curva* (*Curve*).

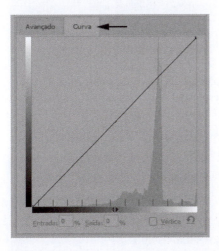

Essa guia exibe uma curva ajustável por cima de um histograma que mostra valores de luminescência na imagem HDR original de 32 bits. Os traços vermelhos ao longo do eixo horizontal estão com incrementos de EV (aproximadamente uma interrupção em F). Por padrão, a curva de tonalização e histograma limitam e equalizam as alterações de ponto a ponto.

Para remover o limite e aplicar ajustes mais extremos, basta inserir um ponto na curva e ativar a opção *Vértice* (*Corner*). Quando você insere e move um segundo ponto, a curva se torna angular. Nesta atividade não serão feitas alterações nessa curva.

15. Finalmente, clique no botão *OK* do quadro *Mesclar para HDR Pro* (*Merge to HDR Pro*) para abrir a imagem no Photoshop, e observe quão realista ela parece, dando a impressão de que pode ser tocada. Compare essa imagem com a imagem "FOTO_1_B.JPG" e veja a diferença. Observe também que na guia da imagem é indicado o modo 16 bits.

16. Salve a imagem em sua pasta *Meus trabalhos* como FOTO_HDR_1.psd e feche-a.

Compensar objetos em movimento

Um grande problema quando se faz mesclagens de imagens para HDR é o fato de existirem elementos em movimento na cena que se está fotografando (pessoas, carros, etc). Veja no detalhe da imagem a seguir a foto de um local onde existem carros em movimento:

Como é preciso tirar várias fotos com exposições diferentes da mesma cena, fica impossível fazer que os carros fiquem parados, esperando você fotografar certo. Mas o recurso *Mesclar para HDR Pro* tem uma solução automática para isso.

1. No menu *Arquivo*, clique em *Automatizar/Mesclar para HDR Pro* (*Automate/Merge to HDR Pro*) para exibir o quadro de ajustes.

2. Selecione a opção *Arquivos* e clique no botão *Procurar*.

3. Na pasta *Arquivos de Trabalho/Capitulo3/FOTOS_HDR*, e com a tecla *Shift* pressionada, selecione os arquivos FOTO_2_A.JPG, FOTO_2_B.JPG e FOTO_2_C.JPG.

4. Clique no botão *OK* e os arquivos escolhidos serão listados.

5. Clique em *OK* do quadro *Mesclar para HDR Pro* (*Merge to HDR Pro*) e aguarde a finalização do processamento.

6. No item *Modo* selecione a opção *32 bits*. Dessa vez você vai gerar uma imagem em 32 bits.

Observe a foto com cuidado e veja que existem locais na avenida em que aparecem alguns carros meio transparentes (fantasmas).

7. Para corrigir esse problema, clique na caixa *Remover fantasmas* (*Remove ghosts*) e veja o resultado em sua imagem.

O Photoshop exibe um contorno verde em torno da miniatura com o melhor equilíbrio de tom, identificando a imagem escolhida para corrigir o problema. Os objetos em movimento encontrados em outras imagens são removidos. Mas você pode clicar sobre as outras miniaturas e escolher a que ficar melhor para seu trabalho.

8. Desabilite a caixa *Tonalização cheia no Adobe Camera Raw* (*Complete Toning in Adobe Camera Raw*) abaixo do histograma.
9. Clique no botão *OK* para finalizar o processo de mesclagem. Observe na guia da imagem que agora se trata de uma imagem de 32 bits.
10. Salve a imagem em sua pasta *Meus Trabalhos* como FOTO_HDR_2.psd.

Convertendo uma imagem 32 bits para 16 ou 8 bits

Somente um arquivo de 32 bits pode armazenar todos os dados da imagem HDR, por isso é aconselhável que você tenha sempre um original em 32 bits. Com isso você poderá depois gerar uma nova imagem convertendo a original e salvando-a com outro nome.

1. Abra a imagem *FOTO_HDR_2.psd*, que você acabou de criar, caso a tenha fechado.
2. No menu *Imagem* (*Image*), clique em *Modo* (*Mode*) e selecione a opção *16 bits/ canal* (*16 bits/channel*), e será exibido o quadro *Tonalização HDR* (*HDR Toning*).

Esse quadro traz as mesmas opções de ajuste do quadro *Mesclar para HDR Pro* (*Merge to HDR Pro*), e você pode efetuar os ajustes que desejar. A seta à frente de cada item permite expandir o painel e exibir os controles de ajuste.

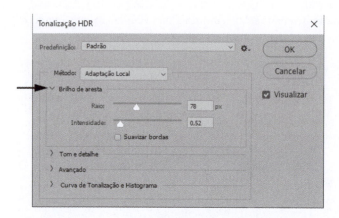

Para essa etapa, ao invés de fazer ajustes, você vai utilizar uma das predefinições prontas.

3. Clique na seta da caixa *Predefinição* (*Preset*) e observe a lista de predefinições disponíveis para aplicação em sua imagem. Essas opções de predefinições prontas também estão no quadro *Mesclar para HDR Pro* (*Merge to HDR Pro*), portanto você pode escolher uma delas antes de finalizar o processo de mesclagem.

4. Experimente cada uma delas para ver o resultado, e para finalizar esta etapa escolha a opção *Fotorrealista* (*Photorealistic*).

5. Clique no botão *OK* para finalizar. Dessa forma você terá sua imagem em 16 bits.

6. Salve a imagem como *FOTO_HDR_3.psd* e feche-a.

Anotações

Anotações

4

Trabalhando com réguas, guias, camadas e textos

OBJETIVOS

» Explorar os recursos de camadas e de degradê

» Trabalhar com réguas e guias

» Trabalhar com textos

» Organizar e aplicar efeitos em camadas

Atividade 1 – Explorando os recursos de camadas e de degradê

Objetivo: » Conhecer as camadas e o painel delas, além de criar degradês.

Tarefas: » Trabalhar com o painel *Camadas* (*Layers*).

» Criar, duplicar e eliminar camadas.

» Ocultar e redimensionar camadas.

» Trabalhar com degradês e aplicar modos de mesclagem em camadas.

» Salvar uma imagem com camadas.

O que são camadas?

No Photoshop as camadas são como transparências sobrepostas; cada uma delas contém uma foto, um texto ou um gráfico, permitindo combinações diversas. Observe, por exemplo, a imagem a seguir, composta de quatro imagens sobrepostas; como cada uma está em uma transparência, é possível ver a foto de fundo.

Ao separá-las, você veria algo como mostra a imagem a seguir.

No Photoshop, as áreas onde não existem pixels são transparentes, ou seja, não são preenchidas pela imagem, possibilitando a visualização das camadas que estão embaixo. Dessa forma, é possível editar partes da imagem sem afetar outras áreas.

Camadas (Layers) do Photoshop

As camadas do Photoshop proporcionam uma liberdade muito grande de criação, pois apresentam uma gama variada de opções e de comandos, além da possibilidade de combinar outros recursos já vistos até agora. Você pode desenhar, editar, colar e reposicionar elementos numa camada sem alterar as outras, porque elas permanecem independentes até que sejam combinadas ou fundidas. Assim, é possível trabalhar livremente com gráficos, textos, opacidades e modos de mistura.

As imagens criadas no Photoshop iniciam com uma camada simples, chamada *Plano de Fundo* (*Background*), que só poderá ser movida ou editada quando for transformada em uma camada normal. Além disso, todas as camadas de uma imagem têm a mesma resolução e o mesmo modo de cor, que poderá ser RGB, CMYK ou tons de cinza.

Por meio das camadas, podem ser criados efeitos sofisticados usando máscaras, demarcadores de corte, camadas de ajuste, camadas de preenchimento, grupos de camadas e estilos de camadas.

Painel Camadas (Layers)

Com esse painel, você administra as camadas de uma imagem. Por meio dele é possível criar, duplicar, fundir e eliminar camadas, além de exercer controles como ocultar, exibir, unir e travar.

1. Abra o arquivo *CAMADAS.psd*, disponível na pasta *Arquivos de trabalho/Capitulo4*.

Cada vez que uma imagem é aberta, as camadas são automaticamente exibidas no painel *Camadas* (*Layers*). Esse arquivo é composto de três imagens além do plano de fundo, que, nesse caso, também é uma imagem. Portanto, é um arquivo de quatro camadas.

2. Observe o painel *Camadas* (*Layers*). Caso não o esteja visualizando, basta ativá-lo clicando em sua guia, pressionando a tecla de atalho *F7*, ou, ainda, selecionando-o no menu *Janela/Camadas* (*Window/Layers*).

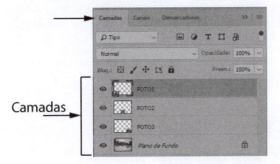

Ocultando uma camada

No painel *Camadas* (*Layers*), cada camada é representada pela miniatura da imagem a que se refere. Do lado direito está o nome da camada, e do lado esquerdo, o pequeno ícone de um olho, que permite a ocultação da camada.

1. Dê um clique no ícone do olho à frente da penúltima camada (*FOTO3*) e observe que a imagem do canto inferior direito será ocultada.

2. Clique novamente para ativar a visualização da camada.

Duplicando uma camada

Você tem vários caminhos para duplicar uma camada: por meio do menu *Camada* (*Layer*) na opção *Duplicar Camada* (*Duplicate Layer*), clicando com o botão direito do mouse sobre a camada no painel *Camadas* (*Layers*) para exibir o menu de contexto, ou pressionando as teclas de atalho *Ctrl + J*.

1. No painel *Camadas* (*Layers*), clique na camada *FOTO1* para selecioná-la. O fundo dela no painel ficará em cinza-escuro, indicando a seleção.

2. Com a camada selecionada, pressione as teclas de atalho *Ctrl + J*. Observe no painel a nova camada criada, cujo nome é o mesmo, mas acompanhado da palavra "copiar".

3. Quando se faz a cópia de uma camada, ela é colocada exatamente sobre a anterior. Com a ferramenta *Mover* (*Move*), clique sobre a cópia da camada, na imagem, e posicione-a no canto superior direito.

Copiando camadas com Ctrl + C e Ctrl + V

Os tradicionais e conhecidos comandos de copiar e colar também estão no Photoshop para agilizar seu trabalho. Você percebeu que, ao duplicar uma camada, sua cópia é colocada logo acima da camada de origem, no painel *Camadas* (*Layers*), e na imagem a duplicata é colocada exatamente sobre a original. Com os comandos *Ctrl + C* e *Ctrl + V* você pode copiar camadas e colá-las na ordem que desejar dentro do painel *Camadas* (*Layers*), e em duas opções de posição na imagem.

1. Vamos supor que você queira fazer uma cópia da camada *FOTO2* e posicionar essa nova camada acima da camada *FOTO1* no painel *Camadas* (*Layers*). Para isso, selecione a camada *FOTO2* no painel *Camadas* (*Layers*) e pressione as teclas de atalho *Ctrl + C*.

2. Em seguida, selecione a camada *FOTO1* no painel *Camadas* (*Layers*) e pressione *Ctrl + V*. Veja que a cópia da camada é posicionada acima da camada que você selecionou no painel *Camadas* (*Layers*) e que seu nome é idêntico ao original. Observe também que a cópia da camada foi posicionada no centro da imagem, diferente do comando *Ctrl + J*, que a coloca exatamente sobre a camada de origem.

Mas isso também é possível com esses comandos, bastando que você, em vez de pressionar *Ctrl + V*, pressione *Shift + Ctrl + V*. Esses comandos também estão presentes no menu *Editar/Colar especial* (*Edit/Paste Special*), se preferir.

Também é possível efetuar esses comandos em mais de uma camada ao mesmo tempo, basta selecioná-las no painel *Camadas* (*Layers*). Isso pode ser feito selecionando uma camada, e, com a tecla *Ctrl* pressionada, selecionar as demais camadas que se queira copiar. Se as camadas estiverem em sequência, use a tecla *Shift*.

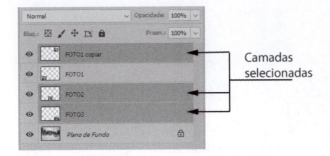

Eliminando camadas

A cópia da camada *FOTO2* que você fez não será usada, portanto deve ser eliminada. Para isso você tem vários caminhos:

- Selecionar a camada no painel *Camadas* (*Layers*) e pressionar a tecla *Delete*.
- Selecionar a camada na imagem com a ferramenta *Mover* (*Move*) e pressionar a tecla *Delete*.
- Selecionar a camada no painel *Camadas* (*Layers*) e clicar no botão *Excluir camada* (*Delete Layer*) na base do painel (ícone da lixeira).
- Selecionar a camada, abrir o menu do painel *Camada* (*Layer*) e clicar em *Excluir/Camada* (*Delete/Layer*).

1. Selecione a camada *FOTO2* no painel *Camadas* (*Layers*) que está acima da camada *FOTO1* e pressione a tecla *Delete*.

Redimensionando uma camada

Quando se trabalha com camadas, é mais interessante e produtivo ativar duas caixas na *Barra de Opções* (*Options Bar*) para facilitar o trabalho: *Sel. Autom.* (*Auto-Select*), que permite a seleção de uma camada ao clicar sobre qualquer ponto dela na imagem, e *Mostrar Contr. Transf.* (*Show Transform Controls*), que exibe os controles de transformação na camada selecionada.

1. Essas opções estão disponíveis quando a ferramenta *Mover* (*Move*) estiver ativa; portanto, ative-a, caso ainda não esteja.

2. Com a ferramenta *Mover* (*Move*) ativa, selecione a camada *FOTO1 copiar* no painel *Camadas* (*Layers*) e observe na imagem que ela apresenta os controles de transformação formados por um retângulo, que delimita o tamanho da camada, e pequenos quadrados em seus cantos e laterais.

3. Dê um clique em qualquer um dos controles de transformação para ativar a alteração da camada.

4. Você pode clicar em um dos controles e arrastar para alterar as dimensões da camada proporcionalmente, mas se não quiser que a alteração seja proporcional basta manter a tecla *Shift* pressionada. Nesta atividade você vai utilizar a *Barra de Opções* (*Options Bar*), portanto aumente a largura (*L*) (*W*) para *250%*.

5. Clique no botão de confirmação para finalizar a alteração e com a ferramenta *Mover* (*Move*) posicione a imagem aproximadamente no centro da área do projeto para poder visualizá-la por completo.

Criando uma camada a partir de uma seleção

Utilizando qualquer ferramenta de seleção, você cria a seleção desejada e com ela pode criar uma nova camada.

1. No menu *Janela* (*Window*), selecione *Área de Trabalho* (*Workspace*) e clique no item *Essenciais* (*Padrão*) – *Essentials* (*Default*), caso não esteja selecionado. Isso é para garantir que você esteja com a mesma configuração de tela que será usada nesta atividade.

2. Mantenha a camada *FOTO1 copiar* selecionada no painel *Camadas* (*Layers*).

É importante selecionar a camada na qual será feita a edição. Nesse caso, você utilizará apenas um pequeno pedaço dessa camada para compor um detalhe no projeto.

3. Com a ferramenta *Letreiro Retangular* (*Rectangular Marquee*), selecione a área mostrada na imagem a seguir.

4. Ainda com a ferramenta *Letreiro Retangular* (*Rectangular Marquee*), dê um clique com o botão direito do mouse dentro da área selecionada para exibir o menu de contexto.

No menu de contexto, existem duas opções de criação de camadas com base na seleção feita. Pela opção *Camada Via Cópia* (*Layer Via Copy*), será criada uma nova camada com a área selecionada, mantendo a camada original inalterada. Pela opção *Camada por Recorte* (*Layer Via Cut*), a área selecionada será recortada da camada atual, transformando-se em uma nova camada.

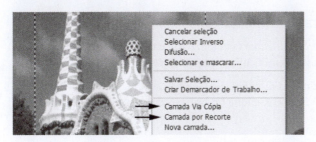

5. Clique na opção *Camada por Recorte* (*Layer Via Cut*). Observe, no painel *Camadas* (*Layers*), que uma nova camada foi criada logo acima da camada *FOTO1 copiar*, cujo nome recebido foi *Camada 1* (*Layer 1*). O Photoshop nomeia as novas camadas automaticamente com o nome *Camada* (*Layer*), seguindo uma ordem numérica.

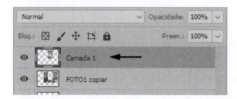

6. Desative a visualização de todas as camadas, clicando no ícone do olho de cada uma delas no painel, deixando visíveis apenas as camadas *Camada 1* (*Layer 1*) e *FOTO1 copiar*.

7. Ative a ferramenta *Mover* (*Move*) (tecla de atalho *V*), clique e arraste a *Camada 1* (*Layer 1*), e veja o recorte efetuado.

8. Selecione a camada *FOTO1 copiar* e clique no ícone da lixeira na base do painel para eliminá-la, pois não será usada.

9. Ative a visualização das demais camadas e posicione a *Camada 1* (*Layer 1*) no canto superior direito do documento.

Salvando uma imagem com camadas

1. Clique no menu *Arquivo/Salvar como* (*File/Save As*) e no quadro clique na seta ao lado da caixa do item *Salvar em*. Localize sua pasta *Meus trabalhos*.

2. No item *Nome do arquivo*, digite *Parque-Guell-Barcelona*, mantenha a opção *Photoshop* (**.PSD;*.PDD;*.PSDT*), clique no botão *Salvar* e feche a imagem.

O arquivo que você utilizou já está no formato próprio do Photoshop (.PSD), mas você pode selecionar um outro formato no item *Tipo*, clicando na seta da caixa para exibir as demais opções.

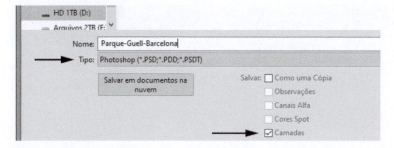

Trabalhando com degradê

O degradê é o principal meio de se criar uma transição suave entre duas cores em uma imagem ou seleção. No Photoshop essa tarefa é feita com a ferramenta *Degradê* (*Gradient*), e além das várias opções predefinidas, você pode criar degradês personalizados utilizando as cores que desejar para aplicar em seus trabalhos. Para experimentar esse recurso, você vai criar uma faixa na parte inferior da imagem e aplicar um degradê.

1. Abra a imagem *Parque-Guell-Barcelona.psd* salva em *Meus trabalhos*, caso a tenha fechado.
2. Para conservar essa imagem e trabalhar com degradê, pressione *Shift + Ctrl + S* e salve-a como *Parque-Guell-Barcelona-2.psd*.
3. Selecione a *Camada 1* (*Layer 1*) e tecle *Delete* para apagá-la, pois ela não será necessária.
4. Desabilite a visualização das camadas *FOTO1*, *FOTO2* e *FOTO3* e mantenha a camada *Plano de Fundo* (*Background*) selecionada.

Você deve criar o degradê em uma nova camada, assim não altera as camadas existentes. Quando você cria uma nova camada, ela será colocada acima da camada selecionada no painel *Camadas* (*Layers*).

5. Portanto, selecione a camada *Plano de Fundo* (*Background*) e clique no botão *Criar uma nova camada* (*Create a new layer*), na base do painel *Camadas* (*Layers*).

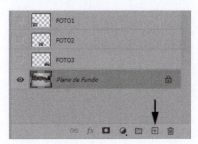
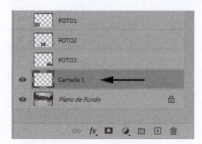

6. Ative a ferramenta *Letreiro Retangular* (*Rectangular Marquee*) e crie uma seleção na base da imagem. Ela deve ocupar toda a largura, e a altura deve chegar próximo à calçada. Observe a imagem a seguir.

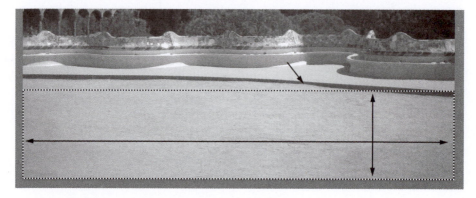

7. Ative a ferramenta *Degradê* (*Gradient*) no painel *Ferramentas* (*Tools*).

8. Na *Barra de Opções* (*Options Bar*), clique na seta do *Seletor de Degradê* (*Gradient Picker*) para exibir as opções. Por padrão, são disponibilizadas pastas com várias opções de degradês, mas você dispõe de uma ótima coleção nas bibliotecas. Para escolher outras opções basta clicar no ícone da engrenagem do seletor para exibir o menu de opções. Na parte inferior desse menu está a opção *Importar gradientes* (*Import Gradients*).

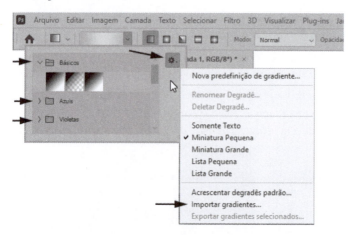

204 – Adobe Photoshop

Selecionando as cores para o degradê

As cores utilizadas pelos degradês disponíveis serão sempre a *Cor de Primeiro Plano* (*Foreground Color*) e a *Cor do Plano de Fundo* (*Background Color*), definidas no painel *Ferramentas* (*Tools*). Como essas imagens são do Parque Güell de Barcelona/Espanha, você vai utilizar as cores vermelho e amarelo, como referência à bandeira desse país.

1. Clique no ícone *Definir cor de primeiro plano* (*Set foreground color*) no painel *Ferramentas* (*Tools*) para exibir o quadro *Seletor de Cores* (*Color Picker*).

2. Para definir o vermelho, utilize o código *c41a37*, digitando-o na caixa do código hexadecimal do quadro. Em seguida, clique em *OK*.

3. Clique no ícone *Definir cor de plano de fundo* (*Set background color*) e, no quadro *Seletor de Cores* (*Color Picker*), digite o código *ffcc00* para definir o amarelo. Clique em *OK* para finalizar.

Aplicando o degradê

Com a ferramenta ativa, a *Barra de Opções* (*Options Bar*) disponibiliza os tipos de degradê disponíveis:

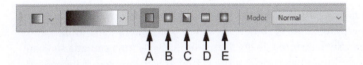

- A – *Degradê Linear* (*Linear Gradient*)
- B – *Degradê Radial* (*Radial Gradient*)
- C – *Degradê Angular* (*Angle Gradient*)
- D – *Degradê Refletivo* (*Reflected Gradient*)
- E – *Degradê Diamante* (*Diamond Gradient*)

Aqui será utilizado o *Degradê Linear* (*Linear Gradient*), que já deve estar selecionado como padrão.

1. Na *Barra de Opções* (*Options Bar*), dê um clique na seta da caixa *Seletor de Degradê* (*Gradient Picker*). Clique na seta da pasta *Básicos* (*Basics*) para expandi-la e selecione o primeiro degradê: *Do Primeiro Plano para o Fundo* (*Foreground to Background*).

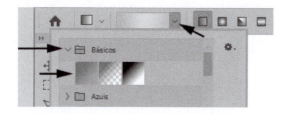

Ao criar um degradê, você clica e arrasta o cursor, e uma linha é exibida para mostrar o caminho dele. Você pode travar o ângulo de aplicação de 45º em 45º, mantendo a tecla *Shift* pressionada enquanto o cria.

2. Clique na base da seleção, arraste o cursor para cima até o topo da seleção e solte o botão do mouse para definir o degradê. Pressione *Ctrl + D* para desfazer a seleção.

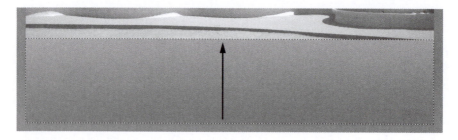

Modos de mesclagem

O recurso *Modo de mesclagem de camadas* (*Blending Mode for the layer*), do painel *Camadas* (*Layers*), permite a aplicação de vários efeitos por meio da combinação de camadas sobrepostas. Isso determina de que forma os pixels de uma camada são combinados com a camada logo abaixo dela. Apesar de parecer simples, é um recurso poderoso para produzir imagens diferenciadas.

1. Selecione a *Camada 1* (*Layer 1*) (o degradê que você criou) e clique na seta ao lado da caixa *Definir o modo de mesclagem da camada* (*Set the blending Mode for the layer*) do painel *Camadas* (*Layers*) para abrir o menu de opções. Você pode posicionar o cursor sobre qualquer opção e verá imediatamente o efeito na imagem antes mesmo de selecioná-la.

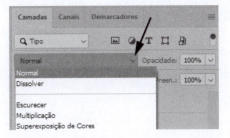

2. Selecione a opção *Multiplicação* (*Multiply*) e observe como a camada do degradê é combinada com a imagem de fundo.

3. Ative a visualização de todas as camadas clicando à frente da miniatura de cada uma no painel *Camadas* (*Layers*).

4. Salve a imagem e feche-a.

⊡ Atividade 2 – Trabalhando com réguas e guias

Objetivo: » Conhecer os recursos de réguas e guias para auxílio na produção.

Tarefas: » Conhecer as réguas e acrescentar guias na imagem.

» Explorar as guias inteligentes.

» Criar guias a partir de objetos.

» Conhecer a *Grade* (*Grid*) e explorar o recurso *Layout de guias* (*Guide layout*).

Réguas

As réguas ficam localizadas na parte superior e na lateral esquerda da janela da imagem, e com elas você posiciona imagens ou elementos de forma precisa.

1. Abra o arquivo *Guias e Grades.psd* disponível na pasta *Arquivos de trabalho/ Capitulo4*.

2. Clique no menu *Visualizar/Réguas* (*View/Rulers*) ou utilize as teclas de atalho *Ctrl + R* para ativá-las, caso elas ainda não estejam sendo exibidas. Como padrão, a origem das réguas (0,0) fica no canto superior esquerdo da imagem.

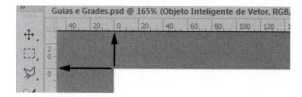

3. Para selecionar a unidade de medida a ser usada pelas réguas, clique com o botão direito do mouse sobre qualquer uma das réguas (horizontal ou vertical) e selecione, para esta atividade, a opção *Pixels*, caso não seja esta a opção selecionada.

Guias

As guias são posicionadas sobre a imagem para facilitar o ajuste e o posicionamento dos elementos que a constituem, tornando o trabalho mais preciso e rápido. Elas podem ser travadas, evitando que sejam deslocadas por acidente, movidas ou excluídas. Não são impressas, pois são apenas um recurso de tela para facilitar seu trabalho.

Colocando guias com a ferramenta Mover (Move)

1. Com a ferramenta *Mover* (*Move*), posicione o cursor sobre a régua horizontal, clique e arraste-o para dentro da imagem. Observe que uma linha ficará presa ao cursor até que você libere o botão do mouse, e uma caixa com o valor da posição no eixo Y será exibida ao lado dele, facilitando o posicionamento. Se precisar mover uma guia, use a própria ferramenta *Mover* (*Move*), clicando e arrastando.

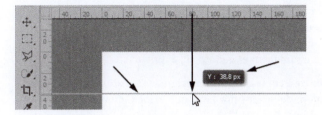

2. Libere o botão do mouse, e a linha ficará na posição escolhida.

Colocando linha-guia com a opção Nova Guia (New Guide)

1. Clique no menu *Visualizar/Nova Guia* (*View/New Guide*), e será exibido o quadro de mesmo nome. Nele, você deve definir a posição da linha-guia na imagem.

2. Por exemplo, no item *Orientação* (*Orientation*), certifique-se de que a opção *Vertical* (*Vertical*) esteja selecionada, pois será criada uma guia vertical; no item *Posição* (*Position*), digite *100*, depois clique no botão *OK*. Há agora duas guias em sua imagem.

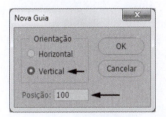 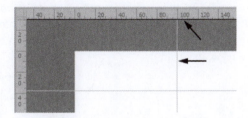

Pode-se acrescentar inúmeras guias, e para remover qualquer uma delas basta clicar sobre a guia e arrastá-la para fora da janela da imagem com a ferramenta *Mover* (*Move*). Se desejar eliminar todas as guias da imagem, clique na opção *Apagar guias* no menu *Visualizar* (*View*).

3. Clique na opção *Apagar guias* (*Clear Guides*) no menu *Visualizar* (*View*) para eliminar as guias criadas, pois não serão necessárias. Ainda não feche a imagem.

Guias inteligentes

As guias inteligentes são um ótimo recurso para alinhar formas, seleções e imagens. Elas são exibidas automaticamente enquanto você desenha uma forma, cria uma seleção ou move algum item em seu projeto. Você tem a opção de ocultar as guias inteligentes se não precisar delas, e, ao contrário das guias comentadas anteriormente, estas não ficam expostas na imagem, pois são temporárias.

1. No menu *Visualizar* (*View*), clique no item *Mostrar/Guias Inteligentes* (*Show/Smart Guides*), caso elas não estejam ativas.

2. Você vai duplicar a imagem dos tambores e colocá-la do lado direito do violão. Portanto, com a ferramenta *Mover* (*Move*), dê um clique sobre os tambores para selecionar a camada.

3. Você vai duplicar a camada, mas com um recurso diferente do que já foi visto. Pressione a tecla *Alt* do teclado e mantenha-a pressionada, clique sobre a imagem dos tambores que você selecionou e arraste-a para a direita. Dessa forma, você estará fazendo uma cópia da imagem enquanto ela é movida.

4. Observe que a distância entre a cópia e a imagem original é constantemente exibida conforme você a move, além de haver uma caixa que exibe o quanto ela foi deslocada, tanto no eixo *X* como no *Y*.

5. Procure mover a imagem mantendo o alinhamento pela base e veja que serão exibidas guias de alinhamento. Quando as imagens estiverem com a mesma distância entre si, serão exibidas guias com setas mostrando o valor da distância entre elas. Nesse momento, libere o botão do mouse, e a cópia estará pronta e com a posição correta.

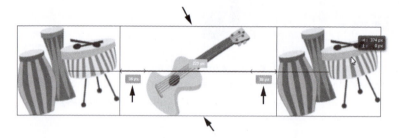

6. Procedendo da mesma forma, faça uma cópia do violão, colocando-o abaixo da imagem dos tambores da esquerda. Observe as indicações das guias e perceba como fica simples alinhar os itens de seu projeto.

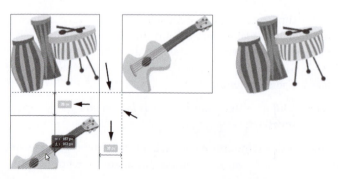

Outras facilidades que as guias inteligentes fornecem são a distância entre os objetos e sua posição exata dentro da área total da imagem.

7. Selecione a cópia do violão que você colocou abaixo dos tambores da esquerda, pressione a tecla *Ctrl* e mantenha-a pressionada. Serão exibidas as medidas da posição dentro da imagem.

8. Agora, posicione o cursor sobre o outro violão, e serão exibidas as dimensões de distância entre os dois itens.

Criando guias a partir de objetos

As guias também podem ser criadas utilizando uma ou mais camadas, ou seja, você cria guias com base em qualquer item selecionado em seu arquivo, seja uma caixa de texto, seja uma forma, seja uma imagem. O Photoshop utiliza a caixa delimitadora em torno do conteúdo da camada para criar as guias.

1. Selecione a imagem dos tambores da direita com a ferramenta *Mover* (*Move*).

2. No menu *Visualizar* (*View*), clique na opção *Novas guias da Forma* (*New Guides From Shape*), e as guias serão criadas de acordo com a caixa delimitadora da imagem selecionada.

3. Feche o arquivo sem salvá-lo.

Trabalhando com Grade (Grid) ou Layout de guias (Guide Layout)

Para facilitar seu trabalho, o Photoshop oferece mais dois recursos para organizar os elementos na tela do projeto: a *Grade* (*Grid*) e o recurso *Layout de guias* (*Guide Layout*).

Trabalhando com Grade (Grid)

A *Grade* (*Grid*) auxilia na disposição dos elementos da imagem, permitindo organizá-los de forma simétrica. Quando ativa, sua área de trabalho fica similar a um papel quadriculado.

1. Abra a imagem *MUSEU-CERRALBO.psd*, disponível na pasta *Arquivos de trabalho/Capitulo4*. Esse arquivo será usado para desenvolver um pequeno pôster no formato A3, e atualmente possui apenas duas camadas.

2. Desative a visualização da camada *FUNDO*.

3. No menu *Visualizar* (*View*), clique em *Mostrar/Grade* (*Show/Grid*), ou pressione as teclas de atalho *Ctrl + '*. Com isso a grade será exibida sobre a imagem e, por padrão, ela é formada de linhas que não podem ser impressas.

4. Para configurar a grade, abra o menu *Editar* (*Edit*) e clique em *Preferências/Guias, Grades e Fatias* (*Preferences/Guides, Grid & Slices*).

5. No item *Grade* (*Grid*) você altera as configurações de cor da linha, o tipo, a distância entre as linhas que formam o quadriculado e as subdivisões. Para essa atividade, configure os itens como mostrado a seguir.

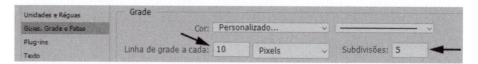

6. Clique no botão *OK* para finalizar.

7. Volte ao menu *Visualizar* (*View*), clique novamente em *Mostrar/Grade* (*Show/Grid*) para desabilitá-la, mas não feche o arquivo, pois ele será usado nos demais passos.

Trabalhando com Layout de Guias (Guide Layout)

Com o recurso *Layout de Guias* (*Guide Layout*), você cria rapidamente várias guias de uma só vez – sem a necessidade de arrastá-las das réguas ou criá-las uma a uma com o comando *Nova guia* (*New Guide*) –, define o número de colunas e linhas, e cria toda uma grade de guias para auxiliar na montagem de seu projeto. Para exercitar, você vai montar a imagem mostrada a seguir.

As imagens que a compõem já foram previamente preparadas e organizadas em uma pasta para facilitar seu trabalho e manter o foco no uso do recurso.

1. Ative a visualização da camada *FUNDO* no painel *Camadas* (*Layers*).

2. No menu *Visualizar* (*View*), clique na opção *Novo Layout de guias* (*New Guide Layout*). Observe que algumas guias já são colocadas na imagem.

Esse quadro apresenta algumas opções predefinidas no item *Predefinição* (*Preset*), bastando clicar na seta ao lado e selecionar a guia. Outra opção é a caixa *Visualizar* (*Preview*), que permite visualizar as guias enquanto você escolhe as configurações desejadas. Para trabalhar com apenas *Colunas* (*Columns*) ou *Linhas* (*Rows*), basta desativá-las na caixa à frente de cada opção.

3. Para esse projeto, ative as duas opções, digite *50* na caixa *Número* (*Number*) de cada uma delas e apague qualquer valor nas caixas *Largura* (*Width*), *Altura* (*Height*) e *Medianiz* (*Gutter*). Por fim, clique no botão *OK* para aplicar as guias.

Para facilitar o posicionamento dos elementos, principalmente quando se usam as guias para isso, existe a opção *Ajustar* (*Snap*). Quando ativa, qualquer elemento que você movimente na tela vai aderir à guia mais próxima, como se fosse um ímã.

A opção *Ajustar* (*Snap*) está no menu *Visualizar* (*View*), e, quando estiver ativa, você pode definir quais itens terão esse comportamento, selecionando-os na opção *Ajustar a* (*Snap To*).

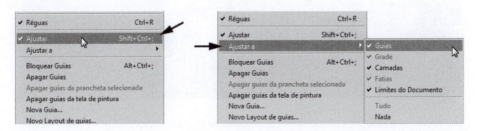

4. Mantenha a opção *Ajustar* (*Snap*) ligada e, em *Ajustar a* (*Snap To*), mantenha a opção *Guias* (*Guides*) selecionada.

5. Apesar de as guias terem sido criadas com o recurso *Layout de guias* (*Guide Layout*), você pode mover qualquer uma delas como as guias individuais que você estudou anteriormente. Para evitar isso, abra o menu *Visualizar* (*View*) e clique em *Bloquear Guias* (*Lock Guides*), ou pressione as teclas de atalho *Alt* + *Ctrl* + *;*.

6. Com as guias definidas, você já pode montar seu projeto. No menu *Arquivo* (*File*), clique em *Colocar incorporados* (*Place Embedded*), localize a pasta *Arquivos de trabalho/Capitulo4/Arquivos-Cerralbo* e selecione o arquivo *FOTO1.jpg*.

7. Clique em *Inserir* (*Place*) e, em seguida, tecle *Enter* para finalizar a inserção.

8. Com a ferramenta *Mover* (*Move*), posicione a imagem como mostrado a seguir. Perceba que a imagem vai aderir às guias.

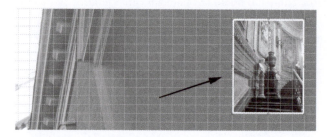

9. Procedendo da mesma forma, coloque as imagens *FOTO2.jpg*, *FOTO3.jpg* e *FOTO4.jpg*. Observe sempre a grade para posicionar as imagens como mostrado nos exemplos.

10. Repita o procedimento e insira a imagem *LOGOTIPO.png*, disponível na mesma pasta das imagens anteriores, e posicione-a como mostrado a seguir.

11. Para finalizar essa etapa, no painel *Camadas* (*Layers*), selecione a camada *FUNDO.jpg* e crie uma nova camada clicando no botão *Criar uma nova camada* (*Create a new layer*) na base do painel.

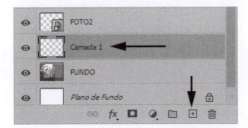

12. Ative a ferramenta *Letreiro Retangular* (*Rectangular Marquee*) e crie uma seleção com 11 colunas de largura do lado esquerdo das imagens, deixando uma coluna de espaço. Veja a figura a seguir.

Trabalhando com réguas, guias, camadas e textos – 215

13. No menu *Editar* (*Edit*), clique em *Preencher* (*Fill*). Selecione *Branco* (White) no item *Conteúdo* (*Content*), em *Opacidade* (*Opacity*) altere para *60%* e clique em *OK* para finalizar.

14. Pressione *Ctrl + D* para desfazer a seleção, *Ctrl + ;* para ocultar as guias e veja o resultado.

15. Pressione *Shift + Ctrl + S*, salve o arquivo como *MUSEU-CERRALBO-FINAL.psd* em sua pasta *Meus arquivos* e feche-o.

Atividade 3 – Trabalhando com textos

Objetivo: » Conhecer e trabalhar com os recursos de texto.

Tarefas: » Aplicar e configurar textos com a *Barra de Opções* (*Options Bar*).

» Trabalhar com o painel *Caractere* (*Character*).

» Trabalhar com o painel *Parágrafo* (*Paragraph*).

Iniciando o trabalho com texto

Com a ferramenta *Texto* (*Horizontal Type*), é possível criar desde uma letra até parágrafos inteiros, além de formatá-los e editá-los com as opções disponíveis na *Barra de Opções* (*Options Bar*) ou nos painéis *Caractere* (*Character*) e *Parágrafo* (*Paragraph*). Nesta etapa, você criará um texto simples para conhecer os recursos básicos de texto.

1. Abra a imagem *Parque-Guell-Barcelona-2.psd*, salva na pasta *Meus trabalhos*. Logo em seguida, salve-a como *Parque-Guell-Barcelona-3.psd*. Será nessa imagem que você trabalhará com textos.

2. Ative a ferramenta *Texto* (*Horizontal Type*) no painel *Ferramentas* (*Tools*). Observe que a *Barra de Opções* (*Options Bar*) exibe as opções de formatação de texto.

3. Na *Barra de Opções* (*Options Bar*), clique na seta ao lado da caixa de fontes para exibir a lista de fontes disponíveis. Será sempre exibido o nome da fonte e, ao lado, um exemplo de texto com ela.

4. O tamanho da visualização das fontes nesse menu pode ser configurado. No menu *Texto* (*Type*), clique em *Tamanho de visualização da fonte* (*Font Preview Size*) e selecione, por exemplo, *Grande* (*Large*).

5. Abra novamente a lista na caixa *Fontes* e veja a diferença. Para essa atividade, selecione a fonte *Lucida Calligraphy*. Caso você não tenha essa fonte instalada em seu computador, use outra de sua preferência, ajustando as demais configurações se necessário.

6. Ao lado da caixa de fontes estão as opções de estilo (*Negrito*, *Itálico*, etc.), que ficarão disponíveis dependendo do tipo da fonte. No caso da fonte *Lucida Calligraphy*, há apenas a opção *Italic*.

7. Clique na seta da caixa de tamanhos de fontes para escolher o tamanho da letra. Os tamanhos apresentados no menu vão de 6 a 72, mas você pode entrar com o valor que desejar. Para esta atividade, digite *200*.

8. Na próxima caixa, será determinada a suavidade das bordas das letras. Por meio da opção *Método de Suavização do Serrilhado*, as bordas das letras serão levemente diluídas no fundo em que forem aplicadas. Clique na seta ao lado da caixa e selecione a opção *Suave* (*Smooth*).

9. Os três botões seguintes permitem a escolha do alinhamento do texto, sendo à esquerda, ao centro ou à direita. Clique no primeiro botão, ou seja, *Alinhar texto à esquerda* (*Left align text*).

10. Na *Barra de Opções* (*Options Bar*), você pode escolher a cor do texto. Dê um clique sobre o item *Definir a cor do texto* para abrir o quadro *Seletor de Cores* (*Color Picker*) e defina a cor branca no modo *RGB*, bastando digitar nas três caixas o valor *255*. Em seguida, clique em *OK* para finalizar.

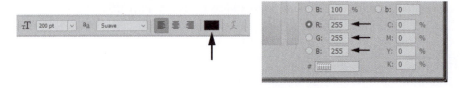

11. Posicione o cursor sobre a imagem e dê um clique na região das árvores do lado esquerdo, e uma caixa de texto surgirá no local onde foi clicado. Observe que um texto falso é aplicado para que você já veja como ele ficará.

12. Digite o texto "El parque Güell" (sem as aspas) e tecle *Enter* (do teclado numérico) para finalizar, ou clique no botão *Confirmar qualquer edição atual* (*Confirm transformation*) na *Barra de Opções* (*Options Bar*). Se você utilizar a tecla *Enter* do teclado alfabético, ele não finalizará a edição, mas mudará de linha.

Quando você clica na imagem com a ferramenta *Texto* (*Horizontal Type*) para iniciar um novo texto, uma camada no painel *Camadas* (*Layers*) é criada para conter o texto digitado, e lembrando que ela será criada acima da camada que estiver selecionada no momento. A miniatura da camada contém um "T" maiúsculo, identificando-a como uma camada de texto.

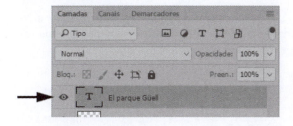

13. Ative a ferramenta *Mover* (*Move*), posicione o texto aproximadamente como na figura e salve o arquivo.

Trabalhando com o painel Caractere (Character)

Esse painel oferece outra opção, mais completa que a *Barra de Opções* (*Options Bar*), para a configuração do texto. Sua vantagem é permitir a configuração do texto sem selecioná-lo com a ferramenta *Texto* (*Horizontal Type*), apenas selecionando a camada.

1. No menu *Janela* (*Window*), clique na opção *Caractere* (*Character*) para exibir o painel, ative a ferramenta *Texto* (*Horizontal Type*), posicione o cursor um pouco abaixo do texto anterior e dê um clique.

2. Na caixa de fonte do painel, altere a fonte para *Bauhaus*, estilo *Regular* e tamanho de *110 pt*, e a cor para branco. Se você não tiver essa fonte instalada em sua máquina, use uma similar ou a que preferir.

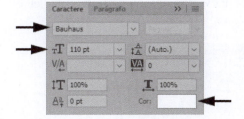

3. Digite "Mais de 100 anos de história dessa incrível obra de Antoni Gaudí", pressionando a tecla *Enter* do teclado alfabético para mudar de linha após a palavra "história".

4. Clique no botão *Confirmar* (*Confirm transformation*), ou pressione *Enter* do teclado numérico, e ative a ferramenta *Mover* (*Move*).

5. A camada que você acabou de criar deve continuar selecionada no painel *Camadas* (*Layers*), e, mesmo com a ferramenta *Mover* (*Move*) ativa, você pode mudar as configurações do texto no painel *Caractere* (*Character*).

6. Clique na seta da caixa *Definir o espaçamento entre os caracteres selecionados*, no painel *Caractere* (*Character*), e selecione a opção *25*. Esse recurso aumenta o espaçamento entre as letras.

7. Com a ferramenta *Texto* (*Horizontal Type*), posicione o novo texto como mostrado a seguir.

Para fazer alguma correção ou alteração no conteúdo do texto, basta dar um duplo clique sobre ele, e a ferramenta *Texto* (*Horizontal Type*) é ativada automaticamente.

Copiando e colando sem formatação

No Photoshop você também pode selecionar e copiar um trecho do texto em uma camada e depois colá-lo em outra. A vantagem é que você pode usar a formatação original ou não.

1. Ative a ferramenta *Texto* (*Horizontal Type*), clique um pouco abaixo do texto anterior, digite "Barcelona/Espanha" e tecle Enter do teclado numérico. Observe que o texto obedece a última configuração feita no painel.

2. Imagine que você queira copiar o trecho "parque Güell" do primeiro texto e complementar o texto atual. Com a ferramenta *Texto* (*Horizontal Type*), clique dentro do primeiro texto, selecione o trecho desejado e pressione as teclas *Ctrl + C*.

3. Pressione a tecla *Esc* e clique no início do texto "Barcelona/Espanha". Quando o cursor aparecer, pressione as teclas *Ctrl + V* e veja que ele colou o texto exatamente com a formatação de origem.

4. Pressione *Ctrl + Z* para desfazer e, ainda com o cursor no início do texto, abra o menu *Editar* (*Edit*) e selecione a opção *Colar Especial/Colar sem formatação* (*Paste Special/Paste without Formatting*). Agora o texto foi colado obedecendo à formatação do texto de destino.

5. Faça os acertos no texto colocando o "P" maiúsculo na palavra "parque" e uma barra entre Güell e Barcelona.

6. Pressione *Enter* do teclado numérico para finalizar a edição do texto. No painel *Caractere* (*Character*) altere o tamanho para *70 pt*, e com a ferramenta *Mover* (*Move*) posicione-o logo abaixo do segundo texto. Em seguida salve o arquivo.

Trabalhando com o painel *Parágrafo* (*Paragraph*)

Até agora, a forma como você criou um texto é chamada de *Texto de ponto*, em que após dar um clique em um ponto da imagem você digita o texto em uma linha horizontal. Essa forma é ideal para textos de poucas palavras, como títulos, frases curtas, etc.

Para criar um texto mais longo, deve-se utilizar a forma *Texto de parágrafo*. Isso é feito ao criar uma caixa de texto, que comporta vários parágrafos, além de controlar o fluxo e a distribuição do texto de acordo com o tamanho da caixa.

Você vai colocar um texto do lado direito da imagem e, para destacá-lo, vai criar um fundo.

1. Com a ferramenta *Mover* (*Move*), selecione a terceira imagem do rodapé e, no menu *Visualizar* (*View*), clique em *Novas guias de forma* (*New Guides From Shape*). Essas guias auxiliarão no posicionamento do texto e do fundo para ele.

2. No painel *Camadas* (*Layers*), selecione a primeira camada da lista e clique no botão *Criar nova camada* (*Create new layer*) na base do painel. Essa camada conterá o fundo para o texto.

3. Ative a ferramenta *Letreiro Retangular* (*Rectangular Marquee*) e crie uma seleção do topo da imagem até a parte superior da imagem no rodapé.

4. Pressione *Shift + F5* para exibir o quadro *Preencher* (*Fill*) e altere o item *Conteúdo* (*Contents*) para *Preto* (*Black*), o item *Modo* (*Mode*) para *Normal* (*Normal*) e a *Opacidade* (*Opacity*) para 40%.

5. Clique no botão *OK* para finalizar e pressione *Ctrl + D* para desfazer a seleção.

6. Agora você vai inserir o texto com uma caixa de texto. Ative a ferramenta *Texto* (*Horizontal Type*), posicione o cursor como mostra a imagem a seguir, clique e arraste na diagonal para criar a caixa de texto usando as guias como referência.

7. Na *Barra de Opções* (*Options Bar*), ajuste a formatação dos caracteres como mostrado a seguir.

Configure a cor
Branco para o texto

8. Digite o texto a seguir:

> Um dos mais famosos pontos turísticos de Barcelona, na Espanha, foi projetado por Antoni Gaudí, e hoje é considerado o parque mais famoso da cidade, recebendo milhões de turistas todos os anos. Além da maravilha que é o parque, você tem uma das vistas mais belas de Barcelona e do mar Mediterrâneo. Isso porque ele está localizado no monte Carmelo, na região do distrito de Grácia. O parque foi declarado Patrimônio Mundial da Humanidade pela Unesco, um bom exemplo do modernismo de Gaudí, expresso em toda a sua magnitude na sua obra-prima, a Catedral Sagrada Família.

9. Ative a ferramenta *Mover* (*Move*) para finalizar a inserção do texto e abra o painel *Caractere* (*Character*).

10. Na base do painel, clique na seta da caixa de definição do idioma e selecione a opção *Português: Brasil*. A definição do idioma é importante para o recurso de hifenização do texto.

11. No menu *Janela* (*Window*), clique em *Parágrafo* (*Paragraph*). No painel *Parágrafo* (*Paragraph*) você altera a formatação de colunas e parágrafos.

12. Comece selecionando um alinhamento entre os sete botões da parte superior do painel. Para esse projeto, clique no botão *Alinhar texto à direita* (*Right align text*), o terceiro da esquerda para a direita.

13. A caixa de texto tem a mesma largura do fundo que você criou para o texto. Você pode diminuir a largura da caixa ou alterar as margens do texto. Neste exemplo, altere as margens, digitando o valor *30* nas caixas *Recuar margem esquerda* (*Indent left margin*) e *Recuar margem direita* (*Indent right margin*).

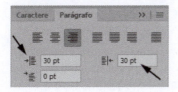

Abaixo delas você tem a caixa *Recuar primeira linha* (*Indent first line*), que cria um recuo do lado esquerdo somente na primeira linha do parágrafo. As duas caixas inferiores permitem configurar o espaço antes e depois de um parágrafo.

14. Neste caso, digite *15* na caixa *Adicionar espaço antes do parágrafo* (*Add space before paragraph*).

15. Ative a caixa *Hifenizar* (*Hyphenate*). Essa opção funcionará de acordo com o idioma escolhido, por isso foi importante você escolhê-lo nos passos anteriores.

16. Com a ferramenta *Mover* (*Move*), mova a caixa de texto para cima e depois diminua a altura do retângulo de fundo criado para o texto. Veja a imagem a seguir.

17. No menu *Visualizar* (*View*), clique em *Apagar Guias* (*Clear Guides*) e salve a imagem.

Fontes ativadas automaticamente

Como dito anteriormente, o Photoshop conta com o Adobe Fonts, que disponibiliza uma grande variedade de fontes para uso em seus projetos. Por conta disso, toda vez que um documento é aberto no Photoshop, se houver alguma fonte nele que não estiver instalada em seu computador, o Photoshop busca essas fontes no Adobe Fonts e as ativa de forma automática, desde que você esteja conectado à internet.

Essa operação é indicada por um ícone azul de sincronização, que aparece ao lado do ícone de texto na camada de texto em questão; quando a fonte for instalada, o ícone da camada de texto volta ao normal. A fonte instalada ficará disponível para o documento aberto e para qualquer outro documento que você vier a criar.

Fontes ausentes que não são do Adobe Fonts

Caso tenha sido utilizada qualquer fonte que não pertença ao Adobe Fonts, será exibido um ícone amarelo na camada de texto referente.

1. Abra a imagem *Flyer.psd*, disponível na pasta *Arquivos de trabalho/Capítulo 4*.
2. Nesse arquivo, foi utilizada uma fonte nos textos maiores que não deve existir em seu computador, e que não pertence ao Adobe Fonts. Portanto, localize as camadas referentes no painel *Camadas* (*Layers*) e observe o ícone indicativo de fonte ausente.

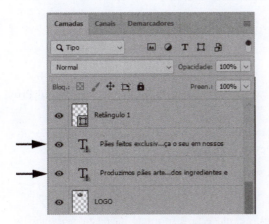

3. Ative a ferramenta *Texto* (*Horizontal Type*) e clique no texto superior para editá-lo. Será exibida uma caixa de diálogo avisando que a fonte utilizada nessa camada está ausente, e informando, ainda, o nome da fonte.

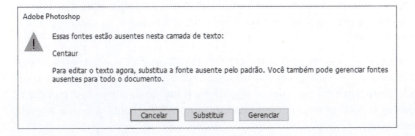

São três opções disponíveis nessa caixa de diálogo:

- *Cancelar* (*Cancel*): cancela e sai do modo de edição do texto da camada.
- *Substituir* (*Replace*): o Photoshop substitui automaticamente a fonte ausente pela fonte padrão, no caso, a Myriad Pro Regular.
- *Gerenciar* (*Manage*): abre a caixa de diálogo *Gerenciar fontes ausentes*.

4. Clique no botão *Gerenciar* (*Manage*), e o quadro *Gerenciar fontes ausentes* (*Manage Missing Fonts*) será exibido. Ele indica o nome da fonte ausente e, ao lado, uma caixa de opções. Clique na seta para exibir as opções.

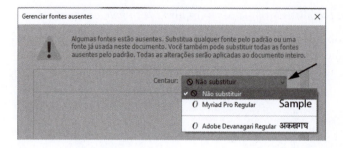

São três opções disponíveis:

- Você pode substituir a fonte do texto da camada pela fonte padrão: Myriad Pro Regular.
- Pode utilizar uma fonte já utilizada no documento, que é listada como uma opção. Nesse exemplo, é a fonte Adobe Devanagari Regular.
- Pode, ainda, optar por não fazer a substituição.

5. Clique em *Cancelar* (*Cancel*), pois não será feita nenhuma alteração.

Caso você queira instalar a fonte ausente, ela está disponível na pasta *Arquivos de Trabalho/Capítulo 4*.

Conhecendo o recurso *Localizar fonte semelhante*

Existem ocasiões em que você precisa reproduzir algum trabalho, mas não tem os arquivos originais, e precisa descobrir qual fonte foi utilizada, ou ao menos qual é a mais próxima possível.

Para esses casos, o Photoshop apresenta um recurso chamado *Localizar fonte semelhante*, que funciona por meio de análise inteligente da imagem. Ou seja, o Photoshop usa da inteligência artificial para detectar qual é a fonte do documento e compará-la com aquelas existentes em seu computador ou no Adobe Fonts, a fim de sugerir fontes semelhantes.

Neste exemplo, sua tarefa é descobrir que fonte foi usada no logotipo do flyer, pois se trata de uma imagem, e você não tem o arquivo original.

1. Com a ferramenta *Mover* (*Move*), clique fora da imagem para desfazer qualquer seleção de camadas no arquivo.
2. Ative a ferramenta *Letreiro retangular* (*Rectangular Marquee*) e faça uma seleção em torno do texto do logotipo.

3. No menu *Texto* (*Type*), selecione a opção *Localizar Fonte semelhante* (*Match Font*), e será exibido o quadro de mesmo nome. Depois que ele realiza a pesquisa, serão exibidas as fontes similares encontradas. As fontes que são do Adobe Fonts possuem o ícone da Creative Cloud.

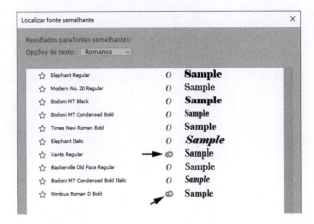

Caso você queira ver somente as fontes similares que estão disponíveis no Adobe Fonts, basta ativar a caixa no item *Mostrar fontes disponíveis para ativação no Adobe Fonts* (*Show fonts available to activate from Adobe Fonts*).

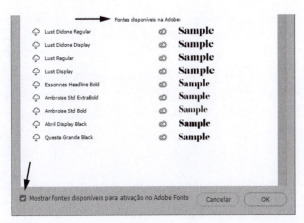

4. Selecione a fonte *Elephant Regular*, a primeira da lista, que parece ser a mais próxima da fonte original do logotipo, e clique em *OK*.

5. Pressione *Ctrl + D* para desfazer a seleção, ative a ferramenta *Texto* (*Horizontal Type*) e altere o tamanho da fonte para *14 pt*.

6. Clique em qualquer região da imagem e digite "Marcos Bakery". Veja que a fonte escolhida já está ativa.

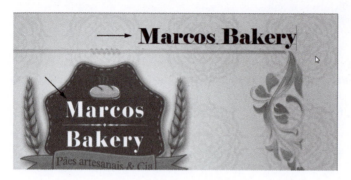

7. Feche o arquivo sem salvá-lo.

Atividade 4 – Organizando e aplicando efeitos em camadas

Objetivo: » Aprender como organizar camadas e aplicar efeitos sobre elas.

Tarefas: » Organizar camadas.

» Alterar as propriedades das camadas.

» Vincular camadas.

» Criar grupos de camadas.

» Bloquear, mesclar e carimbar camadas.

» Criar um arquivo a partir de uma camada.

» Conhecer o *Filtro de Camadas*.

» Salvar uma imagem no formato TIFF com camadas.

» Aplicar efeitos nas camadas.

» Trabalhar com *Camadas de preenchimento* e *Camadas de ajuste*.

Organizando camadas

O painel *Camadas* (*Layers*) posiciona as camadas como uma pilha de papéis. As camadas são "empilhadas" conforme uma ordem, que poderá ser modificada de acordo com a necessidade. A camada *Plano de Fundo* (*Background*) é a única que não pode ser tirada da ordem, a menos que seja transformada em uma camada normal.

1. Você vai conhecer um pouco mais sobre camadas. Abra a imagem *Parque-Guell-Barcelona-3.psd*, que você preparou na atividade anterior, caso a tenha fechado.

2. No painel *Camadas* (*Layers*), selecione a camada *Plano de Fundo*.

3. No menu *Arquivo* (*File*), clique em *Colocar incorporados* (*Place Embedded*), selecione a imagem *PARQUE-GUELL-DETALHE.png*, disponível na pasta *Arquivos de trabalho/Capitulo4*, clique em *Inserir* (*Place*) e tecle *Enter* para finalizar.

Observe, no painel *Camadas* (*Layers*), que uma nova camada foi criada para comportar a nova imagem e recebeu o nome do próprio arquivo da imagem. Essa nova camada foi colocada acima da camada *Plano de Fundo* (*Background*), pois, ao inserir uma nova imagem, ela é colocada imediatamente acima da camada selecionada.

4. Com a ferramenta *Mover* (*Move*), clique e movimente a imagem para alguns locais da área de trabalho e veja que ela está abaixo das outras imagens. Ela obedece à hierarquia das camadas no painel *Camadas* (*Layers*).

5. Ainda com a nova camada selecionada, clique no menu *Editar* (*Edit*) e selecione *Transformação/Redimensionar* (*Transform/Scale*).

6. Na *Barra de Opções* (*Options Bar*), altere a *Largura* (*Width*) para 55%.

7. Clique no botão *Confirmar Transformar* (*Confirm transformation*) e, com a ferramenta *Mover* (*Move*), posicione a imagem como mostrado a seguir.

8. Para que essa imagem fique acima da foto e do quadro de fundo do texto, basta reorganizar as camadas. No painel *Camadas* (*Layers*), clique sobre a camada PARQUE-GUELL-DETALHE e arraste-a para cima, posicionando-a entre a *Camada 2* (*Layer 2*) e a camada de texto. Ao soltar o botão do mouse, ela será reposicionada.

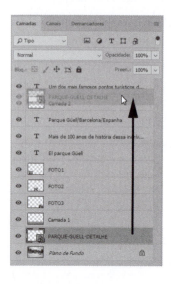

9. Dessa forma, as camadas são organizadas para obter os resultados esperados na imagem. Por fim, salve a imagem.

ALTERANDO AS PROPRIEDADES DAS CAMADAS

Algumas propriedades das camadas podem ser alteradas no painel *Camadas* (*Layers*) ou pelo menu *Camada* (*Layer*).

Mudando o nome da camada

1. No painel *Camadas* (*Layers*), dê duplo clique no nome da *Camada 2* para habilitar a edição do nome e altere-o para FUNDO TEXTO. Pressione *Enter* para finalizar.

2. Outra forma de renomear a camada é pelo menu *Camada* (*Layers*). Selecione a *Camada 1* (*Layer 1*) no painel *Camadas* (*Layers*) e, no menu *Camadas* (*Layer*), clique em *Renomear camada* (*Rename Layer*). Assim, o nome da camada estará habilitado para edição. Altere-o digitando *FAIXA* e tecle *Enter* para finalizar.

Mudando a cor da camada no painel Camadas (Layers)

Além do nome, você pode mudar a cor da camada no painel *Camadas* (*Layers*). Esse é um recurso visual que o ajuda a identificar rapidamente um grupo de camadas no painel.

1. Clique com o botão direito do mouse sobre a camada *FOTO1* para abrir o menu de contexto e selecione a opção *Vermelho*.

2. Selecione a camada *FOTO2*, pressione a tecla *Shift* e mantenha-a pressionada enquanto clica na camada *FOTO3*. Dessa forma você seleciona mais de uma camada ao mesmo tempo no painel.

3. Solte a tecla *Shift*, clique com o botão direito do mouse sobre qualquer uma das duas camadas para abrir o menu e selecione a opção *Vermelho* (*Red*).

4. Fique à vontade para aplicar cores nas demais camadas e, depois, salve a imagem.

VÍNCULO ENTRE CAMADAS

O vínculo é um recurso do painel *Camadas* (*Layers*) que permite a ligação entre duas camadas ou mais, possibilitando operações com várias camadas ao mesmo tempo. Por exemplo, quando você mover uma camada vinculada a outras, todas elas se movimentarão com a camada que estiver sendo manipulada.

Neste projeto, a camada do texto maior e a camada *FUNDO TEXTO* precisam ser vinculadas para que não sejam movimentadas uma independentemente da outra por engano.

1. Selecione a camada *FUNDO TEXTO*, pressione a tecla *Ctrl* e clique na camada do texto que está sobre o fundo.

2. Na base do painel *Camadas* (*Layers*), clique no ícone *Vincular camadas* (*Link layers*). Outra opção é clicar em *Camada* (*Layer*), no menu de mesmo nome. Um ícone na forma de corrente é exibido em ambas, indicando o vínculo.

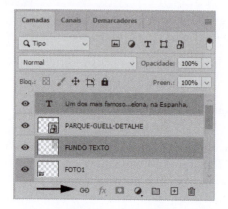 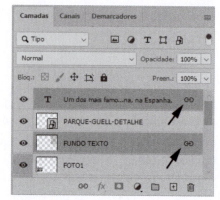

A partir de agora, as camadas selecionadas estão vinculadas, e se você, por exemplo, clicar e arrastar o quadro cinza do fundo do texto na imagem, o texto também será movido.

Grupos de camadas

A função desse grupo é ajudar a administrar as camadas, controlando-as e organizando-as no painel e reunindo as camadas semelhantes ou de determinada região da imagem por meio da criação de pastas. Dessa forma, é possível mover todas as camadas de uma pasta em grupo ou aplicar atributos de máscara (ou modos de mesclagem).

Dentro da pasta criada todas as camadas são listadas em miniaturas e pelos nomes. No entanto, pode-se alterar somente uma camada por vez.

Criando um grupo para os textos

1. Mantendo a tecla *Ctrl* pressionada, selecione as três camadas de texto do projeto. Lembre-se de que toda camada de texto apresenta a letra "T" maiúscula na miniatura da camada.

2. Dê um clique no botão *Criar um novo grupo* (*Create a new group*) na base do painel *Camadas* (*Layers*), e o grupo será criado no formato de uma pasta com um nome genérico *Agrupar 1* (*Group 1*).

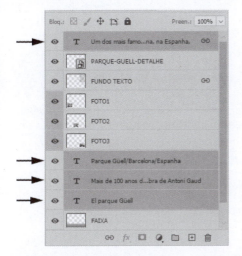 

Outra opção é usar o menu do painel, bastando clicar no botão do canto superior e selecionar *Novo Grupo a partir de Camadas* (*New Group from Layers*). Nesse caso será exibido o quadro de mesmo nome, onde você pode definir um nome para o grupo e a cor.

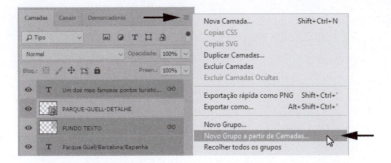

3. Dê um clique na pequena seta ao lado da pasta do grupo para exibir seu conteúdo, ou seja, as camadas agrupadas. Observe que elas são exibidas com um pequeno deslocamento para a direita, o que as destaca.

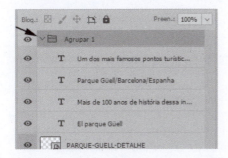

4. Altere o nome do grupo para *TEXTOS*, dando duplo clique sobre o nome para editá-lo, e salve a imagem.

Bloqueando uma camada

As camadas podem ser bloqueadas para proteger o conteúdo de alterações acidentais. Esse bloqueio pode ser total ou parcial, dependendo de sua necessidade, e os botões para isso estão no painel *Camadas* (*Layers*).

1. Por exemplo, no painel *Camadas* (*Layers*), selecione a camada *PARQUE-GUELL-DETALHE* e clique no ícone do cadeado para bloquear a camada selecionada. Observe que o mesmo ícone é colocado na camada, indicando o bloqueio.

2. Com a ferramenta *Mover* (*Move*), clique a imagem do detalhe e tente selecioná-lo ou deslocá-lo. Nada acontece, a não ser que você tenha selecionado a camada abaixo do detalhe, pois a camada *PARQUE-GUELL-DETALHE* está totalmente bloqueada.

3. Clique novamente no ícone do cadeado para desligar o bloqueio.

Você pode efetuar o bloqueio parcial de uma camada com as demais opções do painel. Veja a seguir a descrição de cada um dos ícones de bloqueio do painel *Camadas* (*Layers*):

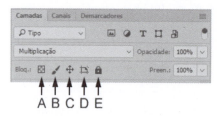

- A – *Bloquear pixels transparentes* (*Lock transparent pixels*): limita a edição para as partes opacas da camada.

- B – *Bloquear pixels da imagem* (*Lock image pixels*): impede a modificação de pixels da camada usando as ferramentas de pintura.

- C – *Bloquear posição* (*Lock position*): impede que a camada ou seus pixels sejam movidos.

- D – *Prevenir aninhamento automático dentro e fora de pranchetas* (*Prevent auto--nesting into and out of Artboards and Frame*): essa opção é específica para o uso de pranchetas. Ela atribui o bloqueio na camada a uma prancheta a fim de desativar o aninhamento automático dentro e fora dela, ou para especificar camadas dentro de uma prancheta a fim de desativar o aninhamento automático dessas camadas específicas. Para reverter ao comportamento normal de aninhamento automático, remova os bloqueios de aninhamento automático das pranchetas ou camadas.

- E – *Bloquear tudo* (*Lock all*): impede qualquer ação sobre a camada.

Os bloqueios também podem ser feitos pelo menu do painel *Camadas* (*Layers*)/ *Bloquear Camadas* (*Lock Layer*). Neste caso, será exibido o quadro *Bloquear Todas as Camadas Vinculadas* (*Lock Layers*), no qual você poderá determinar os itens que serão bloqueados.

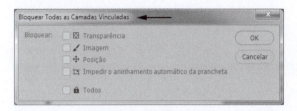

Mesclando camadas

Quanto mais camadas o projeto tiver, maior e mais pesado será o arquivo. Para evitar isso você pode mesclar camadas, de modo que as informações das camadas superiores substituam os dados das inferiores. Onde existirem áreas transparentes não haverá mudança após a mesclagem, pois continuarão transparentes.

1. No menu *Janela* (*Window*), clique na opção *Informações* (*Info*) para exibir o painel.

2. Esse painel fornece informações sobre o arquivo de imagem como valores de cor, *status* do documento, posição do ponteiro do mouse na imagem e informações sobre o tamanho do arquivo, e, dependendo da ferramenta selecionada, pode exibir outras informações. Observe as informações de tamanho do arquivo no item *Doc*. Atualmente o arquivo deve ter 145,1 MB de tamanho.

3. No painel *Camadas* (*Layers*), selecione a camada FOTO1 e, com a tecla *Shift* pressionada, clique nas camadas FOTO2 e FOTO3.

4. Pressione as teclas de atalho *Ctrl + E* para mesclar as camadas selecionadas. Esse comando também pode ser acessado no menu *Camadas* (*Layer*), no menu do painel ou no menu de contexto ao clicar com o botão direito do mouse sobre qualquer uma das camadas selecionadas.

5. No painel *Camadas* (*Layers*), observe que agora só existe uma camada com as três fotos, a qual recebeu o nome da camada que estava no topo da seleção.

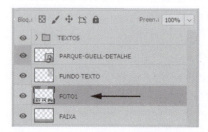

6. No painel *Informações* (*Info*), o item *Doc.* mostra agora que o tamanho do arquivo reduziu para 133,8 MB. Portanto, sempre que puder, mescle camadas para deixar o arquivo mais leve.

7. Pressione as teclas *Ctrl + Z* para desfazer a mesclagem. Em outros passos será necessário que as fotos estejam separadas.

Carimbando camadas

Além de mesclar camadas, é possível carimbá-las, o que significa mesclar o conteúdo de mais de uma camada em uma camada de destino, mantendo as camadas selecionadas intactas.

1. Selecione as camadas *FOTO1*, *FOTO2*, *FOTO3* e *FAIXA*.

2. Pressione as teclas de atalho *Ctrl + Alt + E*. Veja que uma nova camada, chamada *FOTO1* (*mesclada*), é criada com a fusão das camadas selecionadas, sendo que as camadas selecionadas estão intactas.

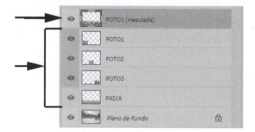

3. Apague essa nova camada selecionando-a e teclando *Delete*. Ela não será utilizada.

Além de poder mesclar as camadas que você desejar, há uma opção que funde todas as camadas em uma só. Trata-se da opção *Achatar imagem* (*Flatten Image*), disponível no menu do painel *Camadas* (*Layers*) ou no menu *Camada* (*Layer*); ela é geralmente usada quando seu trabalho já está concluído e você tem certeza de que não necessita do arquivo em camadas.

4. No menu *Camada*, clique na opção *Achatar imagem* (*Flatten Image*) e veja que todas as camadas são fundidas em uma só, chamada *Plano de Fundo* (*Background*).

5. Pressione as teclas *Ctrl + Z* para desfazer a ação, pois foi apenas um teste.

Criando um arquivo a partir de uma camada

Além de duplicar uma camada, é possível criar um novo arquivo a partir dela ou das camadas selecionadas.

1. Neste exemplo, você criará um arquivo somente com as camadas *Plano de Fundo* (*Background*) e *FAIXA*. Selecione essas duas camadas mantendo a tecla *Ctrl* pressionada.

2. Clique com o botão direito do mouse sobre uma delas e, no menu de contexto, selecione *Duplicar Camadas* (*Duplicate Layers*). Essa opção também está disponível no menu do painel *Camadas* (*Layers*).

3. No quadro *Duplicar Camada* (*Duplicate Layers*), clique na seta da caixa *Documento* (*Document*) e selecione *Novo* (*New*). Na caixa *Nome* (*Name*), digite *Teste*.

4. Clique no botão *OK* e um novo arquivo será criado com as duas camadas que foram selecionadas. Observe que as camadas continuam individuais.

5. Feche o arquivo sem salvar, porque esse foi apenas um teste.

Trabalhando com Filtro de Camadas

Conforme você for evoluindo em sua experiência no Photoshop, poderá criar imagens com mais camadas. Quando o número de camadas for grande e você precisar editar alguma camada específica, encontrá-la no painel *Camadas* (*Layers*) poderá ser difícil. Basta imaginar uma imagem que apresente cem camadas, e todas elas nomeadas como *Camada 1*, *Camada 2*, *Camada 3*, etc.

É preciso habituar-se a nomear as camadas de acordo com o projeto para usufruir do recurso de filtragem no painel *Camadas* (*Layers*). O recurso é simples e permite, ao clicar em um botão, por exemplo, que você visualize somente as camadas de texto existentes em seu trabalho.

1. Continue a utilizar a imagem *Parque-Guell-Barcelona-3.psd*. Observe que ela tem 11 camadas de diversos tipos, devidamente nomeadas para um melhor gerenciamento.

Na parte superior do painel *Camadas* (*Layers*) estão os controles de filtragem de camadas, formados por cinco botões e um menu, com mais oito opções de filtragem.

2. Clique na seta da caixa *Tipo* (*Pick a filter type*) e selecione a opção *Nome* (*Name*).

3. Do lado direito será exibida uma caixa para você digitar o nome da camada que deseja filtrar. Digite *Foto*, e o painel *Camadas* (*Layers*) só exibirá as camadas cujo nome apresente essa palavra, que no caso são três.

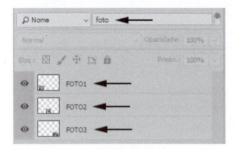

4. Clique novamente no botão *Tipo* (*Pick a filter type*) e desta vez selecione a opção *Atributo* (*Attribute*). Em seguida, clique no botão da caixa à direita para listar os atributos de imagem e selecione a opção *Vinculadas* (*Linked*). O painel *Camadas* (*Layers*) exibirá todas as camadas que estiverem vinculadas a outras. Neste caso, há apenas duas camadas.

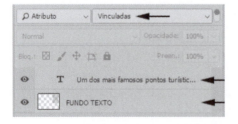

A primeira opção, *Tipo* (*Kind*), exibe cinco botões ao lado da caixa que aplicam uma filtragem com apenas um clique, podendo ser ligados ou desligados. Veja a seguir a função de cada botão.

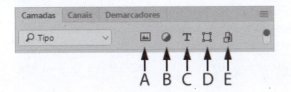

- A – *Filtro para camadas de pixel* (*Filter for pixel layers*): são exibidas apenas camadas que contenham pixels, ocultando-se as camadas de texto, forma, etc.

- B – *Filtro das camadas de ajuste* (*Filter for adjustment layers*): exibe somente as camadas de ajuste, que serão vistas nos próximos capítulos.

- C – *Filtro para camadas de tipo* (*Filter for type layers*): representado pela letra *T*, exibe apenas as camadas de texto.

- D – *Filtro para camadas de forma* (*Filter for shape layers*): exibe somente as camadas de forma, que você conhecerá nos próximos capítulos.

- E – *Filtro para objetos inteligentes* (*Filter for smart objects*): exibe somente as camadas de objetos inteligentes, que você conhecerá nos próximos capítulos.

5. Para testar esse recurso, clique no botão *Filtro para camadas de tipo* (*Filter for type layers*) e observe que somente as camadas de texto ficarão visíveis. Você pode fazer uma combinação de filtragem para que o painel *Camadas* (*Layers*) exiba as camadas que contenham pixels e texto, por exemplo.

Qualquer um desses botões ficará ativo, a menos que você clique novamente sobre ele para desligá-lo. A qualquer momento, você pode desabilitar a filtragem clicando no botão *Ativar/desativar filtro de camada* (*Turn layer filtering on/off*). Esse botão ficará vermelho sempre que pelo menos um filtro estiver ligado.

6. Clique sobre o botão *Filtro para camadas de tipo* (*Filter for type layers*) para desligá-lo e salve a imagem.

Salvando a imagem no formato TIFF com camadas

Como você já viu, o Photoshop tem os seguintes comandos de salvamento de arquivo:

- *Salvar* (*Save*): salva a imagem com nome, local, formato e opções atuais;
- *Salvar como* (*Save As*): salva a imagem com alterações opcionais de nome, local e formato, entre outras.

Até este ponto, os arquivos foram salvos no formato PSD, padrão do Photoshop, que mantém todas as características dos canais e das camadas utilizadas na imagem. Mas é possível salvar no formato TIFF, mantendo as principais características do formato PSD.

1. Clique no menu *Arquivo/Salvar como* (*File/Save As*), e será aberto o quadro de mesmo nome.

Como o formato utilizado tem sido o PSD, essa opção estará selecionada na caixa do item *Tipo*. Observe também que as opções *Como uma Cópia* (*Save as a copy*) e *Camadas* (*Layers*) estarão habilitadas para escolha no item *Salvar Opções* (*Save options*).

2. Clique na seta ao lado da caixa do item *Tipo* e selecione a opção *TIFF*. Observe que as opções *Como uma Cópia* (*Save as a copy*) e *Camadas* (*Layers*) continuam habilitadas.

3. Clique na caixa da opção *Como uma Cópia* (*Save as a copy*) para ativá-la, e uma cópia da imagem será salva no formato TIFF; mantenha a caixa do item *Camadas* (*Layers*) selecionada.

4. Altere o nome da imagem para *Parque-Guell-Barcelona-Teste* e clique no botão *Salvar*.

5. Será aberto o quadro *Opções de TIFF* (*TIFF Options*), que serve para determinar as características de compressão. Mantenha as opções que sejam padrão e clique no botão *OK*.

6. Será exibido um novo quadro alertando que imagens TIFF com camadas ficam grandes. Esse alerta é exibido porque uma imagem salva com camadas ocupa muito mais espaço em disco. Clique no botão *OK*.

7. Abra a imagem *Parque-Guell-Barcelona-Teste.tif* e observe que, no painel *Camadas* (*Layers*), podem ser vistas todas as camadas, como em uma imagem no formato PSD.

8. Feche a imagem.

APLICANDO EFEITOS NAS CAMADAS

Com o quadro *Estilo de Camada* (*Layer Style*) ou com o painel *Estilos* (*Styles*), é possível aplicar vários efeitos em uma camada, seja ela de texto ou não.

No painel *Estilos* (*Styles*), há estilos prontos que podem ser aplicados simplesmente clicando-se sobre eles, enquanto no quadro *Estilo de Camada* (*Layer Style*) estão reunidos todos os possíveis efeitos a serem aplicados ou combinados nas camadas da imagem.

Todo efeito (ou toda combinação de efeitos) aplicado a uma camada por meio do quadro *Estilo de Camada* (*Layer Style*) pode ser salvo como um *Estilo de Efeito* (*Effect Style*). Neste caso, ele será arquivado no painel *Estilos* (*Styles*), formando uma biblioteca de estilos personalizados para serem aplicados em outros trabalhos.

Painel Estilos (Styles)

1. Abra a imagem *Parque-Guell-Barcelona-3.psd*, usada nos passos anteriores, caso a tenha fechado.

2. Clique na guia do painel *Estilos* (*Styles*) para exibi-lo ou clique no menu *Janela/ Estilos* (*Window/Styles*). Esse painel possui pastas que organizam os tipos de estilos.

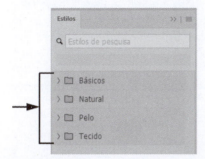

Você pode aplicar qualquer um dos estilos disponíveis mantendo a camada selecionada e clicando no botão do estilo desejado, ou, então, clicando no estilo e arrastando-o para a camada que deverá recebê-lo no painel *Camadas* (*Layers*).

3. Selecione a camada que contém o texto com o nome do parque ("El parque Güell").

4. No painel *Estilos* (*Styles*), clique na seta da pasta *Natural* (*Natural*) e clique na opção *Marmorizado* (*Marble*). Veja o resultado no texto.

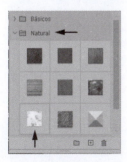

Trata-se de uma maneira simples e rápida de aplicar efeitos nas camadas, além de permitir que você faça a personalização do efeito escolhido, como será visto adiante.

Quadro Estilo de camada (Layer Style)

1. Selecione a camada *FOTO1* e clique no botão *Adicionar um estilo de camada* (*Add a layer style*) na base do painel *Camadas* (*Layers*).

2. No menu de opções, clique em *Sombra projetada* (*Drop Shadow*), e será aberto o quadro *Estilo de camada* (*Layer Style*) com a opção escolhida selecionada. À esquerda do quadro estão listados os efeitos, os mesmos que aparecem no menu quando você clica no botão do painel *Camadas* (*Layers*). Na área central estão os ajustes do efeito selecionado, cujo nome é mostrado no topo dessa área.

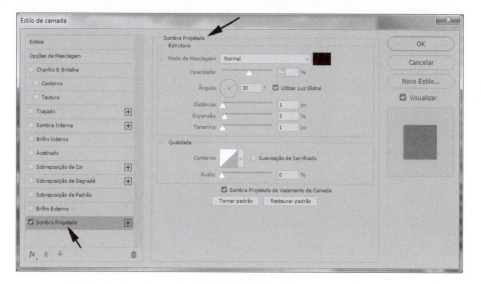

3. No item *Estrutura* (*Structure*), ajuste os seguintes subitens:

- Em *Opacidade* (*Opacity*), altere o valor para *70%*.
- Em *Ângulo* (*Angle*), ajuste para *135º*.
- Em *Distância* (*Distance*), altere para *30* pixels.
- Em *Expansão* (*Spread*), altere para *10%*.
- Em *Tamanho* (*Size*), altere para *30* pixels.

Os valores indicados são apenas sugestão. Você pode experimentar os valores que desejar para ter resultados diferenciados.

4. Mantenha a opção *Visualizar* (*Preview*) do quadro ativada, pois assim você pode conferir o resultado diretamente na imagem antes de finalizar os ajustes.

5. Clique no botão *OK* e observe a sombra criada atrás da foto, dando a impressão de que ela está suspensa.

Você deve aplicar esse mesmo efeito nas outras duas fotos, mas não precisa repetir os mesmos passos. É possível copiar um estilo de camada e aplicá-lo em outra.

6. No painel *Camadas* (*Layers*), clique com o botão direito do mouse sobre a camada FOTO1 e, no menu de contexto, selecione a opção *Copiar Estilo de Camada* (*Copy Layer Style*).

7. Em seguida, clique com o botão direito do mouse sobre a camada FOTO2 e, no menu de contexto, selecione a opção *Colar estilo de camada* (*Paste Layer Style*). O mesmo estilo será aplicado nessa camada.

8. Repita o mesmo procedimento para aplicar o estilo na camada FOTO3.

Aplicando mais de um efeito a uma camada

É possível aplicar mais de um efeito à camada selecionada simplesmente ativando os efeitos e ajustando-os.

1. Selecione a camada PARQUE-GUELL-DETALHE, clique no botão *Adicionar um estilo de camada* (*Add a layer style*) na base do painel *Camadas* (*Layers*) e selecione a opção *Traçado* (*Stroke*).

2. Esse efeito cria um traçado em torno da camada selecionada. Altere os valores no item *Estrutura* (*Structure*) do quadro, como mostrado a seguir:

- Em *Tamanho* (*Size*), ajuste para *15* pixels.
- Em *Posição* (*Position*), selecione *Central*.
- Em *Modo de Mesclagem* (*Blend Mode*) e *Opacidade* (*Opacity*), mantenha os valores padrão.

3. No item *Tipo de Preenchimento* (*Fill Type*), você tem três opções. Para este caso, selecione *Cor* (*Color*).

4. Clique na caixa *Cor* (*Color*), e o quadro *Seletor de Cores* (*Color Picker*) será exibido. Entre com os seguintes valores nas caixas RGB: *255* para R, *127* para G e *81* para B.

5. Clique em *OK* para confirmar a nova cor do traçado.

6. Antes de finalizar, você vai aplicar mais um efeito a esta camada. Para tanto, na lista de efeitos do lado esquerdo, clique em *Brilho Externo* (*Outer Glow*). Ele será selecionado e ativado, e suas configurações serão exibidas.

7. Altere os valores conforme mostra a figura a seguir.

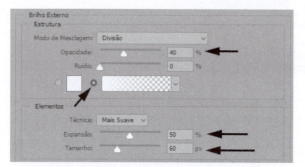

8. Clique em *OK* e observe o resultado na camada. Em seguida salve e feche a imagem.

Barra de Efeitos

Para mostrar o maior número de informações sobre o que foi feito na camada, é exibida no painel uma barra chamada *Barra de Efeitos*, logo abaixo da camada, listando os efeitos aplicados. Do lado direito da camada aparecem as letras *fx*, indicando que a camada possui um ou mais efeitos aplicados a ela.

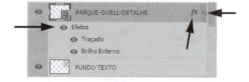

Para ocultar a *Barra de Efeitos*, basta clicar na seta ao lado das letras *fx* da camada. E se você precisar eliminar qualquer efeito, clique sobre ele e arraste-o para a lixeira na base do painel *Camadas* (*Layers*).

Camadas de preenchimento

As camadas de preenchimento permitem que se preencha uma camada com uma cor sólida, um degradê ou um padrão, sem afetar as camadas de baixo. Nesta etapa, esse recurso será utilizado para criar uma camada preenchida com um padrão.

1. Abra a imagem *Folheto_Elite_2017.psd*, disponível na pasta *Arquivos de trabalho/Capitulo4*.

2. No painel *Camadas* (*Layers*), dê um clique na primeira camada da lista para selecioná-la. Quando se cria uma *Camada de preenchimento*, ela é colocada acima da camada selecionada.

3. No painel *Camadas* (*Layers*), clique no botão *Criar nova camada de preenchimento ou de ajuste*, e um menu será exibido.

4. As três primeiras opções são para criação de camadas de preenchimento. As outras opções são para criação de camadas de ajuste. Selecione a opção *Padrão*, e uma nova camada é criada e preenchida com o padrão atual.

No quadro de diálogo *Preenchimento de Padrão*, há as seguintes opções de ajuste:

- *Escala*: permite aumentar ou diminuir o quadrado do padrão que o Photoshop utilizará para o preenchimento.

- *Ajustar à Origem*: faz a origem do padrão ser a mesma do documento.

- *Vincular à Camada*: faz o padrão se movimentar com a camada quando ela se mover. Se essa opção estiver selecionada, é possível arrastar o padrão na imagem para posicioná-lo com a caixa de diálogo *Preenchimento de Padrão* aberta.

5. Clique na seta ao lado da miniatura da imagem do padrão para exibir a lista. Os padrões disponíveis estão organizados em pastas.

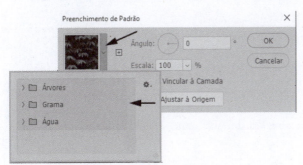

A forma de exibição da lista dos padrões pode ser alterada; quando você quiser, basta clicar no ícone de engrenagem para exibir o menu. São cinco opções de exibição; a que foi mostrada na imagem anterior é a *Lista Grande*.

6. Clique na seta ao lado da pasta *Árvores* e selecione a opção *Ladrilho de árvore 4*.

7. No item *Escala*, altere o valor para *80%* e clique no botão *OK* para finalizar. O Photoshop utiliza um pequeno quadrado com o padrão escolhido e posiciona uma cópia ao lado da outra até preencher toda a imagem, como se fossem azulejos.

8. Observe que a camada de preenchimento ficou sobre a camada de texto anteriormente selecionada. Com a ferramenta *Mover* (*Move*), clique na camada de preenchimento, no painel *Camadas* (*Layers*), e arraste-a para baixo deixando-a acima da camada *Plano de Fundo* (*Background*).

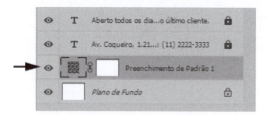

9. É possível editar o padrão mesmo depois de aplicado. Dê duplo clique na miniatura do padrão na camada de preenchimento e o quadro de diálogo será aberto.

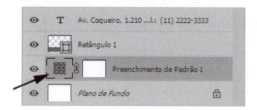

10. Agora, você deve utilizar mais uma opção desse recurso, que é a rotação. Na caixa *Ângulo* (*Angle*) você pode rotacionar a aplicação do padrão escolhido; portanto, para esse exemplo, altere o valor para *45º* e clique no botão *OK*.

11. Veja o resultado e salve a imagem em sua pasta *Meus trabalhos* com o nome *Folheto-Elite-Teste.psd*.

CAMADAS DE AJUSTE

Por meio dos recursos das camadas de ajuste, aplicam-se ajustes de cores e tons às imagens sem alterá-las permanentemente, pois essas mudanças são feitas em uma camada acima da camada da imagem e se aplicam a todas as camadas abaixo dela. Por estarem em uma camada, as alterações podem ser descartadas e a imagem original pode ser restaurada a qualquer momento.

Os ajustes disponíveis nessas camadas também estão no menu *Imagem/Ajustes*, que será estudado nos próximos capítulos. Veja algumas vantagens no uso dessas camadas:

- *Edições não destrutivas:* você pode experimentar configurações diferentes de um ajuste e reeditá-las quando quiser, além de poder reduzir o efeito do ajuste diminuindo a opacidade da camada de ajuste.

- *Edição seletiva:* você pode pintar a máscara de imagem da camada de ajuste para aplicar um ajuste em determinada parte da imagem. Posteriormente, reeditando a máscara da camada, pode definir quais partes serão ajustadas. Pode ainda variar o ajuste pintando a máscara com diferentes tons de cinza.

- *Capacidade de aplicar ajustes em várias imagens:* você pode copiar e colar camadas de ajuste entre imagens para aplicar os mesmos ajustes de cores e tons.

Com esse recurso você vai preparar uma imagem para o folheto feito anteriormente.

1. Abra a imagem *Bar.jpg*, disponível na pasta *Arquivos de trabalho/Capitulo4*. Observe que ela está um pouco escura e sem muitos detalhes; mas, com alguns ajustes, é possível melhorá-la.

2. No painel *Camadas* (*Layers*), clique no botão *Criar nova camada de preenchimento ou ajuste* (*Create new fill or adjustment layer*) na base do painel para exibir o menu

de opções e selecione a opção *Brilho/Contraste* (*Brightness/Contrast*). Assim, uma nova camada é criada, e ela sempre receberá o nome do ajuste utilizado.

3. Assim que a camada de ajuste é criada, o painel *Propriedades* (*Properties*) é exibido. Faça os ajustes alterando os valores do *Brilho* (*Brightness*) para 62 e do *Contraste* (*Contrast*) para 23, ou use os controles deslizantes.

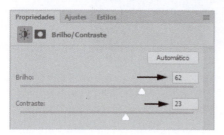

Observe que houve uma melhora significativa na imagem, mas a torre naja (sistema de tubos e torneira para tirar chope), que está congelada, ainda está um pouco amarelada, o que não condiz com a cor do gelo. Para deixá-la mais realista, será aplicado o *Filtro de fotos* (*Photo Filter*), já visto por você anteriormente.

4. No painel *Camadas* (*Layers*), clique no botão *Criar nova camada de preenchimento ou ajuste* (*Create new fill or adjustment layer*) e selecione a opção *Filtro de fotos* (*Photo Filter*).

5. No painel *Propriedades* (*Properties*), clique na seta ao lado da caixa *Filtro* (*Filter*) e selecione a opção *Deep Blue* (*Deep Blue*). No item *Densidade* (*Density*), ajuste o valor para 55% e observe o resultado na imagem.

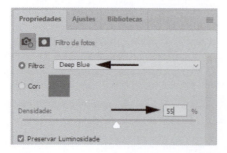

6. Assim como em qualquer camada, você pode ligar e desligar a visualização. Desligue cada uma das *Camadas de Ajuste* (*Adjustment Layers*) para perceber a diferença entre o antes e o depois, mas mantenha-as visíveis para continuar a atividade.

Antes de usar essa imagem no folheto, é preciso achatá-la, ou seja, fundir todas as camadas. Se isso não for feito, as camadas de ajuste podem alterar as características das outras camadas na imagem de destino.

7. No menu *Camada* (*Layer*), clique em *Achatar Imagem* (*Flatten Image*), salve-a em sua pasta *Meus trabalhos* com o nome *Bar-tratada.jpg* e feche-a.
8. Na imagem *Folheto_Elite_Teste.psd*, clique na opção *Colocar incorporados* (*Place Embedded*) no menu *Arquivo* (*File*), selecione a imagem *Bar-tratada.jpg* em sua pasta *Meus trabalhos* e clique em *Inserir* (*Place*).
9. Na *Barra de Opções* (*Option Bar*), altere a altura para *65 mm*. Essa deve ser a altura da imagem para esta atividade.
10. Tecle *Enter* para finalizar a inserção e o redimensionamento da imagem, e com a ferramenta *Mover* (*Move*) posicione a imagem como mostrado a seguir.

Criando seleção a partir de uma camada

Para completar esse folheto, só falta criar uma moldura em torno dessa última imagem, que pode ser feita com o comando *Traçar* (*Stroke*). Antes, você deve selecionar o local em que será feito o traçado, e, em vez de utilizar a ferramenta *Letreiro Retangular* (*Rectangular Marquee*), será usada uma combinação de teclas e mouse.

1. Selecione a camada *Bar-tratada* no painel *Camadas* (*Layers*), mantenha a tecla *Ctrl* pressionada e dê um clique na miniatura da imagem da camada. Dessa forma, você cria uma seleção da imagem da camada.
2. Crie uma nova camada, acima da camada *Bar-tratada*, dando um clique no botão *Criar uma nova camada* (*Create a new layer*) na base do painel *Camadas* (*Layers*).
3. No menu *Editar* (*Edit*), clique em *Traçar* (*Stroke*), e, no quadro de mesmo nome, ajuste a *Largura* (*Width*) para *20 px* e a cor para *Branco* (*White*); em *Localização* (*Location*) ative a opção *Centro* (*Center*) e em *Opacidade* (*Opacity*) altere para *100%*.
4. Clique em *OK* para finalizar e veja o resultado. Em seguida, salve e feche a imagem.

Anotações

5

Trabalhando com máscaras, canais e objetos inteligentes

OBJETIVOS

» Fazer conversão entre modos de imagem

» Criar máscaras rápidas e canais alfa

» Explorar recursos de máscaras e seleção

» Trabalhar com objetos inteligentes e filtros inteligentes

Atividade 1 – Conversão entre modos de imagem

Objetivo: » Testar a conversão de uma imagem de um modo para outro e verificar as diferenças.

Tarefas: » Converter uma imagem.

» Verificar as informações da imagem após a conversão.

CANAIS

Para entender o que são canais, é interessante fazer uma analogia com as chapas de impressão usadas nas máquinas gráficas: para cada cor impressa há uma chapa correspondente. Por exemplo, para imprimir um cartaz colorido, são necessárias quatro chapas referentes às cores ciano, magenta, amarelo e preto. Da mesma forma, toda imagem no Photoshop apresenta um ou mais canais contendo informações a respeito de elementos de cor. O número de canais depende do modo de cor da imagem. Por exemplo, uma imagem no modo *CMYK* tem quatro canais, um para cada cor. No painel *Canais* (*Channels*), você visualiza cada canal da imagem.

Também é possível acrescentar novos canais (até 24 por imagem) com o painel *Canais* (*Channels*). Chamados de canais alfa, esses canais são utilizados para arquivar e editar seleções e máscaras, permitindo que você manipule, isole e proteja partes específicas da imagem. Como padrão, imagens nos modos *Bitmap*, *Tons de Cinza*, *Duotônico* e *Cor Indexada* possuem apenas um canal; imagens nos modos *RGB* e *Lab* têm três canais; e imagens no modo *CMYK*, quatro. No entanto, novos canais podem ser acrescentados a todos esses modos de imagem, exceto ao *Bitmap*.

1. Abra a imagem *Gaudi - La Pedrera.tif*, localizada na pasta *Arquivos de trabalho/ Capitulo5*.

2. Clique na guia do painel *Canais* (*Channels*) para exibi-lo, ou vá ao menu *Janelas* (*Window*) e clique em *Canais* (*Channels*). O painel exibe apenas um canal, pois a imagem está no modo *Cores Indexadas* (*Indexed Color*), um dos modos de cor do Photoshop.

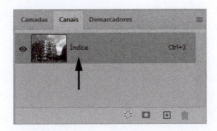

O painel *Camadas* (*Layers*) e a guia da imagem também informam o modo de cor, nesse caso com a palavra *Índice* (*Index*).

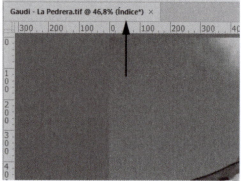

Na *Barra de Status* (*Status Bar*), existem dois valores (*4,79 M/4,79 M*). O primeiro valor sempre indica o tamanho que o arquivo ocupa no disco rígido, enquanto o segundo indica o tamanho do arquivo com as camadas.

3. Clique no menu *Imagem/Modo* (*Image/Mode*) e na opção *Tons de Cinza* (*Grayscale*) para converter a imagem para esse modo. Será aberto um quadro de diálogo perguntando se você quer descartar todas as informações de cor da imagem; nesse caso, clique em *OK*.

Observando a *Barra de Status* (*Status Bar*) você verá que, mesmo depois da conversão do modo de cor, não houve alteração no tamanho do arquivo, pois esses dois modos – *Cores Indexadas* (*Indexed Color*) e *Tons de Cinza* (*Grayscale*) – ocupam o mesmo espaço em disco.

4. Clique no menu *Editar/Desfazer Tons de Cinza* (*Undo Grayscale*) ou pressione *Ctrl + Z*.

5. Clique no menu *Imagem/Modo* (*Image/Mode*) e na opção *Cores RGB* para converter a imagem para esse modo.

6. Observe na *Barra de Status* (*Status Bar*) da imagem que o tamanho do arquivo aumentou de 4,79 M para 14,4 M depois da conversão. Isso ocorre porque uma imagem no modo *RGB* utiliza três canais para armazenar as informações de cor e mais um canal para todas as cores combinadas, o que pode ser visto no painel *Canais* (*Channels*). Os canais têm grande influência no tamanho do arquivo, e, dependendo do modo de cor utilizado, o arquivo gravado em seu disco poderá ser maior ou menor.

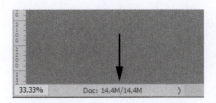 

7. Salve a imagem em sua pasta *Meus trabalhos* com o nome *Gaudi* e a extensão PSD.

Atividade 2 – Criando máscaras rápidas e canais alfa

Objetivo: » Utilizar as máscaras e os canais alfa no trabalho de edição de uma imagem.

Tarefas: » Trabalhar com máscaras e máscaras rápidas.

» Trabalhar com os canais alfa.

» Criar seleções por meio dos canais alfa.

» Criar máscara de degradê.

» Alinhar e distribuir camadas.

» Aplicar estilo de camada a um grupo de camadas.

MÁSCARAS, MÁSCARAS RÁPIDAS E CANAIS ALFA

As máscaras servem para isolar e proteger algumas partes da imagem que não receberão modificação de cor, filtro ou qualquer outro efeito. Assim, quando você cria uma seleção, as áreas não selecionadas são mascaradas (ou protegidas da edição).

As máscaras podem ser permanentes, bastando salvá-las durante o trabalho, e são guardadas no painel *Canais* (*Channels*) sob a forma de canais especiais em tons de cinza denominados canais alfa. Toda seleção salva também pode ser definida como um canal alfa.

As máscaras rápidas servem para editar uma seleção utilizando a maioria das ferramentas ou filtros do Photoshop, sem precisar dos canais alfa.

TRABALHANDO COM MÁSCARA RÁPIDA

1. Abra a imagem *Gaudi.psd*, que você salvou na atividade anterior, e dê duplo clique na ferramenta *Mão* (*Hand*) para encaixar a imagem no espaço disponível da janela.

2. Você deve selecionar a casa e a calçada em frente a ela. Portanto, ative a ferramenta *Seleção Rápida* (*Quick Selection*) no painel *Ferramentas* (*Tools*) e faça a seleção como mostrado a seguir, bastando clicar e deslizar o cursor da ferramenta sobre as áreas que deseja selecionar.

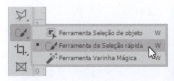

3. Observe na figura a seguir que algumas áreas no topo da casa podem não ter sido selecionadas e precisam ser adicionadas à seleção.

4. Clique no botão *Editar no modo máscara rápida* (*Edit in Quick Mask Mode*) do painel *Ferramentas* (*Tools*). Uma cor avermelhada, levemente transparente, cobrirá toda a imagem, exceto as partes selecionadas.

5. Ative a ferramenta *Borracha* (*Eraser*) e certifique-se de que a *Cor de Primeiro Plano* (*Foreground Color*) seja o preto. Em seguida ajuste o tamanho da ferramenta conforme achar necessário, sendo grande para áreas maiores e pequeno para os detalhes.

Com essa ferramenta você apaga a cor avermelhada, o que significa que estará acrescentando a área à seleção. Se usar o branco, você pintará subtraindo áreas da seleção.

6. Leve o cursor até a imagem e apague as áreas que precisam ser adicionadas à seleção. Veja o exemplo a seguir.

7. Para ver como a seleção está ficando, clique no botão *Editar no modo padrão* (*Edit in Standard Mode*) do painel *Ferramentas* (*Tools*). Continue alternando entre os modos de edição para ajustar a seleção e localize em sua imagem outros pontos que precisam ser ajustados.

 Se em algum momento você errar, pintando ou apagando áreas da imagem que não deveria, basta inverter a *Cor de Primeiro Plano (Foreground Color)* e a *Cor do Plano de Fundo (Background Color)* e usar a ferramenta para corrigir a região.

8. Ao terminar, clique no botão *Editar no modo padrão* (*Edit in Standard Mode*) para mostrar a seleção normal.

CRIANDO E EDITANDO UM CANAL ALFA

1. No menu *Selecionar* (*Select*), clique em *Salvar seleção* (*Save Selection*). O item *Canal* (*Channel*) do quadro *Salvar Seleção* (*Save Selection*) estará configurado como *Novo* (*New*), indicando que um novo canal será criado.

2. Na caixa *Nome* (*Name*), digite *Casa* e clique no botão *OK*. No painel *Canais* (*Channels*), observe que o canal *Casa* foi adicionado.

 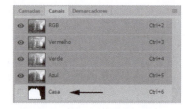

Ao lado de cada canal aparece o ícone de um olho, indicando que o canal está visível. Para ocultá-lo, basta dar um clique nesse ícone.

3. Experimente ocultar alguns canais ou visualizá-los individualmente. Para visualizar todos os canais novamente, basta clicar no ícone do canal *RGB*.

4. Pressione as teclas de atalho *Ctrl + D* para desfazer a seleção e observe que o canal alfa *Casa* permanece no painel. Em seguida salve a imagem.

Você pode usar a seleção a qualquer momento, pois ela está salva. E mesmo ao salvar e fechar a imagem, o canal alfa permanece, desde que o formato seja PSD ou TIF.

A edição pode ser feita diretamente no canal alfa, usando as ferramentas de pintura ou de borracha. Basta desabilitar a visualização de todos os canais e deixar visível apenas o canal *Casa*, por exemplo. O canal a ser modificado deve estar selecionado no painel *Canais* (*Channels*).

Criando seleções com os canais

Você vai aplicar um filtro no fundo da imagem, exceto na área previamente selecionada, e precisará selecionar esse fundo. Lembre-se de que a seleção da casa foi salva separadamente, criando-se um canal alfa.

O painel *Canais* (*Channels*) contém vários recursos para facilitar seu trabalho. Um deles é a possibilidade de criar seleções baseadas nos canais existentes por meio do botão *Carregar Canal como Seleção* (*Load channel as selection*).

1. No painel *Canais* (*Channels*), clique e arraste o canal *Casa* sobre o botão *Carregar Canal como Seleção* (*Load channel as selection*), e ao liberar o botão do mouse a seleção da casa será carregada.

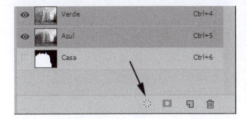

2. No menu *Selecionar* (*Select*), clique em *Inverter* (*Inverse*) ou pressione as teclas de atalho *Shift + Ctrl + I*.

3. Com a seleção do fundo definida, abra o menu *Filtro* (*Filter*), clique na opção *Desfoque/Desfoque de Caixa* (*Blur/Box Blur*) e ajuste o valor do *Raio* (*Radius*) para 12 pixels.

4. Clique no botão *OK* para aplicar o filtro, pressione *Ctrl + D* para desfazer a seleção e salve a imagem.

Criando uma máscara degradê

Ao aplicar a ferramenta *Degradê* (*Gradient*) em um canal, você provoca o efeito de transparência na imagem com um degradê que vai do preto ao branco, passando pelos tons de cinza. Depois, utilizando uma seleção feita com o canal, você aplica o efeito na imagem.

1. No painel *Canais* (*Channels*), dê um clique no botão *Criar novo Canal* (*Create new channel*). Esse novo canal é selecionado automaticamente.

2. Ative a ferramenta *Degradê* (*Gradient*) no painel *Ferramentas* (*Tools*). Na *Barra de Opções* (*Options Bar*), clique no menu da caixa *Degradê* (*Gradient Picker*), abra a pasta *Básicos* (*Basics*) e selecione *Preto, Branco* (*Black, White*).

3. Posicione o cursor no centro da imagem, clique e arraste-o até a base, soltando o botão do mouse para criar o degradê de cima para baixo.

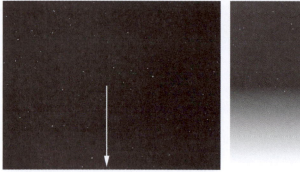

Figura A   Figura B

4. Dê duplo clique no nome do canal criado, digite *Degradê* e tecle *Enter* para finalizar a edição do nome do canal.

5. Dê um clique no canal *RGB* para visualizar a imagem.

Agora, você criará uma seleção com esse novo canal e vai preenchê-la com a *Cor do Plano de Fundo* (*Background Color*).

6. Clique no canal *Degradê* e arraste-o sobre o botão *Carregar Canal como Seleção* (*Load channel as selection*).

7. Certifique-se de que a *Cor do Plano de Fundo* (*Background Color*) seja o branco.

8. Pressione a tecla *Delete*, e será exibido o quadro *Preencher*. No item *Conteúdo* (*Content*), selecione *Cor do Plano de Fundo* (*Background Color*) e clique no botão *OK* para aplicar o preenchimento.

9. Desfaça a seleção, salve a imagem, mas não a feche.

Alinhando e distribuindo camadas

Um recurso muito simples, mas muito prático quando se quer alinhar camadas, está disponível na *Barra de Opções* (*Options Bar*). Você vai acrescentar uma série de quadrados à imagem para experimentar essa funcionalidade.

1. Abra a imagem *Ladrilhos.psd*, disponível na pasta *Arquivos de trabalho/Capitulo5*. Trata-se de oito pequenos quadrados, dispersos e em posições variadas, criados com retalhos de vários acabamentos utilizados nas construções de Gaudí.

2. Com a ferramenta *Mover* (*Move*) ativa, selecione todos os quadrados com a tecla *Shift* pressionada.

3. Pressione as teclas *Ctrl + C*, clique na guia da imagem *Gaudí* para trazê-la para frente e pressione *Ctrl + V*.

4. Feche a imagem *Ladrilhos.psd*, pois não será mais necessária.

Agora o painel *Camadas* (*Layers*) contém as camadas referentes aos ladrilhos. Será preciso alinhar os quadrados próximos à base da imagem e distribuí-los em espaços iguais.

5. Mova o primeiro ladrilho do lado esquerdo para o canto inferior esquerdo da imagem, e o último ladrilho da direita para o canto inferior direito da imagem, como mostrado a seguir. Não há necessidade de ser exato.

6. Selecione todos os quadrados com a ferramenta *Mover* (*Move*). Você também pode selecioná-los no painel *Camadas* (*Layers*), clicando na camada *Ladrilho 6* e, com a tecla *Shift* pressionada, na camada *Ladrilho 1*.

Observe, na *Barra de Opções* (*Options Bar*), que os controles de alinhamento e distribuição são exibidos.

A B C D   E F G H   I

- A – *Alinhar arestas à esquerda* (*Align left edges*): alinha as camadas à esquerda;

- B – *Alinhar centros horizontais* (*Align horizontal centers*): alinha as camadas pelo centro na horizontal;

- C – *Alinhar arestas à direita* (*Align right edges*): alinha as camadas à direita;

- D – *Distribuir verticalmente* (*Distribute vertically*): distribui as camadas na vertical;

- E – *Alinhar arestas superiores* (*Align top edges*): alinha as camadas pela parte superior;

- F – *Alinhar centros verticais* (*Align vertical centers*): alinha as camadas pelo centro na vertical;

- G – *Alinhar arestas inferiores* (*Align botton edges*): alinha as camadas pela parte inferior;

- H – *Distribuir horizontalmente* (*Distribute horizontally*): distribui as camadas na horizontal;

- I – *Alinhar e distribuir* (*Align and Distribute*): exibe um quadro com todas as opções anteriores.

É importante lembrar que para fazer a distribuição é preciso haver pelo menos três camadas selecionadas:

7. Faça o alinhamento das camadas pela parte inferior (*Alinhar arestas inferiores – Align botton edges*).

8. A distribuição é feita de acordo com a posição da primeira e da última camada selecionada, portanto, clique em *Distribuir horizontalmente* (*Distribute horizontally*).

9. Salve a imagem.

Aplicando estilos de camadas em grupos de camadas

Outra facilidade do Photoshop é a aplicação de estilos em mais de uma camada ao mesmo tempo. Nesse caso, é preciso que as camadas estejam em um *Grupo de Camadas* para que o estilo seja aplicado ao grupo.

 Esse recurso também funciona para criar máscaras de corte em mais de uma camada ao mesmo tempo.

1. Mantendo todos os ladrilhos selecionados, clique no menu *Camada/Agrupar camadas* (*Group Layers*) ou pressione as teclas de atalho *Ctrl + G*, e um novo grupo será criado no painel *Camadas* (*Layers*). Dê duplo clique sobre o nome do grupo e altere para *Ladrilhos*.

2. Agora que as camadas já estão agrupadas, você pode aplicar estilos ao grupo. Com o grupo selecionado, clique no painel *Estilos* (*Styles*) para exibi-lo, abra a pasta *Básicos* (*Basics*) e clique sobre o estilo *Sombra projetada do sistema OSX* (*OSX System Drop Shadow*) para aplicá-lo ao grupo selecionado.

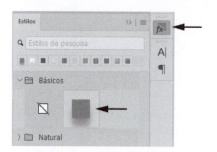

3. No painel *Camadas* (*Layers*), clique na seta ao lado da pasta *Ladrilhos* para expandi-la. Observe que o estilo de camada está aplicado ao grupo e não às camadas individualmente.

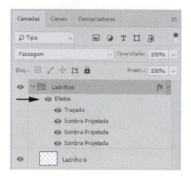

4. Salve a imagem e feche-a.

Atividade 3 – Conhecendo mais recursos de máscaras e seleção

Objetivo: » Criar máscaras de camada de forma precisa.

Tarefas: » Criar máscaras de camada com a área de trabalho *Selecionar e mascarar* (*Select and Mask*).

» Criar seleções com o recurso *Área de foco*.

Máscara de camada

As camadas apresentam um recurso chamado *Máscara de camada*, que permite criar uma grande variedade de efeitos especiais na imagem. Por exemplo, você pode utilizá-lo para controlar as partes da imagem que ficarão ocultas e aquelas que serão exibidas. As mudanças aplicadas na máscara de camada não afetam diretamente a camada original. Assim, é possível experimentar vários efeitos sem alterar a camada para, então, decidir se serão aplicados definitivamente ou se serão descartados. Quando uma imagem é salva com camadas, as máscaras de camada também são preservadas.

1. Com esse recurso você vai combinar duas imagens de maneira simples. Comece criando um novo arquivo com *3.600 pixels* de largura, *1.936 pixels* de altura e *72 pixels/pol* de resolução.

2. No menu *Arquivo* (*File*), clique em *Colocar incorporados* (*Place Embedded*) e importe o arquivo *La-pedrera-1.jpg*, disponível na pasta *Arquivos de trabalho/Capitulo5*.

3. Repita o procedimento para o arquivo *Batló.jpg*.

4. Mova a imagem *La-pedrera-1.jpg* para a direita até encostá-la na lateral e, em seguida, mova a imagem *Batló.jpg* para a esquerda, de modo que a coluna da foto fique parcialmente oculta, como mostrado a seguir.

Utilizando o recurso de máscara de camada, você vai fazer a lateral direita da imagem *Batló.jpg* ficar transparente, mas em degradê, criando uma transição entre as duas imagens.

5. No painel *Camadas* (*Layers*), selecione a camada *Batló*, e, na base do painel *Camadas* (*Layers*), clique no botão *Adicionar máscara de Camada* (*Add layer mask*). Ao lado da miniatura da camada *Batló*, surgirá uma nova miniatura representando o canal cinza criado quando a máscara de camada foi adicionada. Na guia da imagem essa indicação também é mostrada.

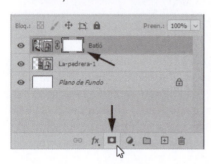 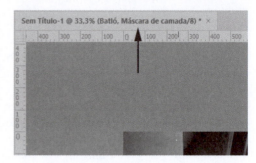

Se você clicar na miniatura da camada *Batló* no painel *Camadas* (*Layers*), a indicação mudará na guia da imagem. Assim, dependendo da ação desejada, você pode selecionar tanto a máscara de camada quanto a camada *Batló* a qualquer momento.

Sua próxima tarefa será aplicar um degradê na lateral direita dessa camada para dar a impressão de que ela desaparece aos poucos.

6. Mantenha a máscara de camada selecionada e ative a ferramenta *Degradê* (*Gradient*).

7. Na *Barra de Opções* (*Options Bar*), clique na seta ao lado da caixa do item *Seletor de Degradê* (*Gradient Picker*) e selecione a opção *Do Primeiro Plano para Transparente* (*Foreground to Transparent*) na pasta *Básicos* (*Basics*). Antes, certifique-se de que a *Cor de Primeiro Plano* (*Foreground Color*) seja preta.

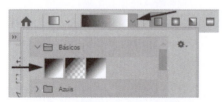

8. Clique e arraste o cursor do lado direito da imagem *Batló.jpg* até aproximadamente o centro dela. Ao liberar o cursor, a transparência será aplicada.

9. Salve a imagem em sua pasta *Meus trabalhos* como *Gaudi2*, com extensão PSD, e feche-a.

CRIANDO SELEÇÕES COMPLEXAS

O processo de seleção sempre foi um desafio no tratamento de imagens, pois remover o fundo de uma foto para utilizar apenas uma parte dela nem sempre é fácil. Um exemplo disso são as seleções que envolvem cabelos ou pelos, o que torna o trabalho de remoção do fundo da imagem uma tarefa complexa.

Você já experimentou as ferramentas básicas de seleção do Photoshop, como a *Varinha Mágica* (*Magic Wand*), a *Seleção Rápida* (*Quick Selection*), o *Letreiro Retangular* (*Rectangular Marquee*), entre outras. Mas no caso de uma seleção mais difícil, você tem à disposição a *Área de trabalho Selecionar e mascarar*, e o recurso *Selecionar assunto* (*Subject*), que vão tornar sua tarefa ainda mais fácil e precisa.

Conhecendo o recurso Selecionar assunto

Esse recurso utiliza inteligência artificial para fazer o reconhecimento do assunto em evidência em uma imagem e criar a seleção. Tudo é feito com um único clique. A seleção não é 100% precisa em todas as imagens que você venha a trabalhar, mas há outras ferramentas para fazer os ajustes finos. O fato é que se ganha um enorme tempo de trabalho com esse incrível recurso.

1. Para se ter uma ideia, abra a imagem *Doce.jpg*, disponível na pasta *Arquivos de trabalho/Capitulo5*.

2. Imagine que você precise fazer a seleção do doce e da vela. Ative, por exemplo, a ferramenta *Letreiro Retangular* (*Rectangular Marquee*).

3. No menu *Selecionar* (*Select*), clique na opção *Assunto* (*Subject*), e após o término do processamento você verá a seleção pronta para uso.

4. Clique com o botão direito do mouse dentro da seleção e selecione *Camada por recorte* (*Layer Via Cut*).

5. No painel *Camadas* (*Layers*), desabilite a visualização da camada *Plano de Fundo* (*Background*) e veja como ficou o recorte da seleção criada.

6. Feche a imagem sem salvá-la.

Área de trabalho Selecionar e mascarar

A área de trabalho *Selecionar e mascarar* foi pensada para facilitar o trabalho e refino de seleções complexas. Ela reúne em uma janela as ferramentas e os ajustes necessários para agilizar sua tarefa.

1. Abra a imagem *Café.psd*, disponível na pasta *Arquivos de trabalho/Capitulo5*.

2. No menu *Arquivo* (*File*), clique em *Colocar incorporados* (*Place Embedded*), selecione a imagem *Modelo.jpg* na mesma pasta e clique em *Inserir* (*Place*).

3. Pressione *Enter* para finalizar a inserção, e com a ferramenta *Mover* (*Move*) posicione a imagem da modelo no lado direito.

4. Sua tarefa será remover o fundo da imagem da modelo para compor o trabalho final. Portanto, mantenha a camada *Modelo* selecionada no painel *Camadas* (*Layers*).

5. Use o recurso *Selecionar assunto* (*Select Subject*), visto anteriormente, para selecionar a modelo. Fazendo isso por outro caminho, ative a ferramenta *Varinha Mágica* (*Magic Wand*) ou *Seleção Rápida* (*Quick Selection*) e clique no botão *Selecionar assunto* (*Select Subject*), disponível na *Barra de Opções* (*Options Bar*).

6. Com a seleção feita, você já pode fazer os ajustes finos. No menu *Selecionar* (*Select*), clique em *Selecionar e mascarar* (*Select and Mask*), ou pressione as teclas *Alt + Ctrl + R*, ou clique no botão de mesmo nome na *Barra de Opções* (*Options Bar*).

Perceba que toda a área de trabalho mudou, exibindo do lado esquerdo um painel de ferramentas próprio onde a maioria das ferramentas estão presentes no painel de ferramentas do Photoshop. A exceção fica por conta do *Pincel para refinar borda* (*Refine Edge Brush*), específico para o recurso de seleção e mascaramento.

Do lado direito está o painel *Propriedades* (*Properties*), onde você escolhe os modos de exibição e faz os ajustes necessários.

Não é necessário que você faça a seleção antes de abrir essa área de trabalho. Com as ferramentas disponíveis em seu painel, pode-se fazer qualquer seleção, inclusive com o recurso *Selecionar assunto* (*Select Subject*), também presente na *Barra de Opções* (*Options Bar*).

Como o trabalho de seleção depende de cada situação, veja a seguir um breve descritivo das opções de ajuste:

Detecção de aresta (*Edge Detection*):

- *Raio* (*Radius*): ajusta o tamanho da borda de seleção no qual o ajuste fino da borda é feito. Aconselha-se usar um raio pequeno para arestas nítidas e um raio maior para arestas mais suaves.

- *Raio inteligente* (*Smart Radius*): ativando essa opção, consegue-se uma área de refinamento de largura variável em torno da borda da seleção. Ideal para quando a seleção for um retrato que tenha cabelo e ombros, já que o cabelo exige uma área maior de refinamento do que os ombros, por ser mais consistente.

Ajustes globais (*Global Refinements*):

- *Suave* (*Smooth*): provoca a redução de áreas irregulares na borda de seleção, criando um contorno mais suave.

- *Difusão* (*Feather*): desfoca a transição entre a seleção e os pixels adjacentes.

- *Contraste* (*Contrast*): controla a transição de arestas suaves ao longo da borda da seleção, tornando-as mais suaves ou abruptas.

- *Deslocar aresta* (*Shift Edge*): move as bordas de arestas suaves para dentro ou para fora.

Configurações de saída (*Output Settings*):

- *Descontaminar cores* (*Decontaminate Colors*): ao ativar essa opção, é feita a substituição das margens de cor pela cor de pixels circundantes totalmente selecionados. A intensidade da substituição de cores é proporcional à suavidade das arestas de seleção.

- *Saída para* (*Output To*): determina se a seleção com ajuste fino se torna uma *Seleção* ou *Máscara* na camada atual, ou produz uma nova camada ou documento.

Assim como na área de trabalho normal, a *Barra de Opções* (*Options Bar*) exibe os ajustes das ferramentas.

A caixa *Exibir* (*View*), no painel *Propriedades* (*Properties*) do lado direito, oferece sete opções de visualização para a seleção:

- *Casca de cebola* (*0*) – *Onion Skin* (*O*): exibe a seleção com transparência, mostrando as camadas inferiores à camada selecionada.

- *Seleção ativa* (*M*) – *Marching Ants* (*M*): exibe as bordas de seleção com tracejado piscante.

- *Sobrepor (V) – Overlay (V):* exibe a seleção como uma sobreposição de cores transparentes, que por padrão é o vermelho. Áreas não selecionadas são exibidas nessa cor.
- *Em Preto (A) – On Black (A):* exibe a seleção sobre um plano de fundo preto semitransparente.
- *Em Branco (T) – On White (T):* exibe a seleção sobre um plano de fundo branco semitransparente.
- *Preto-e-branco (K) – Black & White (K):* exibe a seleção como uma máscara em preto e branco.
- *Em Camadas (Y) – On Layers (Y):* delimita a seleção com áreas de transparência, permitindo a visualização de como ficará o resultado antes de finalizar.

A letra entre parênteses ao lado do nome do modo é a tecla de atalho para ativá-lo. Para alternar entre os modos de visualização, você pode usar a tecla *F*; e para desativar todos os modos temporariamente, basta pressionar a tecla *X*.

7. Para essa atividade, selecione a opção *Sobrepor (Overlay)*. Observe que tudo o que não está selecionado fica coberto com a cor vermelha semitransparente.

Não se preocupe se algumas áreas não desejadas forem selecionadas, como mostrado no exemplo a seguir.

8. Para eliminar as áreas indesejadas, ative a ferramenta *Seleção rápida (Quick Selection)*, clique na opção *Subtrair da seleção (Subtract from Selection)* na *Barra de Opções (Options Bar)* e ajuste o tamanho da ferramenta conforme o necessário para o trabalho.

9. Aplique um zoom nessas regiões e clique para eliminá-las, como no exemplo a seguir.

10. Vá alternando entre as opções *Adicionar à seleção* (*Add to Selection*) e *Subtrair da seleção* (*Subtract from Selection*) e faça as correções necessárias. Não se preocupe com detalhes, pois os ajustes finos serão feitos depois.

11. Aplique um zoom na região da cabeça e mude o modo de visualização para *Preto-e-branco* (*Black & White*). Nesse modo, você verá melhor os detalhes de ajuste do cabelo.

12. Ative a ferramenta *Pincel para refinar borda* (*Refine Edge Brush*) e ajuste seu tamanho para *100* px.

13. Clique e arraste o cursor por todo o contorno do cabelo como se estivesse pintando e veja que a seleção é suavizada, exibindo mais detalhes.

14. Faça o mesmo procedimento em todo o contorno da modelo.

Sempre combine o uso das ferramentas para obter o melhor resultado da seleção e alterne os modos de visualização usando inclusive a opção *Em Camadas*, que mostra como ficará o resultado final.

15. Selecione o modo *Em Camadas* (*On Layers*) e veja que existe uma luz em todo o contorno. Isso é uma contaminação do fundo original da imagem da modelo.

16. No painel *Propriedades* (*Properties*), clique na seta ao lado da opção *Configurações de Saída* (*Output Settings*), caso seus controles não estejam sendo exibidos.

17. Ative a opção *Descontaminar cores* (*Descontaminate Colors*) e mantenha a opção *Quantidade* (*Amount*) em *100%* para que a margem de cor a ser removida seja completa. Observe como ficou o contorno.

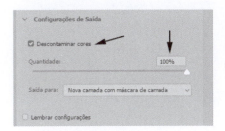

18. Para finalizar, clique no botão *OK* e veja o resultado. Para que a composição fique perfeita, experimente depois ajustar brilho e contraste da imagem da modelo.

19. Salve a imagem em sua pasta *Meus trabalhos*, como *Café e Modelo.psd*, e feche-a.

Criando máscaras com a ferramenta Quadro (Frame)

Outra técnica muito prática de se criar uma máscara é utilizando a ferramenta *Quadro* (*Frame*). Com ela você cria quadros retangulares ou elípticos que são espaços reservados para colocar uma imagem, ou então mascarar uma imagem já existente em seu trabalho. Além disso, você pode converter textos ou camadas de forma em um quadro e preenchê-lo com uma imagem.

Criando um quadro e inserindo uma imagem

1. Para começar, você vai ver como criar um quadro e inserir uma imagem dentro dele. Abra a imagem *Cappuccino.psd*, disponível na pasta *Arquivos de trabalho/ Capitulo5*.

Essa imagem é uma pequena montagem e já possui algumas camadas. Observe que a palavra *CAFÉ* está atrás da xícara, pois existe uma camada só com a xícara sobre ela.

2. Ative a ferramenta *Quadro* (*Frame*) no painel *Ferramentas* (*Tools*), e na *Barra de Opções* (*Options Bar*) clique em *Quadro retangular* (*Rectangle Frame*).

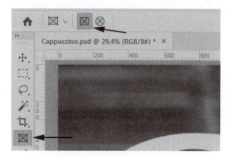

3. Posicione o cursor no lado esquerdo da imagem e um pouco abaixo da palavra *CAFÉ*, clique e desenhe um quadro no formato de um retângulo. Não se preocupe com as dimensões.

Uma nova camada é criada no painel *Camadas* (*Layers*), chamada de *Quadro 1* (*Frame 1*), formada pela miniatura do quadro e pela miniatura do conteúdo do quadro:

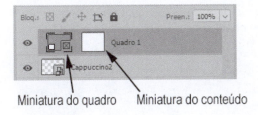

Miniatura do quadro   Miniatura do conteúdo

4. No painel *Propriedades* (*Properties*), ajuste as medidas do quadro como mostrado a seguir.

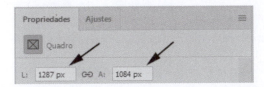

5. Agora, basta importar uma imagem que ela será colocada dentro do quadro selecionado. No menu *Arquivo* (*File*), clique em *Colocar incorporado* (*Place Embedded*), localize a imagem *Grãos.jpg* na pasta *Arquivos de trabalho/Capitulo5* e clique no botão *Inserir*.

6. Veja que o texto da imagem ficou fora do quadro, portanto encoberto. Clique sobre a imagem e mova para a esquerda para ajustá-la e deixar o texto à mostra.

A imagem também pode ser movida ou redimensionada a qualquer momento com o uso da ferramenta *Mover* (*Move*).

7. Salve o arquivo em sua pasta *Meus Trabalhos* com o nome *Cappuccino-editado.psd*.

Mascarando uma imagem existente com a ferramenta Quadro (Frame)

1. Agora, você irá mascarar a imagem da camada *Cappuccino2*; portanto, selecione essa camada no painel *Camadas* (*Layers*).

2. Ative a ferramenta *Quadro* (*Frame*) e selecione a opção *Quadro retangular* (*Rectangular Frame*) na *Barra de Opções* (*Options Bar*).

3. Clique sobre a imagem, crie um quadrado que englobe a xícara de cappuccino e libere o botão do mouse. Imediatamente a imagem é mascarada pelo quadro criado, e a camada *Cappuccino2* é convertida em uma camada de quadro e renomeada para *Estrutura Cappuccino2*.

4. Ainda com o quadro selecionado, altere sua largura para *1287 px* e sua altura para *1084 px* no painel *Propriedades* (*Properties*). Com isso, ela ficará com as mesmas dimensões da imagem da esquerda.

5. Ative a ferramenta *Mover* (*Move*) e ajuste a posição do quadro para que fique simétrico à imagem da esquerda.

6. Na camada *Estrutura Cappuccuno2*, clique na miniatura da imagem para selecioná-la e redimensione-a para que mostre apenas a xícara.

7. Salve seu arquivo.

Convertendo um texto em um quadro

Você pode usar qualquer texto para que sirva de máscara para uma imagem apenas convertendo-o em um quadro.

1. Desabilite a visualização da camada *Xícara*.
2. Selecione a camada de texto *CAFÉ*, clique com o botão direito sobre ela para exibir o menu de opções e selecione *Converter para quadro* (*Convert to Frame*).
3. Será exibido um quadro de diálogo para que você dê um nome ao quadro e ajuste suas dimensões. Para esse caso, mantenha os valores sugeridos e clique em *OK*.

4. No menu *Arquivo* (*File*) clique em *Colocar incorporado* (*Place Embedded*), selecione a imagem *CAFE.jpg* na pasta *Arquivos de trabalho/Capitulo5* e clique em *Inserir* (*Place*). Veja que as letras serviram de máscara para a imagem e produziram um efeito bem interessante.

5. Ative novamente a visualização da camada *Xícara* e sua imagem estará pronta.
6. Salve seu arquivo.

Com dito no início, além de converter uma camada de texto em quadro, você pode fazer o mesmo com uma camada de forma. Você estudará as ferramentas *Forma* e conhecerá as camadas de forma no Capítulo 7; portanto, não deixe de testar esse recurso com as formas.

Atividade 4 – Objetos inteligentes e filtros inteligentes

Objetivo: » Conhecer os objetos e os filtros inteligentes.

Tarefas: » Trabalhar com objetos inteligentes.

» Aplicar filtros inteligentes.

OBJETOS INTELIGENTES

Os objetos inteligentes são camadas que contêm dados de imagens rasterizadas (bitmaps e imagens digitais, como arquivos do Photoshop) ou vetoriais (ilustrações digitais do Illustrator). Eles preservam todas as características originais da imagem, permitindo que se faça uma edição não destrutiva da camada. Ou seja, objetos inteligentes podem ser dimensionados, inclinados, girados ou deformados sem degradar a imagem.

Veja um resumo do que pode e do que não pode ser feito com os objetos inteligentes:

- É possível executar transformações não destrutivas, ou seja, dimensionar, girar ou distorcer uma camada sem perder os dados ou a qualidade da imagem original, porque as transformações não afetam os dados originais. Algumas opções de transformação, como *Perspectiva* (*Perspective*) e *Distorção* (*Distort*), não estarão disponíveis.

- É possível trabalhar com dados de vetor, como artes vetoriais produzidas no Illustrator, que, do contrário, seriam rasterizados no Photoshop.

- É possível executar filtragem não destrutiva. Você pode editar filtros aplicados a objetos inteligentes a qualquer hora.

- É possível editar um objeto inteligente e atualizar automaticamente todas as instâncias vinculadas.

- Não é possível executar operações que alterem os dados de pixel (como pintura, subexposição, superexposição ou clonagem) diretamente em um objeto inteligente, a menos que ele seja primeiro convertido em uma camada regular, que então será rasterizada.

Opções Colocar incorporados (Place Embedded) e Colocar vinculados (Place Linked)

Você tem duas opções para fazer a importação de um arquivo para seu projeto no Photoshop:

- *Colocar incorporados* (*Place Embedded*): com essa opção, o arquivo que está sendo importado será incorporado ao seu projeto e não terá nenhuma ligação com a imagem original. Ou seja, se a imagem original for alterada por algum motivo, a imagem importada para seu projeto não sofrerá nenhuma modificação.

- *Colocar vinculados* (*Place Linked*): com essa opção, o arquivo que está sendo importado terá um vínculo (link) com a imagem original. Dessa forma, qualquer alteração feita na imagem original será automaticamente refletida na imagem importada para seu projeto.

Abrindo ou importando um arquivo do Adobe Illustrator

Você vai trabalhar com um arquivo criado no Adobe Illustrator, que você pode importar ou simplesmente abrir diretamente no Photoshop. Em ambos os casos, será exibido o quadro *Importar PDF* (*Import PDF*). Apesar do nome, esse quadro é apresentado toda vez que você for importar ou abrir um arquivo PDF ou do Illustrator no Photoshop.

As diferenças entre importar e abrir são as seguintes:

- Ao importar um arquivo do Illustrator em uma imagem aberta, o arquivo é colocado na imagem e aguarda que sejam definidas as dimensões de largura e altura, o que pode ser feito manualmente ou pela *Barra de Opções* (*Options Bar*). Com essa opção, o arquivo é colocado na imagem em uma nova camada e como objeto inteligente.

- Ao abrir um arquivo do Illustrator, o quadro *Importar PDF* (*Import PDF*) exibe todas as opções de configuração para o arquivo que está sendo aberto (como tamanho e resolução). Com essa opção, o arquivo é colocado na imagem em uma nova camada, mas não como objeto inteligente.

1. No menu *Arquivo* (*File*), clique em *Abrir* (*Open*) (ou pressione as teclas de atalho Ctrl + O) e selecione o arquivo *Europa.ai* (arquivo do *Adobe Illustrator*), disponível na pasta *Arquivos de trabalho/Capitulo5*.

2. Clique no botão *Abrir* (*Open*), e o quadro *Importar PDF* (*Import PDF*) será exibido.

3. No item *Tamanho da Imagem* (*Image Size*), onde são ajustadas as configurações de como o arquivo deve ser aberto, selecione a unidade *pixels*.

4. Clique na caixa do item *Restringir proporções* (*Constrain Proportions*) para ativá-la, pois assim a altura e a largura serão alteradas proporcionalmente, e a seguir digite *500* na caixa *Largura* (*Width*).

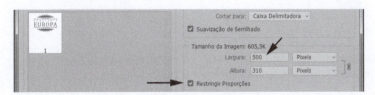

5. Na caixa do item *Modo* (*Mode*), selecione *Cores RGB*, mantenha as demais configurações e clique no botão *OK* para finalmente abrir o arquivo.

6. Pressione as teclas *Alt + Ctrl + C* para abrir o quadro *Tamanho da Tela de Pintura* (*Canvas Size*), e altere a *Largura* (*Width*) para *1.500 pixels* e a *Altura* (*Height*) para *1 000 pixels*. Isso deve ser feito para ampliar a tela de pintura. Clique em *OK* para finalizar.

7. Dê duplo clique na ferramenta *Mão* (*Hand*) para encaixar o zoom da imagem na janela e, no painel *Camadas* (*Layers*), crie uma nova camada, colocando-a abaixo da *Camada 1* (*Layer 1*).

8. Pressione as teclas de atalho *Shift + F5* para abrir o quadro *Preencher* (*Fill*) e preencha-a com a cor *Branco* (*White*).

9. Clique com o botão direito do mouse sobre a *Camada 1* (*Layer 1*), selecione a opção *Duplicar Camada* (*Duplicate Layer*) e, no quadro *Duplicar Camada* (*Duplicate Layer*), digite *Objeto* na caixa *Como* (*As*) e clique no botão *OK*.

Trabalhando com o objeto inteligente

Uma das camadas será convertida em objeto inteligente, e algumas alterações serão feitas para que você compare e veja a diferença.

1. Clique com o botão direito do mouse sobre a camada *Objeto* e selecione a opção *Converter em Objeto Inteligente* (*Convert to Smart Object*). O pequeno ícone colocado no canto da miniatura da camada indica tratar-se de um objeto inteligente.

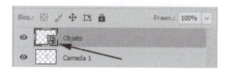

2. Selecione as duas camadas (*Objeto* e *Camada 1 – Layer 1*) e, no menu *Editar* (*Edit*), clique na opção *Transformação/Redimensionar* (*Transform/Scale*).

3. Na *Barra de Opções* (*Options Bar*), altere a largura para *30%* e dê duplo clique sobre a imagem para finalizar o redimensionamento das duas camadas.

4. Aplique um zoom na imagem e desloque a camada *Objeto* para a esquerda a fim de visualizar a *Camada 2* (*Layer 2*). Observe que, na redução de tamanho, a diferença na qualidade não é muito notada.

5. Selecione as duas camadas e, procedendo da mesma forma, altere a largura para *600%*.

Observe a diferença de qualidade entre as duas camadas: a da esquerda está definida como objeto inteligente, e a da direita é uma camada normal.

Isso mostra que o Photoshop mantém as características de uma camada qualificada como objeto inteligente sem perda de qualidade, independentemente das alterações de tamanho e da forma aplicadas.

6. Feche a imagem sem salvá-la, pois foi apenas um teste.

Trabalhando com a opção *Colocar vinculados* (*Place Linked*)

Essa opção é muito útil quando se trabalha com arquivos compartilhados entre vários documentos do Photoshop, ou no caso de trabalhos em equipe. Sempre que o documento original sofre uma alteração, os projetos que o utilizam são atualizados automaticamente.

1. Faça uma cópia das imagens *Avila.jpg* e *quadro.psd*, disponíveis na pasta *Arquivos de trabalho/Capitulo5*, em sua pasta *Meus trabalhos*. Você fará alterações nessas imagens e, assim, conservará as imagens originais.

2. Crie um novo arquivo com *2.592 pixels* de largura, *1.936 pixels* de altura e salve-o em sua pasta *Meus trabalhos* com o nome *Teste vinculo* com a extensão *PSD*.

3. No menu *Arquivo* (*File*), clique na opção *Colocar vinculados* (*Place Linked*), selecione o arquivo *Avila.jpg* em sua pasta *Meus trabalhos* e clique no botão *Inserir* (*Place*).

4. Tecle *Enter* para finalizar e observe o ícone na camada *Avila*, que informa ser uma imagem vinculada.

5. Repita o mesmo procedimento para importar a imagem *quadro.psd* e, em seguida, posicione-a como mostrado a seguir. Por fim, salve a imagem e feche-a.

6. Abra a imagem *Avila.jpg*, disponível em sua pasta *Meus trabalhos*. Você fará uma pequena alteração nela.

7. No menu *Imagem* (*Image*), clique na opção *Ajustes/Remover saturação* (*Adjustments/Desaturate*), salve a imagem e feche-a.

8. Abra a imagem *Teste vinculo.psd*, que você montou anteriormente, e observe o ícone de um pequeno triângulo com uma exclamação na camada *Avila*. Ele indica que a imagem original sofreu alterações e que seu arquivo está desatualizado.

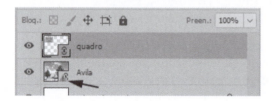

9. Clique com o botão direito do mouse sobre a camada *Avila* e selecione a opção *Atualizar conteúdo modificado* (*Updade Modified Content*) no menu de contexto. Veja que a imagem é atualizada de acordo com a alteração que você aplicou na original.

Alterando um original sem fechar o projeto

Você também pode alterar qualquer imagem vinculada diretamente em seu projeto sem precisar fechá-lo.

1. Selecione a camada *Quadro* e dê duplo clique no ícone da corrente que indica o vínculo.

2. A imagem *quadro.psd* será aberta para que você faça as alterações desejadas, mas sem fechar seu projeto.

3. No painel *Estilos* (*Syles*), clique no item *Sombra projetada do sistema OSX* (*OSX System Drop Shadow*) e, em seguida, salve e feche o arquivo. Observe que em seu projeto a imagem *Teste vinculo.psd* foi atualizada.

4. Salve sua imagem e feche-a.

Convertendo várias camadas em Objeto Inteligente (Smart Object)

Assim como é possível converter uma única camada em *Objeto Inteligente* (*Smart Object*), também é possível converter várias camadas. Nesse caso, o grupo de camadas selecionadas serão convertidas em um único *Objeto inteligente* (*Smart Object*).

1. Abra o arquyivo *Logotipo.psd*, disponível na pasta *Arquivos de trabalho/Capítulo 5*. Observe que se trata de um arquivo com cinco camadas.

2. Selecione todas as camadas no painel *Camadas* (*Layers*), clique com o botão direito sobre qualquer uma delas e, no menu de contexto, selecione a opção *Converter em objeto inteligente* (*Convert to Smart Objetct*). Veja que agora há apenas uma camada com todos os elementos que formam o logotipo.

Esse recurso facilita muito o trabalho quando se tem projetos com uma grande quantidade de camadas a serem manipuladas, pois é possível criar grupos de camadas como se fossem uma só.

3. Você pode fazer alterações nesse objeto como se fosse único. No menu *Editar* (*Edit*), clique na opção *Transformação/Redimensionar* (*Transform/Scale*).

4. Na *Barra de propriedades* (*Properties Bar*), altere o tamanho digitando *50%* na caixa *Largura* (*Width*); na caixa *Definir rotação* (*Set Rotation*), digite *45*; e tecle *Enter* para finalizar.

Se for necessário redefinir esse objeto inteligente para seu estado original, basta utilizar o botão *Redefinir transformações* (*Reset Transforms*) no painel *Propriedades* (*Properties*). O mesmo comando pode ser feito clicando-se com o botão direito sobre a camada e selecionando a opção *Redefinir transformação* (*Reset Transforms*), ou no menu *Camadas/Objetos inteligentes* (*Layer/Smart Object*).

5. Para esta atividade, clique no botão *Redefinir transformações* (*Reset Transforms*) do painel *Propriedades* (*Properties*).

6. Salve esse arquivo em sua pasta *Meus Trabalhos* como *Logotipo 2.psd* e feche-a.

Convertendo um objeto inteligente em camadas

O Photoshop consegue converter um objeto inteligente em camadas desde que ele tenha sido criado como resultado da junção de várias camadas, como foi o caso do logotipo.

1. Abra o arquyivo *Foto spa.psd*, disponível na pasta *Arquivos de trabalho/Capítulo 5*.

2. No menu *Arquivo* (*File*), clique em *Colocar imcorporado* (*Place Embedded*), selecione o arquivo *Logotipo 2.psd*, que foi salvo em sua pasta *Meus trabalhos*, clique em *Inserir* (*Place*) e tecle *Enter* para finalizar a inserção.

3. Observe no painel *Camadas* (*Layers*) que se trata de uma única camada com o logotipo. Posicione o logotipo próximo ao canto superior direito.

4. Para converter esse objeto inteligente em suas camadas originais, mantenha-o selecionado e, no painel *Propriedades* (*Properties*), clique no botão *Converter em camadas* (*Convert to Layers*). Será exibido um quadro de diálogo perguntando se você deseja manter as transformações na camada. Clique em "não" para mantê-la como *Objeto inteligente* (*Smart Object*).

5. Clique novamente no botão e você verá as camadas no painel *Camadas* (*Layers*).

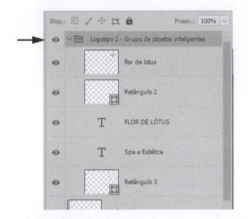

6. Feche a imagem sem salvá-la.

Filtros inteligentes

Quando um filtro é aplicado a um objeto inteligente, ele se torna um filtro inteligente. Os filtros inteligentes são armazenados como efeitos de camadas no painel *Camadas* (*Layers*) e aparecem logo abaixo do objeto inteligente a que estão associados.

Esses filtros não são destrutivos, pois é possível ajustá-los, removê-los, editá-los ou ocultá-los a qualquer momento. E, mesmo depois de salvar o arquivo, o original é preservado enquanto você adiciona efeitos e distorções na imagem.

Você pode aplicar qualquer filtro do Photoshop como um filtro inteligente, exceto o filtro *Criador de Padrões* (*Pattern Maker*) e o *Ponto de Fuga* (*Vanishing Point*). Além disso, é possível aplicar os ajustes *Sombra/Realce* (*Shadow/Highlight*) e *Variações* (*Variations*) como filtros inteligentes.

Aplicando um filtro inteligente

Para aplicar um filtro inteligente, você pode converter a camada para objeto inteligente no menu *Camadas* (*Layer*), e, assim que você aplicar um filtro, ele será automaticamente um filtro inteligente. Ou, então, pode converter a imagem para *Filtros inteligentes* (*Smart Filters*) no menu *Filtro* (*Filter*).

1. Abra a imagem *Madri-2.jpg*, disponível na pasta *Arquivos de trabalho/Capitulo5*.
2. No menu *Filtro*, clique na opção *Converter para Filtros Inteligentes* (*Convert for Smart Filter*), e será exibida uma caixa de diálogo alertando que, para ativar os filtros inteligentes, a camada será convertida para objeto inteligente. Clique em *OK* para aceitar.
3. No menu *Filtro* (*Filter*), clique na opção *Desfoque/Desfoque de Caixa* (*Blur/Box Blur*), altere o valor do *Raio* (*Radius*) para *25 pixels* e clique em *OK* para finalizar.

Quando você aplica um filtro inteligente em uma camada, uma miniatura de máscara vazia (branca) é exibida abaixo da camada, e o filtro aplicado vem logo em seguida.

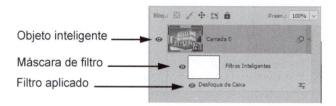

Você pode aplicar quantos filtros desejar, pois eles serão empilhados abaixo da máscara de filtro.

4. No menu *Filtro* (*Filter*), clique na opção *Estilização/Ladrilhos* (*Stylise/Tiles*), depois clique em *OK* no quadro de diálogo *Ladrilhos* (*Tiles*) para aceitar as opções padrões. Observe que o novo filtro foi colocado abaixo da máscara de filtro e acima do filtro anterior.

Assim como com as camadas, você pode desabilitar a visualização de um filtro clicando no ícone do olho diante dele, alterar sua posição na pilha de filtros ou apagá-lo.

Editando um filtro

1. Você pode editar qualquer filtro aplicado. Para tanto, dê duplo clique sobre o filtro *Ladrilho* (*Tiles*), e sua caixa de diálogo será exibida.
2. Altere o valor de *Número de Ladrilhos* (*Number Of Tiles*) para *15* e clique em *OK*.

Alterando o modo de mesclagem

Do lado direito de cada filtro existe um botão para que você altere o modo de mesclagem do filtro com a imagem. Quando houver mais de um filtro aplicado à imagem, o Photoshop avisa, com uma caixa de diálogo, que os filtros não serão visualizados enquanto você edita o filtro escolhido.

1. Dê duplo clique no pequeno símbolo colocado ao lado do nome do filtro *Desfoque de Caixa* (*Box Blur*) e, em seguida, clique em *OK* na caixa de diálogo exibida. Será mostrado o quadro *Opções de Mesclagem* (*Blending Options*), para você escolher um dos modos disponíveis e combinar o efeito com a imagem.

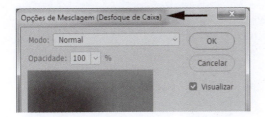

2. Selecione a opção *Sobrepor* (*Overlay*) na caixa *Modo* (*Mode*) e clique em *OK*. O modo escolhido será aplicado, e os outros filtros voltarão a ser exibidos.
3. Salve a imagem em sua pasta *Meus trabalhos* com o nome *Madri-2-editada.psd*.

Editando a máscara de filtros

As máscaras de filtro podem ser usadas para mascarar os filtros inteligentes de forma seletiva. Quando você mascara os filtros inteligentes, a máscara é aplicada a todos eles, não sendo possível mascarar filtros inteligentes individuais.

Elas funcionam quase da mesma maneira que as máscaras de camada, então é possível usar muitas técnicas semelhantes com elas. Assim como as máscaras de camada, as máscaras de filtro são armazenadas como canais alfa no painel *Canais* (*Channels*). Além disso, você pode carregá-las como uma seleção.

Você pode pintar em uma máscara de filtro, sendo que as áreas do filtro pintadas de preto são ocultas, as áreas pintadas de branco são visíveis e as áreas pintadas em tons de cinza aparecem em vários níveis de transparência.

1. Clique na miniatura da máscara de filtro (atualmente branca) no painel *Camadas* (*Layers*) para ativá-la. Uma borda ao redor da miniatura da máscara será exibida.

2. Você vai criar um degradê do preto para o transparente na máscara; dessa forma, parte da imagem original será exibida. Ative a ferramenta *Degradê* (*Gradient*) no painel *Ferramentas* (*Tools*) e, na *Barra de Opções* (*Options Bar*) abra o *Seletor de Degradê* (*Gradient Picker*) e selecione na pasta a opção *Do Primeiro Plano para Transparente* (*Foreground to Transparent*).

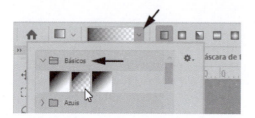

3. Posicione o cursor na base da imagem, clique e arraste até o topo dela. Libere o botão do mouse, e o degradê será criado exibindo parte da imagem. Observe o degradê criado na máscara de filtros.

4. Salve a imagem e feche-a.

Anotações

Anotações

6

Retoque de imagens e pintura digital

OBJETIVOS

» Ajustar contraste, nitidez e equilíbrio de cores em uma imagem

» Corrigir imperfeições e converter uma imagem para preto e branco

» Trabalhar com pincéis

» Explorar os recursos do painel *Histórico* (*History*)

Atividade 1 – Ajustando o contraste, a nitidez e o equilíbrio de cores

Objetivo: » Conhecer o painel *Ajustes* (*Adjustments*) e as ferramentas de retoque de imagem.

Tarefas: » Trabalhar com o painel *Ajustes* (*Adjustments*).

» Ajustar a nitidez da imagem com os filtros *Aplicação Inteligente de Nitidez* (*Smart Sharpen*) e *Máscara de Nitidez* (*Unsharp Mask*).

Retoque de imagens no Photoshop

Com o Photoshop, é possível retocar imagens fotográficas usando técnicas antes disponíveis apenas para profissionais especializados. Você pode corrigir problemas de qualidade das cores e da faixa tonal, melhorar a composição e o foco da imagem, a exposição, o matiz e a saturação, entre outros itens criados no momento em que a foto foi tirada ou durante o processo de digitalização. Tudo isso graças a um completo conjunto de ferramentas de ajustes de cor e tonalidades.

As técnicas de retoque do Photoshop variam de acordo com a finalidade da imagem, que pode ser utilizada em uma publicação impressa em preto e branco ou em cores, distribuída pela internet ou em dispositivos móveis, como celulares. A finalidade da imagem afeta tudo no trabalho de retoque, desde a resolução em que será digitalizada até a definição da faixa tonal e a correção de cores.

O retoque inicia-se, normalmente, com os ajustes de contraste e das faixas tonais. Depois, cor e tonalidade são ajustadas em áreas específicas a fim de realçar brilhos, meios-tons, sombras e cores não saturadas. Por fim, arruma-se o foco da imagem, dando-lhe maior nitidez.

Para obter um bom resultado, é importante que a resolução da imagem digitalizada seja apropriada à sua finalidade.

Nesta atividade, você praticará as técnicas de retoque corrigindo a fotografia que vai compor a capa de um catálogo, como mostrado a seguir.

Imagine que seu cliente lhe enviou a foto da orquídea para compor a capa, mas ela estava em estado lastimável. Como a foto é única, você é obrigado a utilizá-la, mas com os recursos disponíveis você poderá melhorá-la consideravelmente.

Painel Ajustes (Adjustments)

Esse painel reúne os principais controles e predefinições para você ajustar rapidamente a cor e o tom da imagem de forma não destrutiva. As ferramentas para fazer ajustes de cores e tons estão no painel *Ajustes* (*Adjustments*), e basta clicar no ícone da ferramenta para criar automaticamente uma camada de ajuste.

Os ajustes feitos com esse painel são aplicados em camadas acima da camada original, permitindo que você as desabilite a qualquer momento sem alterar nada na imagem original.

Além disso, o painel tem uma lista de predefinições de ajuste que aplicam correções de imagem comuns. Elas estão disponíveis para os comandos *Níveis* (*Levels*), *Curvas* (*Curves*), *Exposição* (*Exposure*), *Matiz/Saturação* (*Hue/Saturation*), *Preto e Branco* (*Black & White*), *Misturador de Canais* (*Channel Mixer*) e *Cor Seletiva* (*Color Lookup*).

Você pode salvar as configurações de ajuste como uma predefinição (adicionada à lista de predefinições) para utilizá-la em outras imagens.

1. Abra as imagens *ORQUIDEA.tif* e *Capa-catalogo.psd*, disponíveis na pasta *Arquivos de trabalho/Capitulo6*. Observe a imagem da orquídea nos dois arquivos e você verá a grande diferença entre o estado inicial e o estado após os ajustes.

2. Selecione a guia da imagem *orquidea*, pois é nela que você fará os ajustes. Altere o zoom da forma que achar mais confortável para seu trabalho.

3. Na *Barra de Opções* (*Options Bar*), altere a área de trabalho para *Essenciais* (*Essentials*) e clique na guia do painel *Ajustes* (*Adjustments*) para exibi-lo. Neste painel, os ícones representam os ajustes disponíveis. Pousando o cursor do mouse sobre eles, o nome do ajuste é exibido na parte superior do painel.

Ajustando o equilíbrio de cores

Algumas imagens apresentam uma distorção de cores que pode ter ocorrido durante a digitalização ou pode ser decorrente da foto original. A opção *Equilíbrio de Cores* (*Color Balance*) ajusta o balanço de cores, acertando as cores saturadas e não saturadas da imagem. Ela altera toda a mistura de cores, proporcionando uma correção geral da imagem.

1. Dê um clique no ícone *Equilíbrio de Cores* (*Color Balance*) no painel *Ajustes* (*Adjustments*). O painel *Propriedades* (*Properties*) será exibido com os controles desse ajuste, e uma camada de ajuste com o nome do ajuste aplicado será criada acima da camada da imagem.

2. O painel *Propriedades* (*Properties*), para esse ajuste, apresenta três faixas nas quais você pode aumentar uma cor enquanto diminui outra. Por exemplo, na primeira faixa estão o ciano e o vermelho. Movendo o controle deslizante para a direita, você aumenta os tons de vermelho e diminui os tons de ciano. Nesta atividade selecione, no item *Tom* (*Tone*), a opção *Tons Médios* (*Midtones*) para corrigir somente os meios-tons.

3. Ative a caixa da opção *Preservar Luminosidade* (*Preserve Luminosity*) para que o contraste da imagem não seja alterado.

Ao analisar a imagem, você notará que ela está saturada nas cores vermelho, magenta e azul, sendo, portanto, necessário corrigir esse problema. Para ajustá-la, você deve arrastar os controles deslizantes ou utilizar a caixa ao lado para digitar os valores desejados, colocando o sinal que indicará o lado para o qual o ajuste será feito: negativo (-) para a esquerda e positivo (+) para a direita.

4. Utilizando os controles deslizantes, ou as caixas, ajuste o *Ciano/Vermelho* (*Cyan/Red*) para -40, o *Magenta/Verde* (*Magenta/Green*) para +16 e o *Amarelo/Azul* (*Yellow/Blue*) para -82. Observe que os ajustes já melhoraram a imagem, tornando os tons de cor mais coerentes. E lembre-se de que esses ajustes não são destrutivos, pois eles não alteram a imagem original.

5. Salve a imagem como *Orquidea-final.psd* em sua pasta *Meus trabalhos*.

Ajustando os níveis

Esse comando é utilizado para ajustar o contraste da imagem, corrigindo os níveis de sombras, os meios-tons e as luzes.

1. Clique no ícone *Níveis* (*Levels*) no painel *Ajustes* (*Adjustments*). No gráfico exibido, denominado histograma, serão feitos os ajustes das tonalidades da imagem. O histograma de níveis atua como um guia visual para o ajuste de tons de registro da imagem. Nele, você pode ver exatamente onde começam as sombras e as luzes da imagem.

Observe os três controles deslizantes na base do gráfico. O controle preto (à esquerda) controla as sombras, o cinza (posicionado no centro) controla os meios-tons e o branco (à direita), as luzes. Você pode usar os controles ou digitar os valores diretamente nas caixas abaixo de cada um.

No item *Predefinição* (*Preset*) do painel há uma caixa com ajustes automáticos que você pode aplicar à sua imagem, e ao lado do botão *Automático* (*Auto*) está a caixa na qual você pode selecionar um canal específico para fazer os ajustes. Mantendo a opção *RGB*, o ajuste será feito em todos os canais ao mesmo tempo.

2. Mantenha a opção *RGB* selecionada, clique no controle de sombras (preto) e arraste-o para a direita até atingir o valor de 96. Dessa forma, as sombras na imagem serão alteradas, deixando-a mais escura; no entanto, as tonalidades serão balanceadas sem alterar as luzes, e a imagem se mostrará naturalmente clara. O controle central modifica a intensidade dos tons de cinza sem alterar drasticamente as luzes e as sombras.

3. Será exibido um pequeno botão com um triângulo e uma exclamação ao lado dos controles do painel (que significa *Calcular um histograma mais preciso – Calculate a more accurate histogram*). Esse triângulo indica que foi efetuada alguma alteração na imagem e que é preciso atualizar a visualização do histograma calculando valores mais precisos.

4. Clique no botão *Calcular um histograma mais preciso* (*Calculate a more accurate histogram*) para atualizar o histograma.

5. Observe que a imagem já está bem melhor. Mas lembre-se de que os valores citados nos passos desta atividade são apenas sugestões; portanto, não deixe de experimentar outros valores, pois os ajustes também são "visuais". Por fim, salve a imagem.

Ajustando sombras e realces

Por meio do ajuste das sombras e realces você corrige fotos com imagens *silhouetted* em razão de forte iluminação ou de imagens lavadas em decorrência do *flash* da câmera. O ajuste também é útil para clarear as áreas de sombra em uma imagem bem iluminada. No Photoshop você pode fazer esses ajustes com o comando *Sombras/Realces* (*Shadows/Highlights*) ou manualmente com as ferramentas *Subexposição* (*Dodge*) e *Superexposição* (*Burn*).

Comando Sombras/Realces (Shadows/Highlights)

O comando *Sombras/Realces* (*Shadows/Highlights*) não clareia nem escurece simplesmente uma imagem, mas faz isso com base nos pixels adjacentes das sombras ou dos destaques. Por isso, existe um botão para que cada ajuste seja feito separadamente.

1. Continuando o trabalho com a imagem *Orquídea-final.psd*, selecione a camada *Plano de Fundo* (*Background*) no painel *Camadas* (*Layers*).

2. No menu *Imagem* (*Image*), clique em *Ajustes* (*Adjustments*) e selecione a opção *Sombras/Realces* (*Shadows/Highlights*).

3. Assim que o quadro *Sombras/Realces* (*Shadows/Highlights*) é aberto, o comando já realiza um ajuste de acordo com os valores nas caixas *Intensidade* (*Amount*) de ambas as opções. Isso ocorre porque, por padrão, a caixa *Visualização* (*Preview*) já deve estar selecionada. Experimente desligar essa caixa e veja que algumas áreas da imagem melhoraram.

4. Clique no botão *OK*, pois, para esta atividade, o ajuste feito já é suficiente. Ainda assim, não deixe de experimentar outros valores.

Ferramentas Subexposição (Dodge) e Superexposição (Burn)

Essas ferramentas permitem que você ilumine ou escureça áreas específicas da imagem, pois funcionam como um pincel, e, sendo assim, você faz os ajustes manualmente.

1. Selecione a ferramenta *Subexposição* (*Dodge*), e na *Barra de Opções* (*Options Bar*) clique na seta do seletor de *Predefinição de Pincel* (*Brush Preset Picker*) e ajuste o tamanho para *125 px*, por exemplo.

2. No item *Intervalo* (*Range*) você escolhe qual área será afetada pela ferramenta; para esse caso, selecione *Tons médios* (*Midtones*).

3. Essa ferramenta ilumina áreas, como exemplo, pinte a área no canto inferior esquerdo da imagem para iluminar os galhos que estão por trás da folha.

4. Agora, selecione a ferramenta *Superexposição* (*Burn*), altere o tamanho do pincel para *250 px* e no item *Intervalo* (*Range*) clique em *Realces* (*Highlights*). Essa ferramenta permitirá que você diminua a luminosidade da folha de samambaia que está à esquerda, pois ela ficou muito clara.

5. Pinte sobre toda a folha e observe como a luminosidade diminui à medida que você pinta.

Ajustando a vibratilidade

Esse ajuste aumenta a saturação das cores menos saturadas mais do que as cores que já estão saturadas. Também é utilizado para impedir que tons de pele fiquem mais saturados enquanto os outros tons são ajustados.

1. Selecione a camada *Níveis 1* (*Levels 1*) e, no painel *Ajustes* (*Adjustments*), clique no botão *Vibratilidade* (*Vibrance*) para exibir as opções de ajuste no painel *Propriedades* (*Properties*).

2. Para esta atividade, aumente os valores de *Vibratilidade* (*Vibrance*) e *Saturação* (*Saturation*) para *14*, por meio dos controles deslizantes ou digitando o valor diretamente nas caixas.

3. A qualquer momento, você pode clicar no ícone do olho na base do painel *Ajuste* (*Adjustments*) para habilitar ou desabilitar a visualização da camada do ajuste, ou no próprio painel *Camadas* (*Layers*).

4. Salve e feche as duas imagens.

Nitidez das imagens

Uma das etapas importantes, e que geralmente é feita no final da edição de uma imagem, é o ajuste da nitidez.

Esse ajuste é um processo em que os contornos são acentuados para ficarem mais óbvios do que ficariam naturalmente, criando a impressão de detalhes bem-definidos. De forma básica, a nitidez aumenta o contraste entre pixels adjacentes para acentuar a diferença entre eles.

Por padrão, as câmeras digitais não tiram fotos muito nítidas, e, se você observar bem, o foco é sempre meio suave. Isso é uma característica da tecnologia de registro e das propriedades da luz. Mas a maioria das câmeras possui um programa feito para dar nitidez às suas imagens antes que elas saiam da câmera, por isso as fotos tiradas no modo automático já foram predefinidas. No entanto, algumas imagens podem ficar melhores se você acrescentar mais nitidez a elas.

O Photoshop tem cinco tipos de filtro para o ajuste da nitidez das imagens: três automáticos (*Tornar Arestas Nítidas – Sharpen Edges –, Tornar Mais Nítido – Sharpen More –* e *Tornar Nítido – Sharpen*), e dois com controles avançados (filtros *Máscara de Nitidez – Unsharp Mask –* e *Aplicação Inteligente de Nitidez – Smart Sharpen*).

Filtro Aplicação Inteligente de Nitidez (Smart Sharpen)

Esse filtro tem controles que não estão disponíveis no filtro *Máscara de Nitidez*. Com ele, é possível definir o algoritmo de nitidez ou controlar a intensidade de nitidez que ocorre nas áreas de sombra e de realce.

1. Abra o arquivo *Foto-nitidez.tif*, disponível na pasta *Arquivos de trabalho/Capitulo6*.

2. Aplique um zoom de *100%* na imagem e, no menu *Filtro* (*Filter*), clique em *Converter para Filtros Inteligentes* (*Convert for Smart Filters*). Desse modo, você pode reverter o processo com facilidade.

3. No menu *Filtro* (*Filter*), clique em *Tornar Nítido/Aplicação Inteligente de Nitidez* (*Sharpen/Smart Sharpen*).

Assim que o quadro de diálogo é aberto, você pode ver o filtro aplicado na área de pré-visualização do lado esquerdo. Da mesma forma que com outros quadros e janelas, é possível redimensioná-lo.

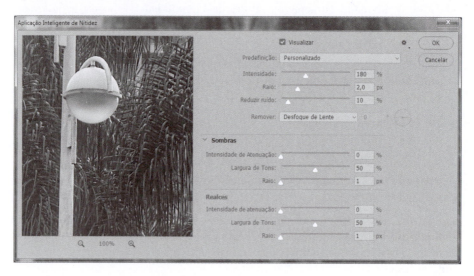

4. Ajuste o item *Intensidade* (*Amount*) para *180%*. Esse controle define a intensidade de nitidez, sendo que quanto maior o valor, mais você aumenta o contraste entre os pixels das arestas, dando a impressão de mais nitidez.

5. Ajuste o *Raio* (*Radius*) para *2 px*. Esse controle determina o número de pixels em volta dos pixels das arestas afetados pelo ajuste de nitidez. Quanto maior o valor do raio, mais amplos serão os efeitos nas arestas e mais óbvio será o ajuste de nitidez.

6. Ajuste o item *Reduzir ruído* (*Reduce Noise*) para *10%*. Esse ajuste reduz o ruído indesejado sem alterar bordas importantes.

7. Você pode visualizar a imagem com e sem o filtro aplicado na área de pré-visualização para, assim, ver as diferenças. Leve o cursor até a área de pré-visualização, clique e, mantendo o botão do mouse pressionado, veja a imagem original, sem os ajustes aplicados. Perceba a diferença na qualidade da imagem.

Com a caixa *Visualizar* (*Preview*) selecionada, o filtro é aplicado na imagem mesmo antes de você finalizar o processo.

O item *Remover* (*Remove*) define o algoritmo de nitidez utilizado para tornar a imagem nítida e possui três opções:

- *Desfoque Gaussiano* (*Gaussian Blur*): é o método utilizado pelo filtro *Máscara de Nitidez*.

- *Desfoque de Lente* (*Lens Blur*): detecta as arestas e os detalhes de uma imagem, proporcionando um ajuste mais fino dos detalhes e a redução dos halos de nitidez.

- *Desfoque de Movimento* (*Motion Blur*): tenta reduzir os efeitos do desfoque ocasionado pela câmera ou pelo movimento do objeto. Para essa opção, o controle de ângulo é ativado e, com ele, define-se a direção do movimento.

8. Para essa imagem, mantenha a opção *Desfoque de Lente* (*Lens Blur*).

9. Clique na seta ao lado do item *Sombras/Realces* (*Shadows/Highlights*) para exibir suas opções de ajuste. Com ele você ajusta a nitidez de áreas escuras e claras, aumentando ou reduzindo os halos de nitidez escuros ou claros.

10. Mantenha os valores padrões nos itens *Sombras/Realces* (*Shadows/Highlights*) para esta imagem e clique em *OK*.

11. Compare o antes e o depois clicando no ícone do olho (para desligar e ligar sua visualização) em frente ao filtro no painel *Camadas* (*Layers*).

12. Salve a imagem em sua pasta *Meus trabalhos* como *Foto-nitidez-final.tif*, e feche-a.

Filtro Máscara de Nitidez (Unsharp Mask)

O filtro *Máscara de Nitidez* (*Unsharp Mask*) torna uma imagem mais nítida, aumentando o contraste ao longo das arestas. Ele não detecta arestas de uma imagem, mas localiza pixels que diferem no valor dos pixels adjacentes de acordo com o limiar que você especifica na caixa *Limiar*. Ele então aumenta o contraste dos pixels vizinhos no valor que você especificar. Dessa forma, os pixels vizinhos claros tornam-se ainda mais claros, e os pixels mais escuros tornam-se ainda mais escuros. Além disso, você pode especificar o raio da região a que cada pixel é comparado, sendo que quanto maior for o raio, maiores serão os efeitos nas arestas.

1. Abra a imagem *Orquidea-final.psd* e selecione a camada *Plano de Fundo* (*Background*).

2. No menu *Filtro* (*Filter*), clique em *Tornar Nítido/Máscara de Nitidez* (*Sharpen/Unsharp Mask*) para exibir o quadro com os ajustes disponíveis.

3. Observe que, automaticamente, o filtro faz alguns ajustes com os valores padrões, e você já percebe uma leve alteração na imagem. O resultado pode ser visto na janela de visualização do quadro, ou na própria imagem se o item *Visualizar* (*Preview*) estiver ativado.

4. Experimente alguns valores para compreender melhor o que ocorre na imagem. Mas, para esta atividade, altere a *Intensidade* (*Amount*) para *90%* e o *Raio* (*Radius*) para *2 pixels*.

5. Clique no botão *OK* para finalizar, salve a imagem e feche-a.

Com esses ajustes, a imagem já está pronta para uso no projeto do catálogo do seu cliente.

Atividade 2 – Corrigindo imperfeições e convertendo imagens

Objetivo: » Fazer retoques precisos para recuperar imagens e converter imagens para preto e branco.

Tarefas: » Limpar imagens com a ferramenta *Pincel de Recuperação* (*Healing Brush*).

» Fazer retoques com a ferramenta *Correção* (*Patch*).

» Fazer retoques com a ferramenta *Pincel de Recuperação para Manchas* (*Spot Healing Brush*).

» Converter imagens para preto e branco e vice-versa.

Ferramenta Pincel de Recuperação (Healing Brush)

Essa ferramenta proporciona maior produtividade na remoção de sujeiras, arranhões ou mesmo imperfeições em uma imagem digitalizada sem que se percam informações referentes a texturas e áreas claras ou escuras.

Uma amostra da grande vantagem dessa ferramenta está no trabalho de limpeza de áreas de grande complexidade, principalmente em fotografias, em que a preservação da textura e da luminosidade originais da pele das pessoas retratadas é muito difícil de alcançar.

1. Abra a imagem *MAE.jpg*, localizada na pasta *Arquivos de trabalho/Capitulo6*.
2. Crie uma nova camada, pois dessa forma você mantém intacta a imagem original.
3. Você vai melhorar o aspecto abaixo dos olhos da mulher da foto. Mantenha a *Camada 1* (*Layer 1*) selecionada para efetuar as modificações e aplique um zoom na região dos olhos.
4. Ative a ferramenta *Pincel de Recuperação* (*Healing Brush*) e na *Barra de Opções* (*Options Bar*) abra o *Seletor de Pincel* (*Brush Options*) e ajuste os valores de *Tamanho* (*Size*) para *50 px* e *Rigidez* (*Hardness*) para *100%*.

 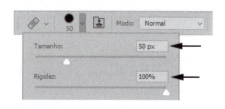

5. No item *Clonar modo de amostra* (*Sample*), selecione a opção *Todas Cam.* (*All Layers*) para que as alterações sejam feitas na camada selecionada. Por isso, você deve deixar a *Camada 1* (*Layer 1*) selecionada.

6. Leve o cursor até a imagem e, mantendo a tecla *Alt* pressionada, dê um clique na região mostrada na figura.

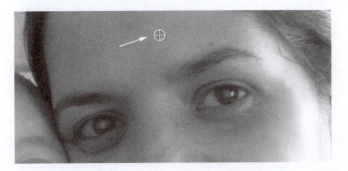

7. Com esse procedimento, você determinou os pixels que devem ser utilizados para que a ferramenta faça a clonagem na região a ser modificada, ou seja, você forneceu uma amostra para a ferramenta.

8. Solte a tecla *Alt*, leve o cursor até a base do olho da direita, clique e arraste para a esquerda, passando o cursor sobre a área a ser modificada. Note que as imperfeições desapareçam, e a região fica como se elas nunca tivessem existido.

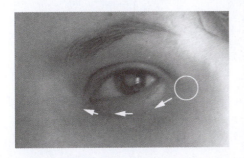

9. Repita o procedimento sob o olho esquerdo. Pegue uma nova amostra na testa e pinte a base do olho.

10. Apesar de as imperfeições terem sido removidas, o aspecto fica meio artificial. Para dar mais realismo à imagem, basta alterar a opacidade da *Camada 1* (*Layer 1*). No painel *Camadas* (*Layers*), clique na seta da caixa *Opacidade* (*Opacity*) e altere o valor para 45%. Veja que o resultado ficará mais natural.

11. Salve a imagem em sua pasta *Meus trabalhos* como *Mae-final* com a extensão *PSD*.

Ferramenta Correção (Patch)

A ferramenta *Correção* (*Patch*) repara uma área selecionada com pixels de outra área ou de um padrão. Assim como a ferramenta *Pincel de Recuperação* (*Healing Brush*), a ferramenta *Correção* (*Patch*) mantém a textura, o brilho e as sombras dos pixels a serem alterados, permitindo que você faça clones de áreas isoladas da imagem. Essa ferramenta apresenta duas opções de trabalho: *Normal* (*Normal*) e *Sensível a conteúdo* (*Content-Aware*).

Usando a ferramenta com a opção Normal

Essa opção é simples e perfeita para regiões mais comuns. Veja como é fácil, por exemplo, retirar a data da imagem.

1. Aplique um zoom na área da data e selecione a ferramenta *Correção* (*Patch*).

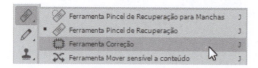

2. Selecione a camada *Plano de Fundo* (*Background*), leve o cursor até a imagem e faça uma seleção em torno do texto. A ferramenta *Correção* (*Patch*) funciona como uma ferramenta de seleção.

Na *Barra de Opções* (*Options Bar*), existem duas opções para a ferramenta *Correção* (*Patch*): *Origem* (*Source*), que é a padrão, e indica que a área selecionada será alterada; e a opção *Destino* (*Destination*), em que o Photoshop entende que a área selecionada será usada somente para corrigir outra área.

3. Mantenha selecionada a opção *Origem* (*Source*) e desabilite a opção *Transparente* (*Transparent*), caso ela esteja ativada.

4. Posicione a ferramenta dentro da seleção, clique e, mantendo o botão do mouse pressionado, arraste a seleção para cima. Veja que a área em que se localizam os números com a data será substituída pela área da qual você deslocou a seleção.

5. Solte o botão do mouse e veja o resultado. A ferramenta clonará os pixels da nova área sobre a área anteriormente selecionada, conservando todas as qualidades. Assim, não se perceberá a alteração.

6. Pressione as teclas *Ctrl + D* para desfazer a seleção, salve e feche a imagem.

Usando a ferramenta com a opção Sensível a conteúdo (Content-Aware)

Essa opção é usada nos casos em que o uso da opção *Normal* (*Normal*) não tenha produzido o resultado esperado.

1. Abra a imagem *Predio.psd*, disponível na pasta *Arquivos de trabalho/Capitulo6*. Você vai remover a grade na lateral direita do prédio.

2. Primeiro você fará o trabalho com a ferramenta *Correção* (*Patch*) no modo *Normal* (*Normal*). No menu *Selecionar* (*Select*), clique em *Carregar Seleção* (*Load Selection*) e selecione a opção *Grade* (*Grid*) em *Canal* (*Channel*). Essa seleção foi feita previamente para agilizar seu trabalho.

3. Ative a ferramenta *Correção* (*Patch*) e mantenha a opção *Normal* (*Normal*) na caixa *Corrigir* (*Patch*).

4. Clique sobre a área selecionada, arraste-a para cima a fim de fazer uma cópia do céu e solte o botão do mouse. Veja que a grade foi removida, mas ficaram manchas no local, ou seja, o resultado não foi satisfatório.

5. Pressione as teclas de atalho *Ctrl + Z* para desfazer a alteração.
6. Na caixa *Corrigir* (*Patch*), selecione a opção *Sensível a conteúdo* (*Content-Aware*).

7. Clique na seleção e arraste-a para cima. Veja que o resultado agora ficou perfeito.
8. Salve a imagem como *Predio-final.psd* em sua pasta *Meus trabalhos* e feche-a.

Ferramenta Pincel de Recuperação para Manchas (Spot Healing Brush)

Essa ferramenta permite remover rapidamente manchas e outras imperfeições das fotos. Funciona de maneira similar ao *Pincel de Recuperação* (*Healing Brush*); no entanto, é mais indicada para pequenas recuperações. Ela pinta a área clicada com um padrão da amostra dos pixels vizinhos e faz a textura, a iluminação, a transparência e o sombreamento dessa amostra de pixels corresponderem aos pixels que estão sendo recuperados. Diferentemente da ferramenta *Pincel de Recuperação* (*Healing Brush*), a ferramenta *Pincel de Recuperação para Manchas* (*Spot Healing Brush*) obtém automaticamente a amostra do entorno da área clicada.

1. Abra a imagem *Mae-final.psd*, que você salvou em sua pasta *Meus trabalhos*, e selecione a camada *Plano de Fundo* (*Background*).

2. Observe as manchas no rosto da mulher, indicadas na imagem a seguir. A ferramenta *Pincel de Recuperação para Manchas* (*Spot Healing Brush*) é ideal para esse tipo de correção, pois concluirá a correção em apenas um clique.

3. Aplique um zoom suficiente para exibir as manchas e selecione a ferramenta *Pincel de Recuperação para Manchas* (*Spot Healing Brush*) no painel *Ferramentas* (*Tools*).

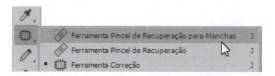

4. Na *Barra de Opções* (*Options Bar*), altere o tamanho do pincel para *30 px* (valor próximo ao tamanho da mancha nessa foto), no item *Modo* (*Mode*) deixe selecionada a opção *Normal* (*Normal*) e no item *Tipo* (*Type*) selecione a opção *Corresp. por Proximidade* (*Proximity Match*), para que a ferramenta utilize os pixels próximos à área clicada.

5. Posicione o cursor exatamente sobre a mancha e dê um clique. A mancha será removida sem deixar vestígios.

6. Repita o procedimento para as outras manchas e teste também no rosto do bebê.

7. Salve e feche a imagem.

Conversão de uma imagem colorida em preto e branco

Muitas vezes é necessário converter uma imagem colorida em tons de cinza (ou em preto e branco). O painel *Ajustes* (*Adjustments*) facilita esse trabalho, permitindo converter uma imagem colorida em tons de cinza ao mesmo tempo que mantém o controle total sobre o modo individual de conversão das cores.

1. Abra a imagem *Candles.psd*, disponível na pasta *Arquivos de trabalho/Capitulo6*. Essa imagem é composta de quatro camadas, e você deverá converter a imagem da *Camada 0* para preto e branco.

2. Para evitar a modificação das camadas que não serão alteradas, faça o bloqueio delas no painel *Camadas* (*Layers*). Selecione as camadas *Forma 1*, *Candles* e *Camada 2* e clique no ícone do cadeado para bloqueá-las.

3. Desabilite a visualização das camadas bloqueadas. Deixe visível e selecionada apenas a *Camada 0*.

4. No painel *Ajustes* (*Adjustments*), clique no ajuste *Preto-e-branco* (*Black & White*). Assim, acima da camada selecionada é criada uma camada de ajuste, e uma conversão de tons de cinza padrão é aplicada com base na mistura de cores na imagem.

5. Clique no botão *Automático* (*Auto*) no painel *Propriedades* (*Properties*). Essa opção define uma mistura de tons de cinza com base nos valores de cor da imagem, aumentando a distribuição de valores de cinza. A mistura automática geralmente produz resultados excelentes e também pode ser usada como ponto inicial para aprimorar valores de cinza por meio dos controles deslizantes de cor.

Observe que a vela do lado direito da imagem ficou um pouco escura, mas pode ser melhorada. Você pode usar os controles deslizantes no quadro para regular cada uma das cores da imagem ou fazê-lo diretamente na imagem.

6. Selecione a ferramenta *Ajuste na imagem* (*Click and drag on image to modify a slider*) no painel *Propriedades* (*Properties*).

7. Posicione o cursor sobre a vela, clique e, mantendo o botão esquerdo do mouse pressionado, movimente o cursor para a direita. Veja que o cursor mudará de formato e, quando você movimentá-lo, o controle da cor também se moverá no quadro.

8. Mova o cursor até que o valor de vermelhos atinja aproximadamente 55%.

9. Faça o mesmo clicando sobre a mesa até ajustar o valor de amarelos para 105%. Isso vai clarear os tons da imagem.

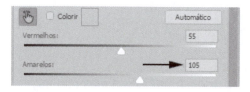

Os valores utilizados para a regulagem das cores são apenas sugestões. Fique à vontade para experimentar outras possibilidades.

10. Salve a imagem na pasta *Meus trabalhos* com o nome *Candles-final.psd*.

Aplicando o ajuste somente em uma camada

Quando você aplica os ajustes do painel *Ajustes* (*Adjustments*), todas as camadas abaixo da camada de ajuste são afetadas.

1. Habilite a visualização da *Camada 2* e veja que ela também foi convertida para preto e branco.

2. Para evitar isso, mantenha selecionada a camada *Preto-e-branco 1* e clique no botão do painel *Propriedades* (*Properties*), indicado na figura a seguir.

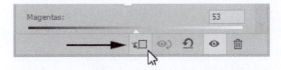

3. Veja que a camada de ajuste afeta apenas a camada abaixo dela, ou seja, a *Camada 0*.

Mascarando partes do efeito

Você pode conseguir um efeito bem interessante na imagem se alterar a máscara de camada com as ferramentas de seleção e pintura. Neste exemplo, você vai fazer que somente a vela não fique em preto e branco.

1. Na camada *Preto-e-Branco 1* (*Black & White 1*), selecione a máscara de camada clicando sobre ela.

2. Ative a ferramenta *Seleção Rápida* (*Quick Selection*) e faça a seleção da vela. Veja a figura a seguir.

3. Ative a ferramenta *Pincel* (*Brush*) e, no painel *Ferramentas* (*Tools*), certifique-se de que a *Cor do Primeiro Plano* (*Foreground Color*) é o preto.

4. Agora basta pintar sobre a área selecionada, e a vela será mostrada em sua cor original.

5. Desfaça a seleção e ative a visualização das camadas *Forma 1* e *Candles*.

6. Salve a imagem e feche-a.

Colorindo uma imagem em preto e branco

Assim como você converte uma imagem colorida em preto e branco, é possível colorir uma imagem que está em preto e branco.

1. Abra a imagem *Flor.psd*, disponível na pasta *Arquivos de Trabalho/Capitulo6*.

Para fazer a colorização, você precisa antes selecionar a região na qual deseja aplicar a cor. Essa imagem já possui as seleções prontas para agilizar seu trabalho.

2. No menu *Selecionar* (*Select*), clique em *Carregar seleção* (*Load Selection*). No item *Canal* (*Channel*) do quadro, escolha *Flor* e clique em *OK*. A seleção da flor será carregada.

3. No painel *Ajustes* (*Adjustments*), clique na opção *Matiz/Saturação* (*Hue/Saturation*).

4. Ative a caixa *Colorir* (*Colorize*). Dessa forma, os ajustes que você efetuar resultarão na colorização da área selecionada. E isso é feito obedecendo às tonalidades de sombras e áreas claras, mantendo os detalhes.

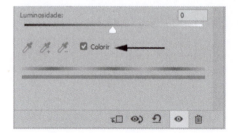

5. Agora basta você clicar nos controles deslizantes dos itens *Matiz* (*Hue*), *Saturação* (*Saturation*) e *Luminosidade* (*Lightness*) para ajustar a cor desejada. Como exemplo, ajuste a *Matiz* (*Hue*) para 43, a *Saturação* (*Saturation*) para 73 e a *Luminosidade* (*Lightness*) para -18 e veja o resultado.

Você tem mais duas seleções prontas nessa imagem: *Folhas* e *Fundo*. Para fazer a colorização sempre selecione a camada *Plano de Fundo* (*Background*) antes de iniciar o processo. Exercite seus conhecimentos finalizando essa colorização e depois compare com a imagem final disponível na pasta *Atividades prontas*.

6. Finalize o trabalho, salve a imagem em sua pasta *Meus trabalhos* como *Flor-final* e feche-a.

Atividade 3 – Trabalhando com pincéis

Objetivo: » Conhecer os recursos de pintura no Photoshop.

Tarefas: » Trabalhar com a ferramenta *Pincel* (*Brush*).
» Usar os modos de mesclagem.
» Explorar o painel *Pincel* (*Brushes*).
» Criar pincéis.

Pintura digital no Photoshop

O Photoshop é uma ferramenta muito versátil, e até aqui você experimentou diversos recursos para criar trabalhos diferenciados com múltiplas imagens. Agora, conhecerá as qualidades das ferramentas de pintura desse software.

Com as ferramentas de pintura, é possível criar verdadeiras obras de arte. No entanto, esse não é o objetivo deste capítulo, mas sim dar a você condições de conhecer e aplicar as diversas ferramentas de pintura. Depois disso, e com a prática, você estará apto a criar suas obras.

Na *Barra de Opções* (*Options Bar*) de cada ferramenta, é possível definir como a cor será aplicada em uma imagem e selecionar pontas de pincéis predefinidas.

Para conhecer os recursos de pintura, você vai colorir uma imagem simples a fim de explorar os recursos e configurações para esse tipo de trabalho.

Ferramenta Pincel (Brush)

A ferramenta *Pincel* (*Brush*) pinta com traçados de pincel. Com ela, você vai aplicar cores em desenhos em preto e branco.

1. Abra a imagem *Campo.tif*, disponível na pasta *Arquivos de trabalho/Capitulo6*. Essa imagem possui duas camadas, cada uma com uma ilustração.

2. Desligue a visualização da camada *Barracão*, deixando visível apenas a camada *Árvore*, e selecione-a.

3. Ative a ferramenta *Pincel* (*Brush*), e para a escolha do tipo e do tamanho do pincel clique na seta do item *Predefinições do Pincel* (*Brush Preset Picker*) na *Barra de Opções* (*Options Bar*).

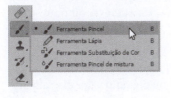 

4. Utilizando as caixas, altere o *Tamanho* (*Size*) do pincel para *200* px e a *Dureza* (*Hardness*) para *100%*.

5. No painel *Amostras* (*Swatches*), selecione a cor *Marrom-Escuro Quente* (*Dark Warm Brown*) na pasta *Claro* (*Pale*).

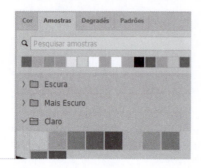

6. Posicione o cursor sobre a miniatura da camada *Árvore* no painel *Camadas* (*Layers*), mantenha a tecla *Ctrl* pressionada e dê um clique. A camada será selecionada, evitando que você pinte áreas fora da árvore.

Escolhendo um modo de mesclagem (Blending Mode)

1. No item *Modo* (*Mode*) da *Barra de Opções* (*Options Bar*), selecione *Sobrepor* (*Overlay*).

A opção *Sobrepor* (*Overlay*) multiplica ou divide as cores, dependendo da cor básica. Por meio dela, padrões ou cores se sobrepõem aos pixels existentes, preservando os realces e as sombras da cor básica. Dessa forma, a cor básica não é substituída, mas somada à cor de mesclagem para refletir as luzes e as sombras da cor original.

Nesta atividade, apenas os traços da árvore serão pintados. Quanto mais você passar o cursor sobre a imagem, mais forte ficará a cor. Se o botão do mouse não for solto, o tom da cor aplicada será uniforme.

2. Agora, basta levar o cursor até a imagem, clicar e pintar toda a árvore. Passe o cursor sobre a imagem várias vezes para deixar a cor marrom bem evidente.

Você pode ajustar o tamanho do pincel sempre que necessário para facilitar a pintura de alguma área menor. Use as teclas de atalho *[* e *]* para aumentar ou diminuir o tamanho do pincel. Isso também pode ser feito no painel *Predefinições do Pincel* (*Brush Preset Picker*).

3. No painel *Predefinições do pincel* (*Brush Preset Picker*), diminua o tamanho do pincel para *50 px*. Você pode utilizar o botão deslizante ou digitar o valor diretamente na caixa.

4. Para facilitar seu trabalho, aplique um zoom na região da grama, e no painel *Amostras* (*Swatches*) selecione a cor *Verde-Amarelo Mais Escuro* (*Darker Yellow Green*) na pasta *Mais Escuro* (*Darker*).

5. Pinte a região da grama, na base da árvore, e, ao final, pressione *Ctrl + D* para desfazer a seleção.

6. Desligue a visualização da camada *Árvore*, selecione a camada *Barracão* e ligue sua visualização.

7. Procedendo da mesma forma, faça a pintura da imagem do barracão utilizando as seguintes cores:

- para o barracão: *Marrom Quente Claro* (*Pale Warm Brown*);
- para as plantas: *Verde-Escuro* (*Dark Green*);
- para o céu: *Ciano Claro* (*Light Cyan*).

8. Ligue a visualização da camada *Árvore*. Como o fundo dela é branco, a imagem do *Barracão* ficará oculta.

9. Para dar um efeito diferenciado, selecione a camada *Árvore* e, no painel *Camadas* (*Layers*), altere o *Modo de mesclagem* (*Blending Mode*) para *Multiplicação* (*Multiply*).

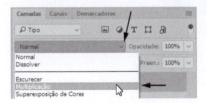

10. Pressione *Shift + Ctrl + S* e salve a imagem em sua pasta *Meus trabalhos* com o nome *Campo-Pintura.tif*. Em seguida, feche-a.

Painel *Pincel* (*Brush*)

Esse painel oferece maior liberdade e criatividade, pois nele estão concentradas todas as possibilidades de configuração das ferramentas de pintura. Assim, você poderá criar imagens artísticas como nunca, ingressando no que chamamos de *natural media*. É possível simular técnicas tradicionais de pintura (como pastel, carvão ou tintas à base de água) e utilizar os pincéis para aplicar efeitos especiais nas imagens (como folhas e grama), bastando criar uma textura própria ou digitalizar qualquer fundo que se queira aplicar.

1. Abra a imagem *Bioterra.psd*, disponível na pasta *Arquivos de trabalho/Capitulo6*.
2. No painel *Ferramentas* (*Tools*), ative a ferramenta *Pincel* (*Brush*), depois pressione a tecla de atalho *F5* para exibir o painel *Configurações do pincel* (*Brush Settings*).
3. Clique no item *Forma da Ponta do Pincel* (*Brush Tip Shape*), para exibir os controles de configuração, caso não esteja visível. Veja a seguir a descrição das áreas que compõem este painel.

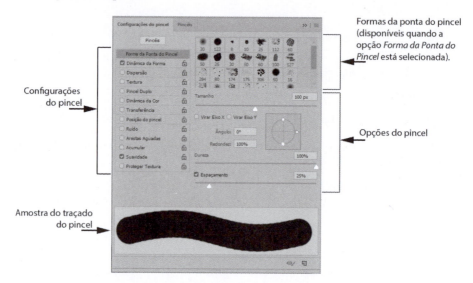

De forma geral, os recursos do painel são os seguintes:

- Na área de configuração dos pincéis, há controles precisos para cada opção. O quadrado ao lado do nome serve para ativar o recurso. Clicando sobre o nome do recurso, são exibidos, do lado direito, os controles do item escolhido, substituindo a área de ajustes e a lista de pincéis predefinidos.

- Na área de formas de pontas de pincel, existe uma lista com os pincéis que acompanham o Photoshop. Você pode acrescentar novos pincéis a essa lista.

- Na área de opções do pincel, você pode ajustar detalhes físicos e de aplicação referentes ao pincel escolhido.

- Na área de amostra do traçado do pincel, você vê o exemplo de como ficará a aplicação do pincel na imagem.

Além da liberdade de criação, o painel *Pincel* (*Brushes*) oferece controles precisos para ajustar várias configurações dos pincéis, permitindo que você as salve para serem usadas em outras imagens.

Devido ao grande número de possibilidades que esse painel oferece, serão exploradas aqui somente algumas, pois o que mais conta na hora de usá-las é a criatividade do usuário.

Usando uma textura como pincel

O Photoshop apresenta uma série de texturas predefinidas, e você utilizará uma delas como pincel. Mas antes de começar o trabalho, é preciso restaurar as configurações padrões de todas as ferramentas para que não haja diferenças entre sua tela de trabalho e a tela que foi utilizada na atividade, para a criação do livro.

1. Ainda com a ferramenta *Pincel* (*Brush*) ativa, clique sobre o ícone da ferramenta na *Barra de Opções* (*Options Bar*) com o botão direito do mouse e, no menu de contexto, selecione a opção *Redefinir Todas as Ferramentas* (*Reset All Tools*). Clique *OK* na mensagem de confirmação.

2. Altere a *Cor de Primeiro Plano* (*Foreground Color*) para preto, caso não seja essa a cor definida, e, no painel *Camadas* (*Layers*), selecione a *Camada 3*.

3. No painel *Configurações do pincel* (*Brush Settings*), localize o item *Tamanho* (*Size*) e ajuste o diâmetro do pincel para 95 *px*, utilizando o controle deslizante ou digitando o valor diretamente na caixa.

4. Clique no item *Textura* (*Texture*), do lado esquerdo, para ativá-lo e para exibir as opções de configuração.

5. Clique na seta ao lado do exemplo de textura para abrir o quadro seletor de padrões, e selecione a opção *Grama Outono* (*Autumn Grass*) na pasta *Grama* (*Grass*). São vários os tipos de padrão no menu que podem ser utilizados.

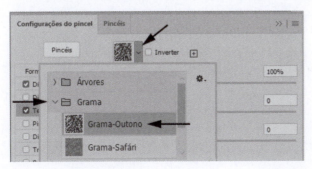

6. O item *Escala* (*Scale*) permite que você altere a escala de aplicação da textura. Deixe configurado em *100%*.

7. Localize a caixa *Modo* (*Mode*), clique na seta e selecione a opção *Multiplicação* (*Multiply*). Esse item define o modo como a pintura será combinada com a cor de fundo.

8. Leve o cursor até a imagem e, mantendo o botão esquerdo do mouse pressionado, movimente-o para pintar, deixando a imagem como mostrada a seguir, ou seja, sem preencher totalmente o fundo.

Com esses recursos, é possível aplicar qualquer textura disponível no Photoshop, inclusive aquelas que forem criadas por você.

11. Salve a imagem em sua pasta *Meus trabalhos* com o nome *Bioterra1.psd*.

Trabalhando com um pincel predefinido

Agora, você vai trabalhar com um dos pincéis predefinidos do Photoshop para conhecer as configurações possíveis com o painel *Configurações do pincel* (*Brush Settings*).

1. Mantenha a ferramenta *Pincel* (*Brush*) ativada e selecione a *Camada 3*.

2. No painel *Configurações do pincel* (*Brush Settings*), desabilite a opção *Textura* (*Texture*) e clique em *Forma da Ponta do Pincel* (*Brush Tip Shape*).

3. Usando a barra de rolagem da lista de pincéis predefinidos, dê um clique no pincel *174*. Veja o exemplo na área de pré-visualização.

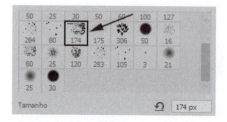

4. No item *Tamanho* (*Size*), ajuste o pincel para *170 px*.

5. Como o pincel utilizará a *Cor de Primeiro Plano* (*Foreground Color*) para a pintura, altere a cor no *Seletor de Cores* (*Color Picker*) para um tom de laranja à sua escolha, e na *Barra de Opções* (*Options Bar*) ajuste o *Modo* (*Mode*) para a opção *Normal* (*Normal*).

6. Leve o cursor até a imagem e dê um clique nas posições indicadas na figura a seguir, desloque-o para cima e clique novamente.

7. No painel *Configurações do pincel* (*Brush Settings*), altere a inclinação de aplicação do pincel para *180º* no item *Ângulo* (*Angle*), digitando o valor na caixa ou utilizando o círculo do lado direito, clicando na seta e girando-o até atingir o valor desejado.

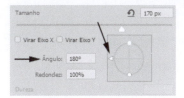

8. Agora, dê um clique nas posições indicadas na figura a seguir, desloque-o para cima e clique novamente.

9. Salve e feche a imagem.

Como você viu, utilizar um pincel predefinido e ajustar seus controles é muito simples. Os procedimentos são os mesmos para qualquer pincel que você venha a utilizar.

Criando um novo pincel

Outra grande vantagem do Photoshop é a possibilidade de criar novos pincéis. Qualquer imagem pode ser utilizada para funcionar como pincel.

1. Abra a imagem *Folha1.tif*, disponível na pasta *Arquivos de trabalho/Capitulo6*.
2. O tamanho do pincel será definido pela largura da imagem. Clique no menu *Imagem/Tamanho da Imagem* (*Image/Image Size*) para visualizar as informações e veja que a largura é de 66 pixels. Clique no botão *Cancelar* (*Cancel*).
3. Clique no menu *Editar/Definir Predefinição de Pincel* (*Edit/Define Brush Preset*). Será exibido o quadro *Nome do Pincel* (*Brush Name*).
4. Abaixo do exemplo do pincel é mostrado o tamanho (em pixels) com o qual ele será criado. Esse tamanho é exatamente a largura da imagem. É importante que você observe esses detalhes, pois durante o uso do pincel, se o tamanho for aumentado, ele poderá perder um pouco de definição.

5. Na caixa *Nome* (*Name*), digite FOLHA e clique no botão *OK* para finalizar.
6. Ative a ferramenta *Pincel* (*Brush*) e, no painel *Pincéis* (*Brushes*), localize o novo pincel criado.

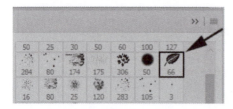

7. Feche a imagem *Folha1.tif*, pois ela não será mais utilizada.

Trabalhando com a opção *Dinâmica da Forma* (*Shape Dynamics*)

Essa opção do painel *Pincel* (*Brushes*) controla a variação das pinceladas na pintura por meio do pincel escolhido. Não se esqueça de deixar a ferramenta *Pincel* (*Brush*) ativada.

1. Abra a imagem *Tomates.jpg*, disponível na pasta *Arquivos de trabalho/Capitulo5*.

2. No painel *Camadas* (*Layers*), clique no botão *Criar uma nova camada* (*Create a new layer*). Você utilizará essa nova camada para usar o novo pincel e não alterará a imagem original.

3. Selecione o novo pincel (*FOLHA*) no painel *Pincel* (*Brushes*).

4. Antes de ativar a opção *Dinâmica da Forma* (*Shape Dynamics*), ajuste o espaçamento entre as pinceladas para *110%* no item *Espaçamento* (*Spacing*) do painel *Pincel* (*Brushes*). Observe a área de pré-visualização para ver o efeito provocado.

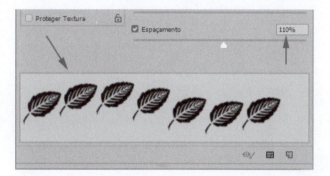

5. Dê um clique na opção *Dinâmica da Forma* (*Shape Dynamics*) para ativá-la e exibir seus controles. Ajuste o valor da *Tremulação do Tamanho* (*Size Jitter*) para *50%*.

6. Esse controle varia o tamanho das pinceladas de acordo com o valor ajustado, no caso, *50%*. O tamanho das pinceladas passará de 66 pixels (o valor original do pincel) para 33 pixels (50% do tamanho original).

7. Clique na seta ao lado da caixa *Controlar* (*Control*) e selecione a opção *Atenuar* (*Fade*). Isso fará que as pinceladas variem de tamanho desde o original até o valor especificado na opção *Diâmetro Mínimo* (*Minimum Diameter*).

8. No item *Diâmetro Mínimo* (*Minimum Diameter*), ajuste o valor para *2%*. Esse valor determina o tamanho mínimo que as pinceladas terão na opção *Atenuar* (*Fade*).

9. Na caixa ao lado da opção *Controlar* (*Control*), digite o valor *20*. Esse é o número de pinceladas necessárias para ir do diâmetro original até o valor especificado em *Diâmetro Mínimo* (*Minimum Diameter*).

10. Ajuste o valor da *Tremulação de Ângulo* (*Angle Jitter*) para *50%*. Dessa forma, entre uma pincelada e outra, a rotação será de 180°.

11. Ajuste o valor da *Tremulação de Redondez* (*Roundness Jitter*) para *15%*, e por fim selecione a cor *Verde-Amarelo Escuro* (*Dark Yellow Green*) no painel *Amostras* (*Swatches*).

12. Leve o cursor até a imagem e faça pinceladas de modo similar ao mostrado a seguir. Basta clicar, manter o botão do mouse pressionado e arrastar o cursor.

13. Salve a imagem em sua pasta *Meus trabalhos* como *Tomates-e-Folhas.psd* e feche-a.

Em resumo, para melhor entendimento: quando se pinta uma imagem com os ajustes de tremulação do tamanho, as folhas são pintadas com um espaçamento de 110% do tamanho original entre uma e outra, variando de tamanho (de 66 pixels para 1,32 pixel) em 20 pinceladas.

A opção *Tremulação de Ângulo* (*Angle Jitter*) ajusta a rotação entre as pinceladas, podendo variar, percentualmente, de 0° a 360°. A configuração padrão é de 100%, ou seja, entre uma pincelada e outra a rotação será de 360°.

A última opção a ser ajustada é a *Tremulação de Redondez* (*Roundness Jitter*), que controla a variação da largura do pincel, dando a impressão de que está ocorrendo uma rotação em seu eixo, sendo que essa variação ocorre em porcentagem.

Atividade 4 – Explorando mais recursos do painel Histórico (History)

Objetivo: » Utilizar o painel *Histórico* (*History*) para incrementar efeitos em uma imagem.

Tarefas: » Utilizar o comando *Instantâneo* (*Snapshot*).

» Trabalhar com o *Pincel do Histórico* (*History Brush*).

» Utilizar a ferramenta *Pincel História da Arte* (*Art History*).

Comando Instantâneo (Snapshot)

Esse comando, disponível no painel *Histórico* (*History*), permite que você faça uma cópia (ou instantâneo) de qualquer estado da imagem, lembrando que "estado" se refere a determinado momento do trabalho com a imagem, registrado no painel *Histórico*. O novo instantâneo é colocado no topo do painel *Histórico* (*History*), facilitando seu trabalho quando tiver de voltar a uma determinada etapa em edição de imagens muito complexas.

O Photoshop já vem configurado para criar um instantâneo do estado inicial da imagem toda vez que ela for aberta, sendo esse instantâneo colocado no topo da lista de estados. No entanto, é possível alterar essa configuração no painel *Histórico* (*History*).

Assim como os "estados", os instantâneos também são temporários, isto é, quando a imagem é fechada, eles são deletados automaticamente.

1. Abra a imagem *MADRI-CENTRO.jpg*, disponível na pasta *Arquivos de trabalho/Capitulo6*.

2. Clique no botão *Histórico* (*History*) para abrir o painel ou, no menu *Janela* (*Window*), clique em *Histórico* (*History*). Você pode aumentar o painel posicionando o cursor em sua base, clicando e arrastando.

3. Observe no painel o primeiro instantâneo e, logo abaixo, o registro da primeira ação na edição da imagem. Todos os comandos são registrados no painel.

4. Clique com o botão direito do mouse sobre a camada *Plano de Fundo* (*Background*) e selecione a opção *Duplicar Camada* (*Duplicate Layer*).

5. No quadro *Duplicar Camada* (*Duplicate Layer*), altere o nome para *Efeito 1*, mantenha o item *Documento* (*Document*) como *MADRI-CENTRO.jpg* e clique no botão *OK*. Essa é outra forma de se duplicar uma camada.

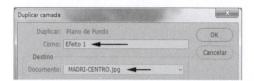

6. Selecione a camada *Efeito 1* e, no menu *Filtro* (*Filter*), clique na opção *Estilização/Entalhe* (*Stylize/Emboss*). Esse filtro dá a impressão de a imagem estar elevada ou estampada, convertendo sua cor de preenchimento em cinza e traçando as arestas com a cor de preenchimento original.

7. No quadro *Entalhe* (*Emboss*), ajuste os valores como mostrado a seguir.

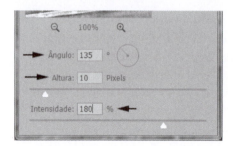

8. Clique no botão *OK* e observe no painel *Histórico* (*History*) todos os estados registrados até agora.

9. No painel *Camadas* (*Layers*), altere o *Modo de mesclagem* (*Blending Mode*) para *Sobrepor* (*Overlay*). Com essa combinação, as cores originais da imagem serão exibidas, pois estão na camada *Plano de Fundo* (*Background*), e os entalhes, na camada *Efeito 1*. O resultado é a impressão de volume na imagem.

Essa é uma primeira ideia para compor essa imagem, que pode ser usada em um postal, por exemplo. Portanto, comece a criar os *Instantâneos* (*Snapshots*):

10. Clique no botão *Criar novo instantâneo* (*Create new snapshot*) na base do painel *Histórico* (*History*). Observe o novo instantâneo criado na parte superior do painel.

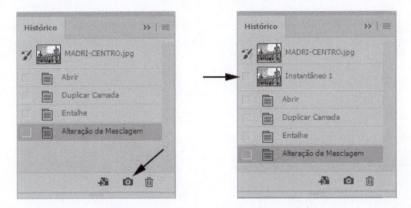

11. Desabilite a visualização da camada *Efeito 1*, dando um clique no ícone do olho.

12. Duplique novamente a camada *Plano de Fundo* (*Background*) e, na caixa *Como* (*As*), digite *Efeito 2*.

13. No menu *Filtro* (*Filter*), clique na opção *Estilização/Indicação de Arestas* (*Stylize/Find Edges*). Esse filtro identifica as áreas da imagem com transições significativas e acentua as arestas, contornando-as com linhas escuras sobre um plano de fundo branco. Isso é útil para criar uma borda em torno de uma imagem.

14. No painel *Camadas* (*Layers*), altere o *Modo de mesclagem* (*Blending Mode*) para *Escurecer* (*Darken*). Observe como fica interessante essa combinação, na qual os traços das arestas são evidenciados.

15. Clique novamente no botão *Criar novo instantâneo* (*Create new snapshot*) na base do painel *Histórico* (*History*), guardando mais essa opção.

16. Para testar mais uma opção, ligue a visualização da camada *Efeito 1* e crie mais um *Instantâneo* (*Snapshot*) para essa opção. Veja o resultado na imagem.

Portanto, você pode criar tantos instantâneos quanto precisar e, a qualquer momento, pode selecionar um deles para visualizar a imagem naquele determinado estado.

17. Clique no *Instantâneo 1* (*Snapshot 1*) e você verá como a imagem ficou com a primeira combinação de efeito e mesclagem. Em seguida, selecione os demais, um por um, para compará-los e escolher o melhor resultado para seu projeto.

Para que a imagem retorne ao último ponto de edição, basta selecionar o último estado, e todos os estados ficarão ativados novamente no painel. No entanto, você pode clicar no instantâneo criado toda vez que quiser voltar àquele determinado ponto da edição.

Mas é importante você lembrar que, se um instantâneo estiver selecionado e qualquer alteração for feita na imagem, todos os estados serão apagados, e a nova ação aparecerá como um novo estado.

Eliminando um instantâneo

Para eliminar um instantâneo, você deve proceder da mesma forma que para apagar um estado.

1. Clique no *Instantâneo 1* (*Snapshot 1*) e arraste-o para a lixeira do painel *Histórico* (*History*).

2. Clique no último estado da lista e salve a imagem em sua pasta *Meus trabalhos* com o nome *MADRI-CENTRO-FINAL.psd*, mas não feche a imagem.

Com o instantâneo, você tem mais liberdade de trabalho, podendo arquivar "momentos" da edição. Isso permite desfazer rapidamente as ações que não se quer mais ou comparar várias técnicas de edição.

Ferramenta Pincel do Histórico (History Brush)

Essa ferramenta utiliza um estado ou um instantâneo como padrão de pintura da imagem. Na verdade, ela cria um clone da imagem, obedecendo ao procedimento de pintura gravado no estado ou no instantâneo.

Você vai pintar o céu da imagem utilizando o estado *Abrir*. No ponto de edição referente a esse estado, ainda não havia sido aplicado nenhum dos filtros.

1. Ative a ferramenta *Pincel do Histórico* (*History Brush*) no painel *Ferramentas* (*Tools*).

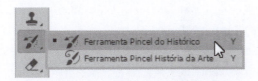

2. No painel *Histórico* (*History*), mantenha o último estado selecionado, e no painel *Camadas* (*Layers*) selecione a camada *Efeito 1*.

3. No painel *Histórico* (*History*), posicione o cursor na caixa do lado esquerdo do estado *Abrir* (*Open*) e dê um clique. A caixa do lado esquerdo do estado ficará marcada com o símbolo da ferramenta *Pincel do Histórico* (*History Brush*), indicando que o estado *Abrir* (*Open*) será utilizado como padrão para pintar a imagem.

4. No painel *Predefinições de Pincel* (*Brush Settings*), na *Barra de Opções* (*Options Bar*), selecione o pincel *Redondo macio* (*Soft Round*) e aumente o tamanho para *150 px*.

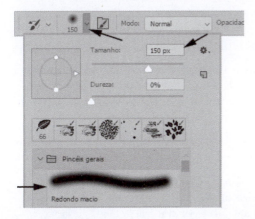

5. Posicione o cursor na região do céu na imagem, clique e arraste-o sobre todo o céu. Dessa forma, ele aparecerá como na imagem original. Se necessário, aumente ou diminua o tamanho do pincel para ser mais preciso nos detalhes próximos à construção.

6. Salve e feche a imagem.

Observe que todas as ações feitas com o *Pincel do Histórico* (*History Brush*) também ficam armazenadas no painel *Histórico* (*History*). E, além disso, também é possível pintar a imagem utilizando um instantâneo. Basta clicar na caixa em frente ao instantâneo desejado.

FERRAMENTA PINCEL HISTÓRIA DA ARTE (ART HISTORY BRUSH)

Assim como o *Pincel do Histórico* (*History Brush*), a ferramenta *Pincel História da Arte* (*Art History Brush*) pode usar um estado ou um instantâneo como padrão para pintar a imagem. A diferença é que, com ela, você pode pintar com movimentos estilizados e simular a textura de uma tela de pintura. Isso é possível em razão das várias possibilidades de configuração desta ferramenta disponíveis na *Barra de Opções* (*Options Bar*), que permitem a criação de diversos estilos artísticos.

Para obter um resultado com vários efeitos visuais, você pode combinar a ferramenta *Pincel História da Arte* (*Art History Brush*) com um filtro ou um preenchimento de cores sólidas. Nesta atividade, você vai combiná-la com um preenchimento branco feito com o comando *Preencher* (*Fill*).

1. Abra a imagem *MADRI-CENTRO-2.jpg*, localizada na pasta *Arquivos de trabalho/ Capitulo6*.

2. Faça uma cópia da camada *Plano de Fundo* (*Background*) pressionando as teclas de atalho *Ctrl + J*. Ao fazer isso, você preserva uma cópia da imagem original para depois comparar as duas, ou até mesmo para criar efeitos diferenciados combinando-as.

3. Mantendo a cópia da camada selecionada no painel *Camadas* (*Layers*), clique no menu *Editar/Preencher* (*Edit/Fill*).

4. No item *Conteúdo* (*Content*), selecione a opção *Branco* (*White*), na caixa *Modo* (*Mode*) selecione *Normal* (*Normal*) e clique no botão *OK* para preencher a *Camada 1* (*Layer 1*) com a cor branca.

5. Selecione a ferramenta *Pincel História da Arte* (*Art History Brush*).

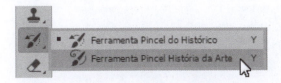

6. No painel *Predefinições de Pincel* (*Brush Settings*), na *Barra de Opções* (*Options Bar*), ajuste o tamanho para *15 px*. Quanto menor for o pincel, mais parecida com a imagem ficará a pintura.

7. No item *Modo* (*Mode*) da *Barra de Opções* (*Options Bar*), mantenha selecionada a opção *Normal* (*Normal*) e, no item *Opacidade* (*Opacity*), que controla a suavidade da pintura deixando-a mais suave ou mais intensa, mantenha o valor de *100%*.

8. Clique na seta ao lado da caixa do item *Estilo* (*Style*), que controla o formato das pinceladas, e clique na opção *Médio Apertado* (*Tight Medium*). Veja que são várias as opções de estilo para produzir resultados diferentes e, quando puder, teste cada uma para conhecê-las.

9. Clique na caixa ao lado do item *Área* (*Area*), que define o diâmetro da área da pintura, e digite *100*.

 Os valores indicados aqui são apenas sugestões para demonstrar a utilização da ferramenta. Fique à vontade para experimentar outros valores e conferir os resultados.

10. No painel *Histórico* (*History*), você pode selecionar qualquer estado para servir como base para a pintura, como fez anteriormente com a ferramenta *Pincel do Histórico* (*History Brush*). Mas, para esta atividade, mantenha a ferramenta *Pincel História da Arte* (*Art History Brush*) no instantâneo inicial.

11. Depois de ajustar as configurações da ferramenta, você pode iniciar a pintura. Posicione o cursor na imagem, clique e mantenha o botão do mouse pressionado, arrastando-o como se estivesse fazendo uma pintura. Você também pode dar cliques em vez de manter o botão do mouse pressionado e, para pintar um local por completo, passe o cursor várias vezes sobre ele.

12. Ao final, sua pintura deverá ficar semelhante à figura a seguir.

13. Clique no menu *Arquivo/Salvar como* (*File/Save As*) e salve a imagem com o nome *Tela-Madri.psd* em sua pasta *Meus trabalhos*.

Anotações

Anotações

7

Trabalhando com demarcadores, formas e transformação de imagens

OBJETIVOS

» Trabalhar com demarcadores

» Trabalhar com as ferramentas *Forma*

» Combinar textos com demarcadores e formas

» Trabalhar com comandos e recursos que aumentam a produtividade

Atividade 1 – Noções do trabalho com demarcadores

Objetivo: » Criar uma imagem utilizando os demarcadores.

Tarefas: » Criar demarcadores com as ferramentas *Caneta* (*Pen*).

» Duplicar e editar demarcadores.

» Desenhar um demarcador fechado.

» Aplicar os efeitos *Traçar* (*Stroke*) e *Preencher* (*Fill*) em um demarcador.

» Criar demarcadores curvos.

» Aplicar o filtro *Chamas*.

DESENHO OU PINTURA?

Para entender o que será estudado neste capítulo, você deve saber distinguir "desenho" de "pintura" no Photoshop.

O trabalho de pintura é a alteração das cores dos pixels de uma imagem por meio das ferramentas de pintura já vistas anteriormente, como gradações de cores, transições suaves e alteração individual de pixels com o uso de filtros.

O trabalho de desenho é a criação de formas geométricas por meio de demarcadores e demarcadores de corte, simulando um desenho vetorial. Por exemplo, para fazer um círculo, que é um desenho vetorial, você utiliza a ferramenta *Elipse* (*Ellipse*) e determina o raio, a posição que ele ocupará na imagem e a cor, além de poder selecioná-lo, editar seu contorno ou até mesmo distorcê-lo.

DEMARCADORES

Demarcadores são linhas precisas (retas ou curvas) criadas com as ferramentas *Caneta* (*Pen*), que também podem ser utilizadas como ferramentas de seleção, constituindo uma excelente alternativa para a criação de seleções complexas.

Diferentemente dos elementos desenhados com as ferramentas de pintura ou com a ferramenta *Lápis* (*Pencil*), os demarcadores são objetos vetorizados que não contêm pixels e não podem ser impressos, servindo como base para o desenvolvimento de seu projeto.

No painel *Ferramentas* (*Tools*), há três tipos de *Caneta*:

- A ferramenta *Caneta* (*Pen*), que desenha demarcadores retos e curvos com precisão.

- A ferramenta *Caneta de Forma Livre* (*Freeform Pen*), que desenha demarcadores como se você estivesse desenhando à mão livre.

- A ferramenta *Caneta de curvatura* (*Curvature Pen*), que desenha demarcadores curvos suaves ou retos com mais facilidade por ser intuitiva.

Nesta atividade, você aplicará os recursos básicos dos demarcadores para criar uma imagem que, apesar de simples, o ajudará a ter uma noção bastante precisa de como criar e manipular demarcadores.

Ferramenta Caneta (Pen)

Com essa ferramenta você desenha demarcadores retos e curvos com mais precisão.

1. Abra o arquivo *Coroa-base.psd*, disponível na pasta *Arquivos de trabalho/Capitulo7*, e aplique um zoom de forma a preencher sua tela com a coroa. Assim fica mais fácil trabalhar na criação dos demarcadores.

2. Esse arquivo possui uma camada de fundo e outra chamada *Linhas base*, que servirá de referência para que você crie os demarcadores. Ambas estão bloqueadas para que não sofram alterações.

3. Clique na guia do painel *Demarcadores* (*Paths*) para exibi-lo, pois com ele você gerencia os demarcadores criados. Como dito anteriormente, os demarcadores não contêm pixels, por isso não necessitam de uma camada, tendo apenas seu painel para organizá-los e editá-los.

4. Ative a ferramenta *Caneta* (*Pen*) no painel *Ferramentas* (*Tools*), e a *Barra de Opções* (*Options Bar*) apresentará as configurações da ferramenta. Você pode criar um demarcador ou uma forma, que será mostrada adiante, mas agora selecione *Demarcador* (*Path*).

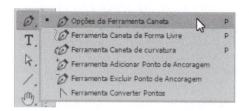 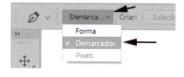

5. Leve o cursor até o início da linha do lado esquerdo e dê um clique. Em seguida, clique no final da linha do lado direito, e o demarcador será criado.

6. Pequenos quadrados são acrescentados nas extremidades, indicando o início e o fim do demarcador. Para visualizá-los, desligue a visualização da camada *Linhas base*. Eles são chamados de *Pontos de ancoragem*. É por meio deles que você pode editar um demarcador. Observe também, no painel *Demarcadores* (*Paths*), o novo demarcador.

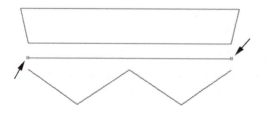 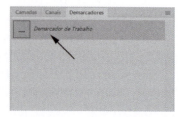

7. A construção do demarcador é contínua se você continuar clicando em outros pontos. É preciso interromper a criação para definir esse demarcador como uma reta única; portanto, pressione a tecla *Ctrl* e clique em qualquer posição da imagem.

8. Ligue novamente a camada *Linhas base*, pois você vai criar o zigue-zague abaixo da linha anterior.

9. Você deve ter percebido que a linha do demarcador só foi exibida quando você clicou no segundo ponto. É possível configurar a ferramenta para exibir a linha enquanto você desenha. Para isso, na *Barra de Opções* (*Options Bar*), clique no botão *Configuração* (*Path Options*) e habilite a opção *Elástico* (*Rubber Band*).

10. Clique no primeiro ponto do zigue-zague e observe que agora uma linha está presa à ferramenta, o que facilita visualmente o trabalho.

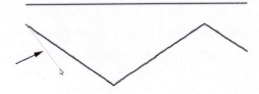

11. Clique nos outros pontos para construir o zigue-zague. Após clicar no último ponto, pressione a tecla *Ctrl* e clique em qualquer região da imagem para finalizá-lo. Desabilite a camada *Linhas base* e veja o resultado.

O painel *Demarcadores* (*Paths*) exibe o primeiro demarcador criado, temporariamente nomeado *Demarcador de Trabalho* (*Work Path*). Veja que tanto a linha como o zigue-zague fazem parte dele, apesar de não estarem conectados. Toda linha que você criar fará parte desse demarcador.

A linha e o zigue-zague criados são chamados de subdemarcadores, portanto o demarcador contém esses dois subdemarcadores.

Opções de demarcador

Por padrão, os demarcadores são criados com a cor azul e têm uma espessura fixa de 1 pixel. Você pode configurá-lo com outras opções, disponíveis no botão *Configuração* (*Path Options*) na *Barra de Opções* (*Options Bar*), onde anteriormente foi ativada a opção *Elástico* (*Rubber Band*).

1. Clique no botão para exibir as opções.

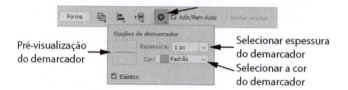

São dez cores e cinco espessuras à sua escolha, com o intuito de facilitar a visualização dos demarcadores, pois dependendo da imagem o demarcador pode ficar invisível se a cor de fundo for similar à sua cor. O mesmo serve para a espessura.

2. Ajuste, por exemplo, as opções de seus demarcadores para a cor *Vermelho Claro* (*Light Red*) e espessura de *2 px*.

Salvando um demarcador

Para criar um novo demarcador, é preciso antes salvar o demarcador existente e depois desfazer sua seleção no painel *Demarcadores* (*Paths*).

1. Com o *Demarcador de Trabalho* (*Work Path*) selecionado no painel, abra o menu do painel, clicando no botão do canto superior direito e selecione a opção *Salvar Demarcador* (*Save Path*).

2. Na caixa *Nome* (*Name*) do quadro digite *Base coroa* e clique em *OK* para finalizar.

3. Clique dentro do painel *Demarcadores* (*Paths*), mas fora do demarcador *Base coroa* para desabilitar sua seleção. Dessa forma, será criado um novo *Demarcador de Trabalho* (*Work Path*) quando você iniciar a criação de um demarcador.

Criando demarcadores fechados

O demarcador criado até agora é aberto, ou seja, os subdemarcadores não se conectam. Agora você vai criar demarcadores fechados para construir a parte superior da coroa.

1. Habilite novamente a visualização da camada *Linhas base*, caso não esteja visível, e ative a ferramenta *Caneta* (*Pen*).

2. Clique nos quatro cantos do trapézio da parte central da coroa e, ao final, posicione a ferramenta no primeiro ponto clicado. Observe que um pequeno círculo é exibido ao lado da ferramenta, indicando que o demarcador será fechado. Basta dar um clique para finalizar. Desabilite a visualização da camada *Linhas base,* e no painel *Demarcadores* (*Paths*) observe o novo demarcador criado.

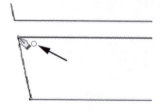
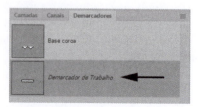

3. Repita o mesmo procedimento para criar um subdemarcador para a parte principal da coroa. Em seguida, salve esse *Demarcador de Trabalho* (*Work Path*) com o nome *Corpo coroa*.

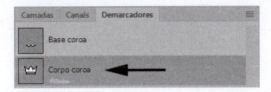

4. Salve a imagem em sua pasta *Meus trabalhos* como *Coroa-final.psd*.

Duplicando e editando demarcadores

Os demarcadores são editáveis, podendo-se fazer uma série de alterações em seu formato e em sua posição. Você vai acrescentar mais duas pontas à coroa utilizando uma cópia do demarcador existente e editando-o.

1. Clique com o botão direito sobre o demarcador *Corpo coroa* no painel *Demarcadores* (*Paths*) e selecione a opção *Duplicar Demarcador* (*Duplicate Path*), digite *Pontas extras* na caixa *Nome* (*Name*) do quadro de diálogo e clique em *OK*.

Ferramenta Seleção de Demarcador (Path Selection)

Você não vai utilizar o trapézio da parte inferior da coroa, portanto deve apagá-lo. Com a ferramenta *Seleção de Demarcador* (*Path Selection*), você seleciona qualquer subdemarcador para edição.

1. Ative a ferramenta *Seleção de Demarcador* (*Path Selection*), clique em qualquer parte do contorno do trapézio para selecioná-lo e tecle *Delete* para apagá-lo.

2. Clique em qualquer parte do contorno do trapézio para selecioná-lo e tecle *Delete* para apagá-lo.

3. Acrescente linhas-guia para auxiliar na edição. Não há necessidade de ser preciso no posicionamento. Veja a figura a seguir.

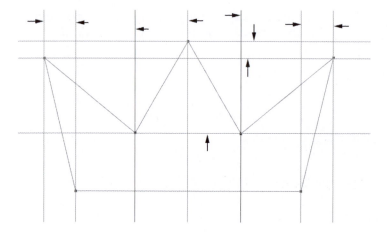

4. Selecione o demarcador da coroa dando um clique sobre qualquer parte do contorno.

5. Para apagar qualquer ponto de um demarcador, basta usar a ferramenta *Caneta* (*Pen*). Além de criar, ela também pode apagar um ponto ao ser posicionada sobre um deles. Portanto, ative a ferramenta *Caneta* (*Pen*), posicione-a sobre os pontos de ancoragem indicados na figura a seguir (observe que um sinal de "-" aparece ao lado dela) e clique para apagá-los.

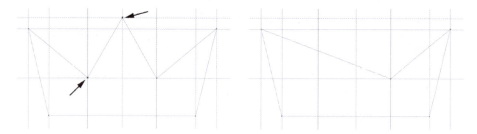

Ferramenta Seleção Direta (Direct Selection)

1. Essa ferramenta permite selecionar um ponto de ancoragem para editar o demarcador. Ative-a no painel *Ferramentas* (*Tools*).

2. Ao clicar sobre um ponto, esse fica preenchido de preto, indicando que está selecionado, enquanto os demais ficam vazados. Selecione cada um dos pontos e mova-os como mostra a figura a seguir.

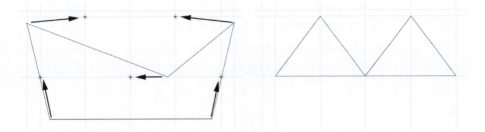

3. Para visualizar os dois demarcadores sobrepostos, selecione-os no painel *Demarcadores* (*Paths*) com a tecla *Ctrl* pressionada. Se necessário, faça os ajustes com a ferramenta *Seleção Direta* (*Direct Selection*) ajustando a posição dos pontos.

4. Salve a imagem.

Aplicando os efeitos *Traçar* (*Stroke*) e *Preencher* (*Fill*) no demarcador

Como dito anteriormente, o demarcador não é impresso no trabalho final. É utilizado apenas como base para desenhar ou pintar com as ferramentas do Photoshop. Portanto, você deve definir a camada que receberá a pintura antes de efetuá-la.

Comando Traçar demarcador com pincel

1. Crie uma nova camada com o nome *Pontas extras* e, no painel *Demarcadores* (*Paths*), selecione o demarcador *Pontas extras*.

2. Certifique-se de que a *Cor de Primeiro Plano* (*Foreground Color*) é o preto e selecione a ferramenta *Pincel* (*Brush*). O traçado no demarcador é feito com base no pincel escolhido.

3. Na *Barra de Opções* (*Options Bar*), abra o seletor *Predefinições de Pincel* (*Brush Preset Picker*), selecione o pincel *Redondo duro* (*Hard Round*), ajuste o *Tamanho* (*Size*) para *3 px* e a *Dureza* (*Hardness*) para *100%*.

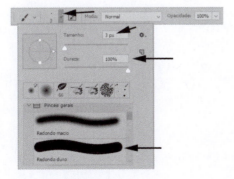

4. Na base do painel *Demarcadores* (*Paths*), clique no botão *Traçar demarcador com pincel* (*Stroke Path with Brush*) e veja o resultado.

5. Crie outra camada acima da anterior, altere o nome para *Corpo coroa* e repita o procedimento de pintura, sem se esquecer de selecionar o demarcador *Corpo coroa* no painel *Demarcadores* (*Paths*).

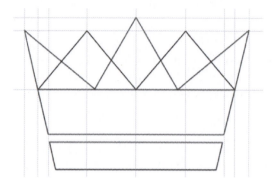

6. Crie mais uma camada com o nome *Base coroa* e selecione o demarcador *Base coroa* no painel *Demarcadores* (*Paths*). Você vai aplicar um traçado à linha e ao zigue-zague, mas com outro tipo de pincel.

7. Ative a ferramenta *Pincel* (*Brush*) e, na *Barra de Opções* (*Options Bar*), abra o seletor de *Predefinições de Pincel* (*Brush Preset Picker*).

8. Selecione o pincel *FOLHA* (criado anteriormente em outra atividade) e ajuste o *Tamanho* (*Size*) para 45 px.

9. Selecione uma cor azul no painel *Amostras* (*Swatches*) ou outra cor de sua preferência e, por fim, no painel *Demarcadores* (*Paths*), clique no botão *Traçar demarcador com pincel* (*Stroke Path with Brush*).

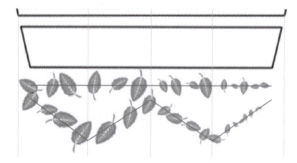

Carregar demarcador como seleção

Outro recurso disponível no painel *Demarcadores* (*Paths*) é a possibilidade de se carregar um demarcador como uma seleção. Há um botão próprio para essa função, e você pode ter uma seleção no formato do demarcador sempre que precisar.

Comando Preencher o demarcador com a cor de primeiro plano

Assim como é possível pintar o demarcador utilizando as ferramentas de pintura, você também pode preenchê-lo com uma cor ou com um padrão de preenchimento.

1. Selecione a camada *Pontas extras* e crie uma nova camada acima dela, renomeando-a para *Pontas extras – preenchimento*.

2. Altere a *Cor de Primeiro Plano* (*Foreground Color*) para um amarelo bem forte ou outra cor de sua preferência.

3. No painel *Demarcadores* (*Paths*), selecione o demarcador *Pontas extras* e clique no botão *Preencher demarcador com a cor do primeiro plano* (*Fill path with foreground color*).

4. Selecione a camada *Corpo coroa* e crie uma nova camada acima dela, renomeando-a para *Corpo coroa – preenchimento*.

5. No painel *Demarcadores* (*Paths*), selecione o demarcador *Corpo coroa* e clique no botão *Preencher demarcador com a cor do primeiro plano* (*Fill path with foreground color*).

6. No menu *Visualizar* (*View*), clique em *Apagar Guias* (*Clear Guides*) e confira o resultado. Com uma imagem bem simples, foram apresentados os recursos básicos para você trabalhar com os demarcadores.

7. Salve e feche sua imagem.

Criando demarcadores curvos

Para desenhar um demarcador reto, basta dar cliques, e as retas são criadas. Para desenhar um demarcador curvo, você utiliza a própria ferramenta *Caneta* (*Pen*), bastando clicar e arrastar o cursor para uma direção. Pratique essa técnica executando os passos a seguir.

1. Abra a imagem *Curvas.tif* localizada na pasta *Arquivos de trabalho/Capitulo7*. A partir dessa imagem, você desenhará curvas com os demarcadores.

2. Ative a ferramenta *Caneta* (*Pen*), clique no primeiro ponto da curva, arraste o cursor até o ponto indicado na figura A e veja o resultado na figura B.

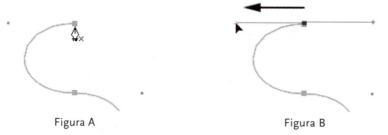

Figura A   Figura B

3. Solte o botão do mouse e observe que agora existem duas linhas. Elas servirão para fazer o ajuste das curvas.

4. Clique no segundo ponto da curva, arraste o cursor até o ponto indicado na figura A e veja o resultado na figura B. Observe que um demarcador curvo foi criado.

Figura A   Figura B

5. Compare as curvas da camada *Base* com as curvas que você está criando para saber se o seu trabalho está correto. Oculte essa camada para ver como o demarcador está ficando.

6. Exiba novamente a camada *Base*, clique no terceiro ponto da curva, arraste o cursor até o ponto indicado na figura A e veja o resultado na figura B. Dessa forma, a segunda curva será definida.

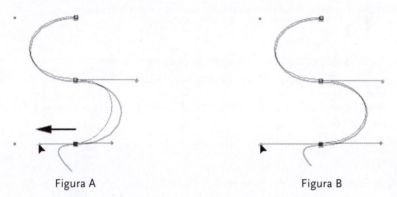

Figura A   Figura B

7. Observe que o Photoshop utilizará o último ponto definido como início da nova curva.

8. Clique no quarto ponto da curva, arraste o cursor até o ponto indicado na figura A e veja o resultado na figura B.

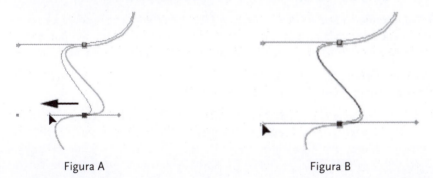

Figura A   Figura B

Desse modo, você acabou de desenhar uma curva em S. Veja que, para desenhar curvas, basta clicar em um ponto da imagem, manter o cursor do mouse pressionado e arrastá-lo no sentido oposto a esse ponto. Para desenhar curvas em S, arraste o cursor na direção do primeiro ponto.

9. Para finalizar a curva, clique no último ponto e arraste o cursor até o ponto indicado na figura a seguir. Por meio das extremidades das linhas criadas quando o cursor é arrastado, você pode ajustar a curvatura do demarcador.

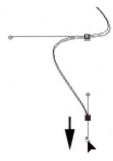

10. Pressione a tecla *Ctrl* e clique em qualquer posição para finalizar.
11. Oculte a camada *Base* para ver como ficou o demarcador.
12. Feche a imagem sem salvar, pois ela foi utilizada apenas para que você praticasse a criação de demarcadores curvos.

Ferramentas de edição

A edição de demarcadores ainda conta com mais três ferramentas para esse tipo de trabalho. Trata-se das ferramentas *Adicionar Ponto de Ancoragem* (*Add Anchor Point*), *Excluir Ponto de Ancoragem* (*Delete Anchor Point*) e *Converter Pontos* (*Convert Point*).

1. Abra a imagem *Coroa-Edicao.psd*, disponível na pasta *Arquivos de trabalho/Capitulo7*, e, no painel *Demarcador*, selecione o demarcador *Corpo coroa*. Essa imagem tem apenas um demarcador com o corpo da coroa.
2. Com a ferramenta *Seleção de Demarcador* (*Path Selection*), clique sobre a base da coroa para selecionar o subdemarcador. Observe que ele é formado por quatro pontos de ancoragem; você deverá acrescentar mais um ponto para a edição.
3. Selecione a ferramenta *Adicionar Ponto de Ancoragem* (*Add Anchor Point*) disponível no mesmo grupo de ferramentas *Caneta* (*Pen*).
4. Posicione a ferramenta no meio da linha inferior da base e dê um clique. Um novo ponto de ancoragem é criado, exibindo também as linhas de controle de curvatura.

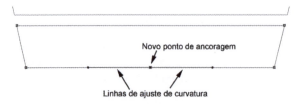

5. Posicione a ferramenta sobre a extremidade da linha de ajuste de curvatura da esquerda, clique e arraste para baixo.

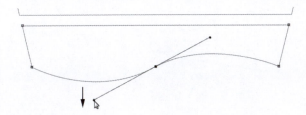

Com a ferramenta *Excluir Ponto de Ancoragem* (*Delete Anchor Point*) você faz o inverso, ou seja, ao clicar sobre um ponto ele é eliminado, e os dois pontos remanescentes que estavam ao seu lado são conectados.

Já com a ferramenta *Converter Pontos* (*Convert Point*) você pode criar as linhas de controle de curvatura em um ponto existente.

6. Selecione a ferramenta *Converter Pontos* (*Convert Point*), disponível no mesmo grupo de ferramentas *Caneta* (*Pen*), clique sobre o ponto indicado na figura e arraste o cursor para cima. Perceba como é simples a edição.

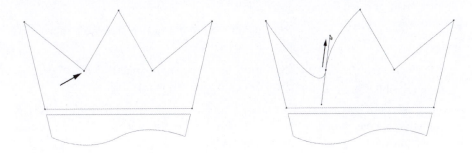

7. Faça o mesmo no ponto oposto, mas dessa vez arraste o cursor para baixo.
8. Crie uma nova camada chamada *Preenchimento Coroa*, selecione o demarcador *Corpo coroa* e faça o preenchimento como visto anteriormente. Como sugestão, utilize a cor *Laranja Amarelo Puro* (*Pure Yellow Orange*).
9. Salve a imagem em sua pasta *Meus trabalhos* como *Coroa-Edicao-final.psd* e feche-a.

Ferramenta Caneta de curvatura (Curvature pen)

Outra ferramenta que facilita o trabalho de criação de demarcadores é a *Caneta de curvatura*. Funcionando de modo intuitivo, essa ferramenta evita a troca de ferramentas durante o processo de desenho tornando a tarefa mais rápida e precisa.

Você cria os demarcadores definindo pontos de ancoragem, que podem ser pontos suaves, que criam curvas, ou pontos de vértice, que definem retas.

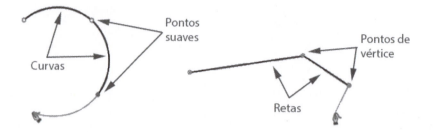

Veja a seguir as ações que podem ser feitas, durante a criação de seus demarcadores, com essa ferramenta:

- Para fazer com que um ponto de ancoragem seja suave ou de vértice, clique duas vezes sobre o ponto, e a ferramenta fará a alternância.
- Para mover um ponto, basta clicar sobre ele e arrastá-lo.
- Para excluir um ponto, clique sobre ele e tecle *Delete*. A curva onde ele estava será mantida.
- Para finalizar o seu demarcador, tecle *Esc*.

Para entender na prática como ela funciona, você criará demarcadores sobre duas imagens e poderá conferir a simplicidade de seu uso.

1. Abra a imagem *Janela1.jpg*, disponível na pasta *Arquivos de trabalho/Capitulo7*. A tarefa aqui é criar um demarcador contornando o vitral da janela.
2. Ative a ferramenta *Caneta de curvatura* (*Curvature Pen*), também no grupo das ferramentas caneta. A opção *Elástico* (*Rubber Band*), vista anteriormente, é ativada automaticamente quando essa ferramenta está ativa.

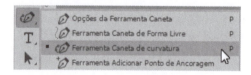

3. Posicione a ferramenta na base do vitral e dê um clique. O primeiro ponto de ancoragem é criado. Observe que, ao mover a ferramenta após dar o clique, pode-se ver a linha presa a ela.

4. Em seguida, posicione a ferramenta no início da parte curva do vitral. Do ponto inicial até o que será criado agora, será preciso uma reta, portanto dê dois cliques para definir um ponto de vértice. Assim o segundo ponto é criado, e a ligação entre os dois pontos desenha uma reta.

5. Agora, posicione a ferramenta no topo do vitral e dê apenas um clique para criar o próximo ponto e definir uma curva. Veja que ao movimentar a ferramenta a curva já está sendo definida.

6. Posicione a ferramenta no final da curva do vitral, aproximadamente na mesma altura do ponto oposto. Como a próxima linha do demarcador será uma reta que vai até a base, dê duplo clique nesse ponto para definir um ponto de vértice.

7. Agora, leve a ferramenta até a base e dê duplo clique para criar um ponto de vértice e definir a reta do demarcador até esse ponto.

8. Por fim, posicione a ferramenta sobre o ponto inicial e veja que um pequeno círculo aparece ao lado dela, indicando que o demarcador será fechado. Dê duplo clique para finalizar.

Com esses passos seu demarcador está pronto, e tudo feito com uma única ferramenta simples e muito útil. Após criar seu demarcador, várias ações podem ser feitas, como você viu anteriormente, tais como preencher, criar uma seleção a partir dele, etc.

9. Salve a imagem em sua pasta *Meus trabalhos* como *Vitral*, defina extensão *PSD*. Em seguida feche-a.

Ferramenta Caneta de Forma Livre (Freeform Pen)

Com essa ferramenta, você cria seus demarcadores de forma livre como se estivesse desenhando em um papel. À medida que o traçado é feito, a ferramenta vai criando automaticamente os pontos de ancoragem necessários para a forma, e ao final suaviza as curvas. Depois de pronto, assim como as outras ferramentas, você pode editar o demarcador movendo os pontos de ancoragem, eliminando ou adicionando pontos, ajustando as curvas, etc.

Por tratar-se de um desenho livre, você cria a forma que desejar. Mas essa ferramenta também é de grande utilidade para traçar demarcadores em torno de objetos em uma imagem, principalmente com a opção *Magnético* (*Magnetic*) ligada.

1. Abra a imagem *Maca.jpg* disponível na pasta *Arquivos de trabalho/Capitulo7*.
2. Estando a ferramenta *Caneta de Forma Livre* (*Freeform Pen*) ativa, ative a opção *Magnético*, na *Barra de Opções* (*Options Bar*), caso ela não esteja ativa.

Lembre-se de que esse recurso faz que o demarcador se ajuste às arestas do objeto. E, quando ativado com a ferramenta *Caneta de Forma Livre* (*Freeform Pen*), ela passará a se chamar *Caneta Magnética* (*Magnetic Pen*).

Quanto maior o contraste do objeto em relação ao fundo da imagem, mais preciso será o demarcador criado.

3. Posicione a caneta na borda da maçã, como mostrado a seguir.

4. Clique e, mantendo o botão do mouse pressionado, vá contornando a maçã, mas não solte o botão do mouse até completar todo o contorno. Perceba que, à medida que você faz o contorno, o demarcador vai sendo criado, e atrás do ponteiro do mouse os pontos de ancoragem são definidos.

Após criar o demarcador, você pode fazer as edições necessárias para deixá-lo mais preciso e obter um contorno perfeito. Utilize a ferramenta *Seleção Direta* (*Direct Selection*) para corrigir falhas no contorno, como mostrado a seguir.

Como dito, a própria ferramenta adiciona os pontos de ancoragem, mas você tem como configurar algumas opções que definem o ajuste e a complexidade do demarcador que está sendo criado.

5. Ative a ferramenta *Caneta de Forma Livre* (*Freeform Pen*) e, na *Barra de Opções* (*Options Bar*), clique no botão *Definir opções de caminho e de caneta adicionais* (*Set additional pen and path options*).

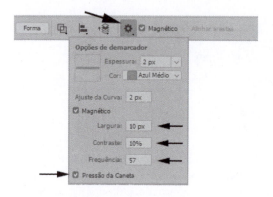

Os recursos a seguir definem como a ferramenta vai trabalhar para criar o demarcador:

- *Largura* (*Width*): define a faixa ou a largura máxima que a ferramenta irá detectar na aresta do objeto para definir os pontos de ancoragem. Você pode entrar com um valor entre 1 e 256 px.

- *Contraste* (*Contrast*): especifica o contraste necessário entre os pixels para que a ferramenta entenda como sendo uma aresta. O valor é em porcentagem, e você pode usar de 1% a 100%. Recomenda-se usar um valor alto para imagens que tenham baixo contraste.

- *Frequência* (*Frequency*): define a taxa que a caneta utilizará para definir os pontos de ancoragem, sendo que quanto maior o valor especificado, menor será a distância entre os pontos de ancoragem. Você pode definir valores de 0 a 100.

- *Pressão da Caneta* (*Pen Pressure*): essa opção só é válida quando se está utilizando uma caneta com mesa digitalizadora, e pode-se configurar a pressão exercida nela. Quando se aumenta a pressão da caneta sobre a mesa, a espessura do traçado diminui.

6. Salve a imagem em sua pasta *Meus Trabalhos* como *Maca-caminho.psd*, e feche-a.

Atividade 2 – Trabalhando com as ferramentas *Forma*

Objetivo: » Criar uma imagem utilizando as ferramentas *Forma*.

Tarefas: » Criar uma camada de forma.

» Fazer cópias de uma forma.

» Subtrair áreas da camada de forma.

» Utilizar a ferramenta *Forma Personalizada* (*Custom Shape*).

FERRAMENTAS *FORMA*

As formas são elementos geométricos criados com as ferramentas *Forma*. Com elas, também é possível selecionar, redimensionar e mover uma forma geométrica rapidamente, bem como alterar o contorno, os atributos de espessura da linha, a cor e o estilo de preenchimento.

Esses elementos não dependem da resolução da imagem, pois mantêm a mesma qualidade quando redimensionados e impressos em uma impressora PostScript, salvos no formato PDF ou exportados para um software de desenho vetorial, como o Adobe Illustrator.

Criando uma camada de forma

O Photoshop não cria elementos vetoriais, apenas os simula por meio dos demarcadores e do demarcador de corte. Quando você desenha uma forma, o Photoshop cria um demarcador e automaticamente aplica um demarcador de corte, encobrindo as áreas fora dos limites da forma geométrica. Por exemplo, quando um retângulo é desenhado, o Photoshop cria uma camada, preenche essa camada com a *Cor de Primeiro Plano* (*Foreground Color*) e, então, oculta as áreas externas ao retângulo por meio do demarcador de corte colocado na própria camada.

São seis ferramentas disponíveis: *Retângulo* (*Rectangle*), *Elipse* (*Ellipse*), *Triângulo* (*Triangle*), *Polígono* (*Polygon*), *Linha* (*Line*) e *Forma personalizada* (*Custom Shape*).

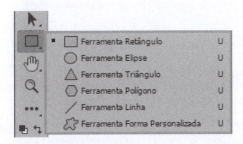

1. Crie um novo arquivo com 1.000 pixels × 1.000 pixels, resolução de 150 pixels/polegada e *Conteúdo do Plano de Fundo* (*Background Contents*) na cor branca.

2. Selecione a ferramenta *Retângulo* (*Rectangle*).

Quando uma das ferramentas *Forma* é selecionada, a *Barra de Opções* (*Options Bar*) exibe os itens para configuração. Essas ferramentas podem trabalhar de três modos diferentes:

- *Forma* (*Shape*): cria uma nova camada, um demarcador e um novo demarcador de corte.
- *Demarcador* (*Path*): cria um novo demarcador.
- *Pixels* (*Pixels*): cria apenas uma região preenchida com a *Cor de Primeiro Plano* (*Foreground Color*).

3. Clique no botão *Escolher modo de ferramenta* (*Pick Tool Mode*) para abrir o menu de opções e selecione *Forma* (*Shape*).

Opções geométricas

Todas as ferramentas *Forma* disponibilizam opções de configurações em um botão na *Barra de Opções* (*Options Bar*). Assim como nos *Demarcadores* (*Paths*), você configura a cor e espessura das linhas do demarcador. A seguir, veja o descritivo das demais opções:

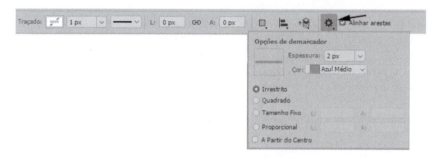

- *Irrestrito* (*Unconstrained*): você define o tamanho da forma manualmente pelo cursor do mouse enquanto o arrasta.
- *Quadrado* (*Square*): mesma função da opção anterior, mas as medidas de largura e altura se mantêm iguais.
- *Tamanho fixo* (*Fixed Size*): as caixas L (W), de largura, e A (H), de altura, são liberadas para que você defina exatamente o tamanho que a forma deverá ter.
- *Proporcional* (*Proportional*): as caixas L (W), de largura, e A (H), de altura, são liberadas para que você defina os respectivos valores, mas o tamanho poderá ser controlado pelo cursor e as medidas se manterão proporcionais.
- *A Partir do Centro* (*From Center*): faz a forma ser criada a partir do centro (ou do ponto em que você clicou) e é válida para todas as opções anteriores.

4. Para esta atividade, mantenha a opção *Irrestrito* (*Unconstrained*), clique na posição que desejar e crie um retângulo de aproximadamente *530 px × 300 px*. Observe que no painel *Camadas* (*Layers*) foi criada a camada *Retângulo 1* (*Rectangle 1*), composta da máscara de vetor e da informação de cor do preenchimento da forma geométrica.

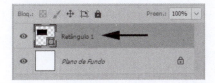

É na máscara de vetor que o Photoshop aplica a função do demarcador de corte. Com ele, é possível recortar imagens complexas com as ferramentas de seleção, transformar essa seleção em um demarcador com o painel *Demarcadores* (*Paths*) e criar o demarcador de corte. Desse modo, você pode levar a imagem para um software de editoração, pois alguns não permitem recortar imagens da mesma forma que o Photoshop.

Configurando uma forma

Assim que a forma é criada, o painel *Propriedades* (*Properties*) é aberto. Nele você pode alterar as diversas características da forma: tamanho, posição dentro da imagem, preenchimento, entre outras.

1. Clique no botão *Preenchimento* (*Fill*), e um segundo quadro será aberto. Na parte superior do quadro você tem quatro opções de preenchimento: *Sem Cor* (*No Color*), *Cor Sólida* (*Solid Color*), *Degradê* (*Gradient*) ou *Padrão* (*Pattern*). Dependendo da opção escolhida, a área abaixo dessas opções exibirá os itens de configuração relativos à escolha.

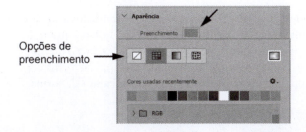

2. Localize a última pasta da lista *Cor Sólida*, e nela selecione a cor *Marrom escuro quente* (*Dark Warm Brown*).

3. Logo ao lado está o item *Traçado* (*Stroke*), que possui as mesmas opções que o anterior, exceto que agora estas serão aplicadas à linha de contorno da forma. Clique nesse item e selecione na pasta *Escala de cinza* (*Grayscale*) a cor *Preto 100%* (*Black*).

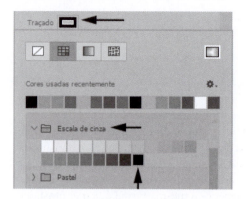

4. Na caixa ao lado do item *Traçado*, que permite o ajuste da espessura da linha de contorno, altere para *8 px*.

5. Por último, você pode definir o tipo de traçado da linha de contorno na caixa ao lado da anterior. Nesse caso, mantenha a linha contínua.

No painel *Propriedades* (*Properties*), você pode aplicar cantos arredondados à sua forma em quatro caixas, sendo uma para cada canto. Ativando-se o botão à frente do grupo de caixas (no formato de uma corrente), consegue-se fazer a alteração dos quatro cantos com a mesma medida. O mesmo pode ser feito diretamente na forma com o cursor do mouse, por meio dos controles circulares próximo aos cantos da forma.

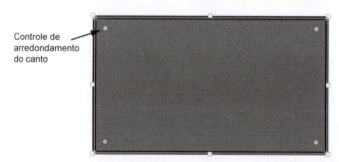

Clicando-se sobre esse controle, os cantos serão arredondados de acordo com o movimento do mouse, e os quatro cantos serão efetados. Para alterar apenas um, basta manter a tecla *Alt* pressionada.

6. Para essa atividadde, use o *painel Propriedades* (*Properties*). Desligue o botão *Vincular valores de raio do canto* (*Link together corner radius values*), caso ele esteja ativo, e altere o valor do canto superior esquerdo e do canto inferior direito para *70 px*.

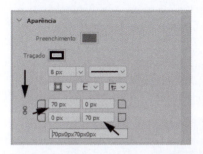

7. Salve a imagem em sua pasta *Meus trabalhos* com o nome *FORMAS.psd*.

Fazendo cópias da forma

1. Para copiar uma forma, ative a ferramenta *Seleção de Demarcador* (*Path Selection*), mantenha a tecla *Alt* pressionada, clique na forma e arraste-a para baixo.

2. No painel *Propriedades* (*Properties*), clique no botão *Virar na horizontal* (*Flip Horizontal*). O mesmo poe de ser feito no menu *Editar*, clicando em *Transformação de demarcador/Virar horizontalmente* (*Transform Path/Flip Horizontal*).

3. Clique fora da cópia para desfazer sua seleção e, no painel *Demarcadores* (*Paths*), selecione o demarcador *Retângulo 1 Demarcador de forma* (*Rectangle 1 Shape Path*).

Subtraindo áreas da camada de forma

Para recortar trechos de uma camada de forma, basta criar novas formas sobre ela com a opção *Subtrair da área da forma*.

1. No painel *Camadas* (*Layers*), mantenha selecionada a camada *Retângulo 1*; no painel *Demarcadores* (*Paths*), mantenha selecionado o demarcador *Retângulo 1 Demarcador de forma* (*Rectangle 1 Shape Path*).

2. Ative a ferramenta *Elipse* (*Ellipse*), no mesmo conjunto de ferramentas *Forma*, clique no botão *Operações de demarcador* (*Path Operations*) na *Barra de Opções* (*Options Bar*) e selecione a opção *Subtrair forma frontal* (*Subtract Front Shape*).

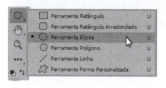 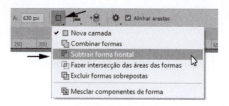

3. Desenhe uma elipse entre as duas figuras, mantendo as teclas *Shift* e *Alt* pressionadas para criar um círculo a partir do centro, e, em seguida, libere o botão do mouse. A nova elipse eliminará a área sobreposta, dando a impressão de um recorte. Tome por base a figura a seguir.

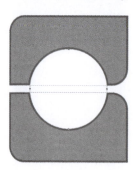

4. Salve a imagem em sua pasta *Meus Trabalhos* como *Teste formas.psd*.

Ferramenta Forma Personalizada

Essa ferramenta apresenta vários formatos predefinidos e disponíveis para você utilizar e personalizar.

1. No painel *Ferramentas* (*Tools*), ative a ferramenta *Forma Personalizada* e, no botão *Operações de demarcador*, selecione *Nova camada*.

2. No painel *Camadas* (*Layers*), clique numa área vazia para desfazer a seleção de qualquer camada.
3. Clique na seta ao lado do item *Forma* (*Shape*) para abrir o quadro *Seletor de Forma Personalizada* (*Custom Shape Picker*) e, na pasta *mm*, selecione a opção *Escuna* (*Scooner*).

4. Altere a *Cor de primeiro plano* (*Foreground Color*) para um azul-claro ou outra cor de sua preferência.
5. Com a tecla *Shift* pressionada, para criar a forma proporcional, leve o cursor até a imagem, clique e arraste-o para criar a forma. Em seguida, ajuste seu tamanho com a ferramenta *Mover* (*Move*) e coloque-a sobre a outra forma.

6. Salve a imagem e feche-a.

O *Seletor de Forma Personalizada* (*Custom Shape Picker*) contém formas predefinidas, mas é possível carregar muitas outras formas disponíveis no Photoshop. Basta abrir o menu no canto superior direito do quadro e selecionar a coleção que desejar. Você tem a opção de substituir as formas existentes no quadro ou acrescentar outras.

Atividade 3 – Trabalhando com comandos e recursos que aumentam a produtividade

Objetivo: » Conhecer os recursos que ajudam a aumentar sua produtividade no tratamento de imagens.

Tarefas: » Utilizar a ferramenta *Olhos Vermelhos* (*Red Eye*).

» Utilizar o comando *Cortar e Corrigir Fotos* (*Crop and Straighten Photos*).

» Utilizar o comando *Photomerge* (*Photomerge*).

» Alterar imagens com o comando *Distorção de Marionete* (*Puppet Warp*).

» Trabalhar com a ferramenta *Corte da perspectiva* (*Perspective Crop*) e com a ferramenta *Mover sensível a conteúdo* (*Content-Aware Move*).

» Trabalhar com os filtros *Ponto de Fuga* (*Vanishing Point*) e *Grande Angular Adaptável* (*Adaptive Wide Angle*).

» Conhecer o recurso *Substituição do céu* (*Sky Replacement*)

» Conhecer o recurso *Neural Filters* (*Neural Filters*)

Ferramenta Olhos Vermelhos (Red Eye)

Em muitas fotografias, os olhos vermelhos são causados por um reflexo do flash da câmera na retina, sendo mais frequentes em fotos tiradas em ambientes escuros, em que a íris fica completamente aberta. Para evitar olhos vermelhos, procure usar o recurso da câmera para redução desse defeito ou use uma unidade separada de flash que possa ser montada longe da lente da câmera. Contudo, caso suas fotos apresentem esse problema, a ferramenta *Olhos Vermelhos* (*Red Eye*) irá ajudá-lo a corrigir.

1. Abra a imagem *Mae2.jpg*, disponível na pasta *Arquivos de Trabalho/Capitulo8*.

2. Aplique um zoom para aproximar a região dos olhos e facilitar a utilização da ferramenta.

3. Selecione a ferramenta *Olhos Vermelhos* (*Red Eye*) no painel *Ferramentas* (*Tools*).

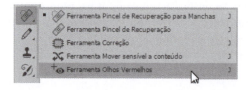

4. Leve o cursor até a imagem e posicione-o sobre a área vermelha do olho.

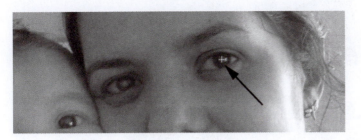

5. Dê um clique e veja o resultado: a ferramenta eliminou completamente a marca vermelha.

6. Faça o mesmo procedimento nos outros olhos e, em seguida, salve em sua pasta *Meus Trabalho* como *Mae-2b* e feche-a.

Caso a imagem não fique como o esperado, desfaça a operação no menu *Editar/Desfazer* (*Edit/Undo*) e faça ajustes na ferramenta. É possível configurá-la controlando os itens *Tamanho da Pupila* (*Pupil Size*) e *Intensidade de Escurecimento* (*Darken Amount*) na *Barra de Opções* (*Options Bar*).

Comando Cortar e Corrigir Fotos (Crop and Straighten Photos)

Com esse comando, o Photoshop separa automaticamente imagens que foram digitalizadas em um único arquivo com um escâner de mesa. Para que o comando funcione sem problema, ao digitalizar as imagens é aconselhável que você deixe, no mínimo, 3 milímetros de espaço entre elas e que o fundo entre as imagens tenha uma cor uniforme, com pouco ruído. Além de separar as imagens, o comando *Cortar e Corrigir Fotos* (*Crop and Straighten Photos*) também ajusta a posição delas, caso estejam inclinadas.

1. Abra a imagem *Album.tif*, disponível na pasta *Arquivos de trabalho/Capitulo7*. Estas imagens foram digitalizadas em um escâner de mesa, em um único arquivo.

2. Clique no menu *Arquivo/Automatizar* (*File/Automate*) e na opção *Cortar e Corrigir Fotos* (*Crop and Straighten Photos*). Automaticamente, o comando irá separar todas as imagens, criando arquivos individuais (cada um em uma janela), e, ao mesmo tempo, corrigirá a rotação delas.

3. Para visualizar todas as janelas, no menu *Janela* (*Window*) clique em *Organizar/6 impressões* (*Arrange/6-up*). Assim você verá todas as imagens, cada uma em sua janela.

4. Agora, basta salvar cada um dos arquivos para ter as imagens individuais.

5. Salve e feche cada uma das imagens, se assim desejar.

COMANDO PHOTOMERGE (PHOTOMERGE)

Com o comando *Photomerge* (*Photomerge*), você cria imagens panorâmicas combinando várias fotos tiradas em sequência. Esse comando é capaz de montar as fotos ajustando perfeitamente o ponto de encaixe entre uma e outra, tanto no sentido vertical quanto no horizontal.

Ao tirar fotografias para uso no *Photomerge*, você deve tomar alguns cuidados para que o comando funcione satisfatoriamente e crie uma foto panorâmica de boa qualidade.

- Procure tirar as fotos de maneira que uma se sobreponha à outra em aproximadamente 40%. Com menos que isso, o *Photomerge* pode não conseguir fazer a montagem automaticamente. Muito acima desse valor, ele pode não conseguir mesclá-las.

- Se você utilizar uma lente de zoom, não altere o valor enquanto tira as fotos.

- Tente não girar muito a câmera ao tirar as fotos. O *Photomerge* pode corrigir pequenas diferenças de ângulos entre elas, mas, se esse ângulo for muito grande, pode ocasionar um erro na montagem. Procure sempre usar um tripé com cabeçote giratório para manter o alinhamento e o ponto de vista da câmera.

- Não mude de posição ao tirar uma série de fotografias, pois as imagens não serão originadas do mesmo ponto de vista.
- Tente não usar lentes de distorção, pois elas podem interferir no *Photomerge*.

Veja o exemplo das cinco imagens abaixo.

Essas fotos foram tiradas na região do Viaduto do Chá, em São Paulo. O fotógrafo não se preocupou em manter o ângulo e a posição da máquina constantes para tirar as fotos na sequência. Mesmo assim, você verá que, com o comando *Photomerge*, em boa parte das vezes é possível obter um ótimo resultado na geração da foto panorâmica.

1. Abra as imagens *Foto1.jpg*, *Foto2.jpg*, *Foto3.jpg*, *Foto4.jpg* e *Foto5.jpg*, disponíveis na pasta *Arquivos de trabalho/Capitulo7*.

2. Clique no menu *Arquivo/Automatizar* (*File/Automate*) e selecione a opção *Photomerge* para exibir o quadro de diálogo.

3. Na caixa *Usar* (*Use*) do item *Arquivos de Origem* (*Souce Files*), existem duas opções:

- *Arquivos* (*Files*): gera a composição do *Photomerge* a partir de arquivos individuais.
- *Pastas* (*Folder*): usa todas as imagens armazenadas em uma pasta a fim de criar a composição do *Photomerge*. Os arquivos da pasta são exibidos na caixa de diálogo.

4. Para esta atividade, deixe selecionado o item *Arquivos* (*Files*).

5. Se você não estiver com os arquivos abertos no Photoshop, poderá usar a opção *Procurar* (*Browse*) e selecionar os arquivos diretamente no local em que estiverem, sem a necessidade de abri-los. Nesta atividade, como os arquivos já foram abertos, clique no botão *Adicionar Arquivos Abertos* (*Add Open Files*), e eles serão colocados na lista.

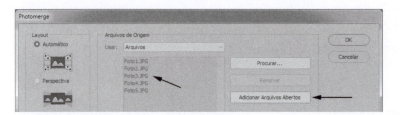

6. Na lateral esquerda do quadro, estão as opções do comando:

- *Automático* (*Auto*): o Photoshop analisa as imagens de origem e aplica um layout de perspectiva, cilíndrico ou esférico, dependendo de qual deles produzir um *Photomerge* melhor.

- *Perspectiva* (*Perpective*): cria uma composição consistente especificando uma das imagens de origem (por padrão, a imagem do meio) como a imagem de referência. As outras imagens são então transformadas (reposicionadas, ajustadas ou inclinadas conforme a necessidade) para que o conteúdo sobreposto em camadas seja correspondido.

- *Cilíndrico* (*Cylindrical*): reduz a distorção "gravata borboleta" que pode ocorrer com o layout *Perspectiva*, exibindo imagens individuais em um cilindro exposto. Faz a correspondência do conteúdo sobreposto colocando a imagem de referência no centro. Esta opção é adequada para a criação de panoramas amplos.

- *Esférico* (*Spherical*): alinha e transforma as imagens como se fossem mapeadas dentro de uma esfera. Se você tiver tirado um conjunto de imagens que cubra 360 graus, use-o para obter panoramas de 360 graus. Você também pode usar o *Esférico* para produzir ótimos resultados panorâmicos com outros conjuntos de arquivo.

- *Colagem* (*Collage*): alinha as camadas, faz a correspondência do conteúdo sobreposto e transforma (dimensiona ou gira) todas as camadas de origem.

- *Reposição* (*Reposition*): alinha as camadas e faz a correspondência do conteúdo sobreposto, mas não transforma (ajusta ou inclina) nenhuma das camadas de origem.

7. Nesta atividade, selecione a opção *Reposição* (*Reposition*) e clique no botão *OK*. O comando será executado, e uma nova janela de imagem será aberta com a composição.

No painel *Camadas* (*Layers*), observe que cada foto está em uma camada diferente. Foram criadas máscaras de camada para ocultar as partes desnecessárias à composição – e tudo foi feito automaticamente.

Dependendo da área que você necessitará dessa montagem, pode-se recortá-la com a ferramenta *Corte Demarcado* (*Crop*), eliminando, assim, as partes que estão em branco. Veja a seguir um exemplo da imagem recortada somente com as partes que contêm informação.

Pode-se também aplicar o comando *Preencher* (*Fill*) com a opção *Sensível a conteúdo* (*Content-Aware*); o resultado nem sempre será satisfatório, mas veja como o comando se comportará com essa imagem.

8. No menu *Camada* (*Layer*), clique na opção *Achatar imagem* (*Flatten Image*).
9. Ative a ferramenta *Varinha mágica* (*Magic Wand*), ligue a opção *Adicionar à seleção* (*Add to selection*) na *Barra de Opções* (*Options Bar*) e faça a seleção das áreas em branco da imagem.

10. Pressione as teclas de atalho *Shift + F5* para abrir o quadro *Preencher* (*Fill*); no item *Conteúdo* (*Contents*), selecione a opção *Sensível a conteúdo* (*Content-Aware*).

11. Clique em *OK*, pressione *Ctrl + D* para desfazer a seleção e observe que, neste caso, o resultado ficou ótimo.

12. Salve a imagem em sua pasta *Meus trabalhos* com o nome *Panoramica-final.jpg*.

13. Para fechar todas as imagens de forma mais rápida, clique no menu *Arquivo* e selecione a opção *Fechar todas* (*Close All*).

Comando Distorção de Marionete (Puppet Warp)

O comando *Distorção de Marionete* (*Puppet Warp*) é outra maneira de manipular suas fotografias ou sua arte digital, oferecendo muito mais flexibilidade e controle.

Ele cria uma malha triangular sobre os objetos em uma camada, podendo ser uma imagem, uma forma, um texto, uma máscara ou uma máscara de vetor. Você adiciona pinos e os utiliza para manipular uma área, enquanto os pinos adjacentes funcionam como âncoras, mantendo intocadas as áreas adjacentes.

Neste exemplo, você trabalhará um desenho para compreender como esse comando funciona. Depois disso, solte a imaginação e pratique para se especializar no uso dele.

1. Abra a imagem *Marionete.psd*, disponível na pasta *Arquivos de trabalho/Capitulo7*.

2. Desligue a visualização da camada *Balões*, pois você fará as alterações na marionete, e salve a imagem em sua pasta *Meus trabalhos* com o nome *Marionete-final.psd*.

Como você vai efetuar alterações na imagem, é interessante trabalhar com objetos inteligentes que evitam a distorção destrutiva. Dessa forma, você poderá editar as alterações feitas sempre que necessitar.

3. No painel *Camadas* (*Layers*), clique sobre a camada *Marionete* com o botão direito do mouse e selecione a opção *Converter em Objeto Inteligente* (*Convert to Smart Object*).

4. Com a camada *Marionete* selecionada, clique no menu *Editar* (*Edit*) e selecione a opção *Distorção de Marionete* (*Puppet Warp*). Uma malha será colocada sobre a marionete; caso você não esteja visualizando a malha, clique na caixa *Mostrar malha* (*Show Mesh*) na *Barra de Opções* (*Options Bar*).

5. Leve o cursor até a região do punho e dê um clique. Será criado o primeiro pino, que você utilizará para fazer a distorção.

Seu trabalho aqui será alterar a posição dos membros da marionete para deixá-la em uma outra pose. Para isso, você deve criar mais pinos nas posições em que ocorrem as dobras dos membros para fazer as movimentações necessárias, sem deformar outros locais. Por exemplo, se você for girar o braço, a cabeça e o tronco da marionete, sem distorcer outros itens, precisará utilizar os pinos para segurar a malha no momento do movimento.

6. Acrescente os demais pinos na imagem, como mostrado a seguir.

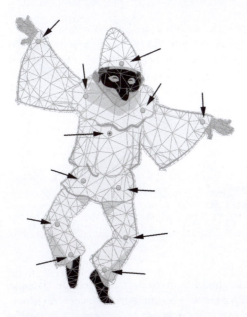

Na *Barra de Opções* (*Options Bar*), você ajusta as configurações da malha por meio dos itens *Modo* (*Mode*), *Densidade* (*Density*), *Expansão* (*Expansion*) e *Girar* (*Rotate*). Você promove as alterações clicando sobre um pino e arrastando-o para outra posição.

7. Clique sobre o pino do punho da mão direita, e ele ficará com um ponto azul no centro, indicando que está selecionado. Movimente-o para baixo.

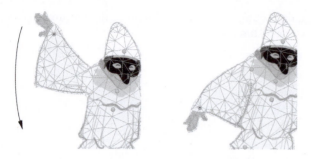

8. Selecione o pino do punho do braço esquerdo e eleve a mão acima da cabeça.

9. Você pode fazer um giro da malha em torno de um pino. É dessa forma que você deve girar as mãos da marionete. Ainda com o pino do punho do braço esquerdo selecionado, pressione a tecla *Alt*, e um círculo aparecerá sobre ele. Mantenha a tecla *Alt* pressionada e coloque o cursor sobre a borda desse círculo. Clique e gire reposicionando a mão da marionete.

10. Faça o mesmo com a mão direita.

Agora, você vai levantar um pouco a perna direita da marionete, mas será preciso que o pé e o joelho acompanhem o movimento para ter sentido. Portanto, você vai movimentar os dois pinos ao mesmo tempo.

11. Dê um clique no pino do joelho direito para selecioná-lo e, com a tecla *Shift* pressionada, clique sobre o pino do pé direito. Assim, você ficará com os dois selecionados.

12. Clique sobre o pino do joelho e movimente-o para cima. Observe que o pé acompanha o movimento.

13. Faça o mesmo com a perna esquerda.

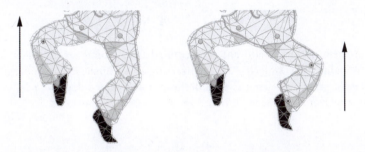

14. Clique sobre o pino do punho do braço direito e movimente-o para o outro lado da cabeça da marionete. Ainda com o mesmo pino selecionado, pressione *Alt* e gire a mão da marionete.

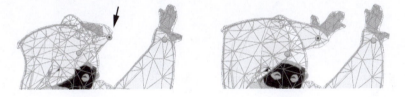

15. Observe que o braço ficou na frente da cabeça da marionete. Você pode definir como deve ficar a sobreposição da malha por meio dos botões *Prof. dos pinos* (*Pin Depth*). Eles controlam a hierarquia entre os pinos, sendo *Definir pino para a frente* (*Set pin foreward*) e *Definir pino para trás* (*Set pin backward*), respectivamente.

16. Com o pino do punho ainda selecionado, clique no botão *Definir pino para trás* (*Set pin backward*) e veja o resultado.

17. Para visualizar melhor o resultado antes de confirmar as alterações, desligue a visualização da malha para conferir. Para finalizar, pressione *Enter*. Para comparar o antes e o depois, pressione *Ctrl + Z* para desfazer a alteração e depois *Ctrl + Z* novamente para refazer a alteração.

18. Ligue a visualização da camada *Balões* e salve a imagem, e feche-a.

Na *Barra de Opções* (*Options Bar*) estão disponíveis as seguintes opções:

- *Modo* (*Mode*): nessa caixa, você determina a elasticidade geral da malha como *Rígida*, *Normal* ou *Distorção*, sendo esta última ideal para distorcer uma malha altamente elástica.
- *Densidade* (*Density*): aqui você determina o espaçamento de pontos da malha, sendo *Menos pontos*, *Normal* ou *Mais pontos*. Esta última aumenta a precisão, mas requer mais tempo de processamento.
- *Expansão* (*Expansion*): expande ou retrai a aresta externa da malha.
- *Girar* (*Rotate*): nessa caixa, você define se o pino terá seu giro fixo ou automático.

Ferramenta Corte da perspectiva (Perspective Crop)

A ferramenta *Corte da perspectiva* (*Perspective Crop*) é mais uma opção para o recorte de imagens. Seu diferencial é corrigir a perspectiva da imagem no momento do recorte.

1. Abra a imagem *Quadro-FGD.jpg*, disponível na pasta *Arquivos de trabalho/ Capitulo7*.

A título de curiosidade, este quadro está exposto no centro de visitação do Parque Cultural Histórico da Fundação Garcia D'Ávila, no município de Mata de São João (Praia do Forte, Bahia). Observe que a foto foi tirada de uma posição na qual não é possível ver o quadro exatamente de frente, ou seja, está em perspectiva. Neste exemplo, você vai recortar o quadro, removendo o restante da imagem.

2. Ative a ferramenta *Corte da perspectiva* (*Perspective Crop*).

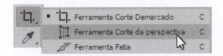

3. Clique no canto superior esquerdo da moldura do quadro e arraste o cursor, formando um retângulo que envolva o quadro. Um plano de perspectiva é criado com uma grade. Observe que nos cantos e nas laterais superiores e inferiores do retângulo há pontos de ajuste.

4. Os pontos de ajuste são representados por pequenos quadrados. Utilizando esses pontos, redimensione o retângulo para que ele coincida com a parte externa da moldura do quadro.

5. Tecle *Enter* ou clique no botão *Confirmar operação de corte atual* (*Commit Current Crop Operation*) e veja que, além de recortar o quadro, a ferramenta ajustou sua perspectiva.

6. Salve a imagem como *Quadro-FGD-final.jpg* em sua pasta *Meus trabalhos* e feche-a.

Ferramenta Mover sensível a conteúdo (Content-Aware Move)

A tarefa de edição de imagens conta com mais uma ferramenta, chamada *Mover sensível a conteúdo* (*Content-Aware Move*), que possibilita mudar a posição de um elemento ou estendê-lo. Basicamente, após selecionar um elemento em sua imagem e movê-lo para uma nova posição, a ferramenta preenche o espaço onde estava esse elemento da mesma forma que o recurso *Preenchimento sensível a conteúdo* (*Content-Aware Fill*) adapta o elemento à nova posição.

Essa ferramenta tem dois modos de utilização:

- *Mover* (*Move*): modo que permite a movimentação de objetos da imagem para locais diferentes dentro da própria imagem.
- *Estender* (*Extend*): modo que permite expandir ou contrair objetos, como cabelos, árvores ou edifícios. Para estender melhor os objetos arquitetônicos, use fotos tiradas em um plano paralelo em vez de angular.

Editando com a opção Mover (Move)

Essa opção move o elemento selecionado, adaptando-o à nova posição, e altera a posição original de acordo com o fundo.

1. Abra a imagem *Coqueiro.jpg*, disponível na pasta *Arquivos de trabalho/Capitulo7*.

A tarefa é mover o coqueiro deixando-o centralizado na imagem. Em vez de duplicar camadas e fazer a limpeza com outras ferramentas, basta utilizar a ferramenta *Mover sensível a conteúdo* (*Content-Aware Move*).

2. Ative a ferramenta *Mover sensível a conteúdo* (*Content-Aware Move*). Essa ferramenta funciona como a ferramenta *Laço* (*Lasso*) para desenhar a seleção. Na *Barra de Opções* (*Options Bar*), estão disponíveis os mesmos recursos de soma, subtração e intersecção de seleções.

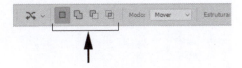

3. Faça a seleção do coqueiro e de sua sombra de forma rústica, pois não precisa ser perfeita.

4. Na *Barra de Opções* (*Options Bar*), clique no botão *Modo* (*Mode*) e selecione a opção *Mover* (*Move*).

As opções a seguir controlam como a correção da imagem será feita quando você mover a área selecionada:

- Na opção *Estrutura* (*Structure*), você pode inserir um valor entre 1 e 7 para especificar o quanto a correção deve seguir os padrões da imagem. Se você digitar 7, a correção obedecerá totalmente aos padrões existentes na imagem.

- Na opção *Cor* (*Color*), você pode inserir um valor entre 0 e 10 para especificar o quanto você deseja que o Photoshop aplique a mesclagem algorítmica de cores à correção. Se você digitar 0, a mesclagem de cores será desativada. O valor 10 aplica a mesclagem máxima de cores.

5. Em *Estrutura* (*Structure*), digite 6; em Cor (*Color*), digite 5. Esses valores são sugestões; portanto, experimente outros valores para ver os resultados.

6. Clique dentro da seleção e arraste-a para a direita, centralizando o coqueiro na imagem. Pressione a tecla *Enter* para finalizar, desfaça a seleção e veja o resultado.

Se houver alguma imperfeição na imagem, você pode corrigi-la com as ferramentas estudadas.

7. Salve a imagem como *Coqueiro-final.jpg* em sua pasta *Meus trabalhos* e feche-a.

Editando com a opção Estender (Extend)

Essa opção duplica e adapta o elemento selecionado na nova posição definida, mantendo o original e também o adaptando.

1. Abra a imagem *Arvores*, disponível na pasta *Arquivos de trabalho/Capitulo7*. A tarefa será duplicar a árvore que está no meio da imagem, acrescentando duas cópias dela.

2. Ative a ferramenta *Mover sensível a conteúdo* (*Content-Aware Move*) e faça a seleção da árvore.

3. No item *Modo* (*Mode*), selecione a opção *Estender* (*Extend*). Em *Estrutura* (*Structure*) digite 5, e em *Cor* (*Color*) digite 4. Clique sobre a seleção e arraste-a para a direita.

4. Tecle *Enter*, e uma cópia da árvore estará pronta.
5. Ainda com a cópia da árvore selecionada, clique novamente na seleção e arraste-a para a esquerda. Tecle *Enter* e desfaça a seleção para ver o resultado.

Use os recursos já estudados para fazer ajustes na imagem, se necessário.

6. Salve a imagem como *Arvores-final.jpg* em sua pasta *Meus trabalhos* e feche-a.

Trabalhando com o filtro Ponto de Fuga (Vanishing Point)

O filtro *Ponto de Fuga* (*Vanishing Point*) possibilita resultados incríveis quando você precisa fazer edições em imagens que contenham planos de perspectiva. Ele tem ferramentas de edição, como as ferramentas *Carimbo* (*Clone Stamp*) e *Letreiro Retangular* (*Rectangular Marquee*), que acompanham a perspectiva da imagem fazendo a correção automaticamente.

1. Abra a imagem *Toledo-Espanha.jpg*, disponível na pasta *Arquivos de Trabalho/ Capitulo7*.

2. Crie uma nova camada e altere seu nome para *Filtro* (*Filter*), a fim de preservar a imagem original.

3. Salve a imagem como *Toledo-Espanha-Editada.psd* em sua pasta *Meus Trabalhos*.

4. No menu *Filtro* (*Filter*) clique em *Ponto de Fuga* (*Vanishing Point*), ou pressione as teclas *Alt + Ctrl + V*. A janela *Ponto de Fuga* (*Vanishing Point*) será exibida para que você trabalhe com o filtro.

Você pode redimensionar a janela do filtro como desejar, basta clicar em um de seus cantos ou laterais e arrastar para alterar seu tamanho.

Do lado esquerdo está a caixa de ferramentas, sendo que várias são iguais às da caixa do Photoshop, com exceção de três: *Editar Plano* (*Edit Plane*), *Criar Plano* (*Create Plane*) e *Tranformar* (*Transform*).

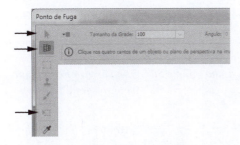

O zoom é essencial para o trabalho de edição, e nesse filtro você pode ajustá-lo com a ferramenta *Zoom* (*Zoom*), presente na caixa de ferramentas ou nos controles no canto inferior esquerdo da janela. Com eles você aumenta ou diminui o zoom com os botões "+" e "-", clicando na seta da caixa de zoom e escolhendo uma opção no menu, ou então digitando o valor de zoom diretamente na caixa.

O primeiro passo é criar os planos de perspectiva necessários a suas edições. Observe que a ferramenta *Criar Plano* (*Create Plane*) já está selecionada quando você abre a janela do filtro.

5. Leve o cursor até o canto superior esquerdo da fachada do prédio e dê um clique para iniciar a criação do plano de perspectiva. Veja a figura a seguir.

6. Leve o cursor para a direita até o outro lado da fachada e dê mais um clique; na sequência, clique nos pontos indicados na figura para finalizar a criação do plano de perspectiva. Note que, após definir o terceiro ponto e ao movimentar o cursor, você já verá o plano sendo criado, indicado por linhas na cor azul.

Assim que você definir o último ponto, será criado um plano com uma grade.

Procure sempre acompanhar a linhas de perspectiva da imagem, no caso, as linhas da fachada do prédio.

7. Para fazer o ajuste do plano, ative a ferramenta *Editar Plano* (*Edit Plane*), e com o auxílio do zoom acerte a posição dos pontos nos cantos do plano de acordo com a imagem.

O filtro indicará se o plano é válido ou não por meio da cor em que ele é exibido:

- Se estiver na cor azul, trata-se de um plano válido;
- Se estiver na cor amarela, trata-se de um plano inválido, ou seja, alguns pontos estão posicionados de forma errônea;
- E se estiver na cor vermelha, indica um plano totalmente inválido.

8. Agora, você vai criar outro plano na lateral do prédio como continuação do plano atual. Ative a ferramenta *Criar Plano* (*Create Plane*), clique e arraste o cursor no ponto central da lateral direita do plano, e um novo plano será criado. Estenda-o até a posição mostrada na figura.

As opções das ferramentas sempre são exibidas na parte superior da janela do filtro. Para a ferramenta *Criar Plano* (*Create Plane*), você tem as caixas *Tamanho da Grade* (*Grid Size*), que aumenta ou diminui o quadriculado do plano, e a caixa *Ângulo* (*Angle*), que ajusta o ângulo do plano em relação à face em que está sendo criado.

9. Com a ferramenta *Editar Plano* (*Edit Plane*), ajuste os pontos do novo plano criado para ficar de acordo com a lateral do prédio. Use a opção *Ângulo* (*Angle*), descrita anteriormente, se for necessário.

10. Repetindo os mesmos procedimentos, crie mais um plano como mostrado a seguir. Não deixe de fazer os ajustes necessários.

Copiando com a ferramenta Letreiro (Marquee)

Com a ferramenta *Letreiro* (*Marquee*) você cria seleções retangulares que acompanham a perspectiva do plano criado. Com ela você vai aumentar o número de janelas do prédio.

1. Ative a ferramenta *Letreiro* (*Marquee*) e crie uma seleção em torno da janela mostrada a seguir. Observe que a seleção tem a mesma perspectiva do plano.

2. Mantendo a tecla *Alt* pressionada, clique dentro da seleção, arraste o cursor para baixo, e uma cópia da janela será criada, acompanhando o cursor. Mova a cópia para baixo da janela atual, e para manter o alinhamento permaneça também com tecla *Shift* pressionada.

3. Libere o botão do mouse e a cópia estará posicionada. Mas não desfaça a seleção ainda.

Perceba que há uma pequena diferença de cores da cópia em relação à posição em que ela foi colocada. Para corrigir isso você pode usar a opção *Recuperação* (*Heal*), disponível entre as opções dessa ferramenta na parte superior da janela do filtro.

Por padrão ela está desativada, mas pode-se escolher entre duas opções de ajuste: *Luminescência* (*Luminance*), que ajusta a luminosidade da cópia em relação à região em que ela foi colocada; e *Ativar* (*On*), que faz o ajuste como o recurso *Sensível ao conteúdo* (*Content-Aware*).

4. Você pode experimentar as duas opções, mas para esse caso selecione *Ativar* (*On*).

5. Outro ajuste muito útil é a opção *Difusão* (*Feather*), que cria uma transição suave na borda da área selecionada disfarçando melhor a edição. Ajuste essa opção para 5 e veja o resultado.

6. Crie uma nova seleção na área ao lado de onde estão as pessoas da foto. Veja a figura a seguir.

7. Com a tecla *Alt* pressionada, clique dentro da seleção e arraste-a para cima da área das pessoas, ajustando a posição de forma a cobri-las por completo.

8. Na caixa *Recuperação*, selecione a opção *Ativar* (*On*), e, em *Difusão* (*Feather*), ajuste para 5. Pressione Ctrl+D para desfazer a seleção e veja o resultado.

Clonando com a ferramenta Carimbo (Stamp)

A ferramenta *Carimbo* (*Stamp*) funciona da mesma forma que no Photoshop, fazendo clones de partes da imagem e aplicando como um pincel de pintura. Com ela você eliminará a janela de uma das faces da construção.

1. Ative a ferramenta *Carimbo* (*Stamp*) e posicione na região abaixo da janela da face esquerda do prédio. Pressione a tecla *Alt* e clique para capturar uma amostra da área que servirá de clone.

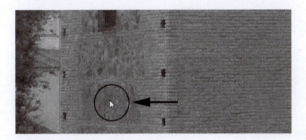

2. Posicione o cursor sobre a janela, clique e arraste como se estivesse pintando, até fazer que a janela desapareça.

Essa ferramenta também tem seus ajustes na parte superior da janela do filtro. Para aumentar ou diminuir o diâmetro da ferramenta, use a caixa *Diâmetro* (*Diameter*) ou as teclas de atalho [e]. A *Rigidez* (*Hardness*) e a *Opacidade* (*Opacity*) também podem ser ajustadas, bem como a forma como será feita a correção de cor ou iluminação no item *Recuperação* (*Heal*).

3. Procedendo da mesma forma, faça que os furos da outra face do prédio desapareçam. Ajuste o diâmetro da ferramenta para 40 e selecione *Ativado* (*On*) no item *Recuperação* (*Heal*). Veja o antes e depois como referência.

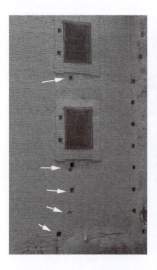
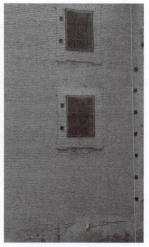

Ferramenta Transformar (Transform)

Essa ferramenta estará ativa assim que for criada uma seleção. Ela permite a alteração do tamanho da área selecionada e sua rotação.

1. Crie um novo plano de perspectiva na prédio da direita.

2. Com a ferramenta *Letreiro* (*Marquee*), crie uma seleção da janela mostrada a seguir, e com a tecla *Alt* pressionada faça uma cópia dela para a esquerda. Lembre-se de manter a tecla *Shift* também pressionada para manter a direção.

 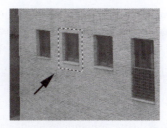

3. Ative a ferramenta *Transformar* (*Transform*) e observe que os controles de alteração são exibidos na seleção. Altere a altura e a largura da janela para que fique similar à janela maior.

4. Clique em *OK* para finalizar a edição do filtro. Desligue a camada *Filtro* e compare o antes e depois da edição.

5. Salve a imagem e feche-a.

Filtro *Grande Angular Adaptável* (*Adaptative Wide Angle*)

O filtro *Grande Angular Adaptável* (*Adaptive Wide Angle*) corrige distorções em imagens fixando ângulos e pontos de vista, sobre os quais você tem pleno controle, o que torna incrivelmente fácil e rápido fazer essas correções. Basta desenhar linhas sobre bordas de elementos na imagem, e o filtro corrige a foto automaticamente. Se, para fazer a foto, foram utilizadas uma câmera e uma lente presentes na lista de perfis do Photoshop, o filtro será carregado e as configurações serão corrigidas.

Assim como outros filtros, este também funciona como filtro inteligente. Isso significa que você pode converter sua camada em um *Objeto Inteligente* (*Smart Object*), aplicar o filtro e, então, voltar e editar as configurações a qualquer momento.

1. Abra a imagem *Igreja1.jpg*, disponível na pasta *Arquivos de trabalho/Capitulo7*. Observe que ela está distorcida devido à posição da máquina no momento em que foi feita.

2. Faça uma cópia da camada pressionando as teclas *Ctrl + J* e desabilite a visualização da camada *Plano de Fundo* (*Background*).

3. Clique com o botão direito do mouse sobre a *Camada 1* e, no menu de contexto, selecione a opção *Converter em objeto inteligente* (*Convert to Smart Object*).

4. No menu *Filtro* (*Filter*), clique em *Grande Angular Adaptável* (*Adaptive Wide Angle*), e a janela será exibida.

5. O primeiro passo é definir um modelo de projeção. No item *Correção* (*Correction*), estão as opções disponíveis. Nesta atividade, selecione *Perspectiva* (*Perspective*), pois você vai corrigir as inclinações e curvas indevidas.

6. Os itens *Redimensionar* (*Scale*), *Distância focal* (*Focal Length*) e *Fator de corte* (*Crop Factor*) permitem um ajuste inicial. Altere os valores desses itens para *100*, *15* e *5*, respectivamente.

O filtro apresenta uma área de detalhe para ajudá-lo no momento de selecionar um ponto. A região em que o cursor for posicionado na imagem é ampliada no quadro de detalhe, que funciona como uma lente de aumento.

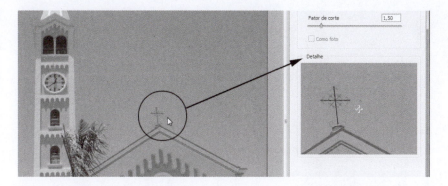

Do lado esquerdo da janela estão as ferramentas do filtro:

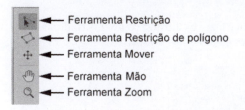

Com as ferramentas *Restrição* (*Constraint*) e *Restrição de polígono* (*Polygon Constraint*), você cria linhas e quadros, respectivamente, para corrigir a imagem. As demais ferramentas apresentam a mesma função que as do painel *Ferramentas* (*Tools*).

7. Ative a ferramenta *Restrição* (*Constraint*), leve o cursor até a posição mostrada na imagem, clique para definir o primeiro ponto e arraste o cursor para a direita. Observe que o filtro cria uma linha que acompanha a distorção da curvatura da imagem.

Trabalhando com demarcadores, formas e transformação de imagens – 385

8. Clique no segundo ponto e a imagem será alterada.

A linha criada apresenta controles para você fazer os ajustes, como mostrado na imagem a seguir.

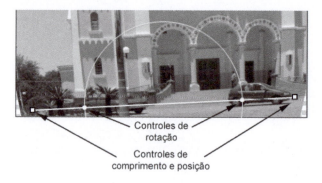

9. Clique sobre um dos controles de rotação e gire a linha até que ela fique paralela à base da imagem.

10. Clique na imagem próxima à base da torre da igreja e trace uma linha até o topo dela. Observe como a linha acompanha a curvatura da torre, para depois corrigi-la. Por fim, clique no segundo ponto e veja o resultado.

11. Usando os controles de rotação, gire essa nova linha, deixando-a na vertical (paralela à borda da imagem).
12. Crie outra linha na lateral direita da igreja e ajuste o ângulo.

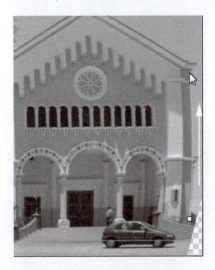

Na parte inferior da janela existem três caixas para você ligar ou desligar os seguintes itens:

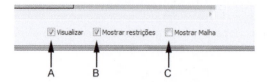

- A – *Visualizar* (*Preview*): liga ou desliga a pré-visualização do filtro na imagem.
- B – *Mostrar restrições* (*Show Constraints*): liga ou desliga a visualização das linhas desenhadas para alterar a imagem.
- C – *Mostrar malha* (*Show Mesh*): liga ou desliga a visualização da grade.

13. Clique no botão *OK* para finalizar e veja o resultado. Compare a imagem com a original na camada *Plano de Fundo* (*Background*).

Como o filtro foi aplicado em um objeto inteligente, você pode editá-lo dando duplo clique no nome do filtro no painel *Camadas* (*Layers*).

Para refinar seu trabalho, utilize os recursos de preenchimento, como *Preenchimento sensível a conteúdo* (*Content-Aware Fill*) e a *Ferramenta Carimbo* (*Clone Stamp*), para corrigir os buracos na imagem. Não se esqueça de que esses recursos não funcionam em objetos inteligentes. Portanto, você precisa rasterizar a camada antes (menu *Camada – Layer*, opção *Rasterizar/Objeto inteligente – Rasterize Smart Object*).

14. Salve a imagem como *Igreja-corrigida.psd* na pasta *Meus Trabalhos*.

Conhecendo o recurso Substituição do céu (Sky Replacement)

A substituição do céu numa imagem, antes de haver um recurso específico para isso no Photoshop, sempre demandava várias etapas e ajustes precisos para se chegar a um bom resultado. Agora, com esse recurso, você poderá poupar muito tempo de trabalho, e com controles de ajuste de fácil utilização.

1. Abra a imagem *Ávila-Espanha.jpg*, disponível na pasta *Arquivos de trabalho/Capitulo7*.

2. No menu *Editar* (*Edit*), clique na opção *Substituição do céu* (*Sky Replacement*) para exibir o quadro de ajustes.

3. Imediatamente o céu é substituído pela opção que estiver selecionada na lista *Céu* (*Sky*) do quadro. Clique na seta ao lado para exibir a lista de opções, organizadas em três pastas: *Céus azuis* (*Blue Skies*), *Espetacular* (*Spectacular*) e *Pores do sol* (*Sunsets*).

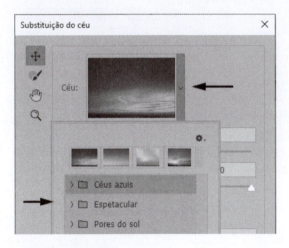

Ao clicar na seta à frente das pastas, elas serão expandidas exibindo a miniatura das opções.

Antes da escolha do céu para substituição, é importante você examinar sua imagem observando as cores, a luz e a posição do sol, se for o caso, para que o resultado seja realista e de boa qualidade visual. Apesar disso, você poderá fazer alguns ajustes depois da substituição a fim de adequar ainda mais a imagem ao novo céu.

4. Para comparar o antes e depois antes de finalizar a substituição, basta ativar e desativar a caixa *Visualização* (*Preview*) no canto inferior esquerdo do quadro. Experimente os vários tipos de céu disponíveis para ver o resultado. Para esta atividade, selecione a última opção da pasta *Céus azuis* (*Blue Skies*).

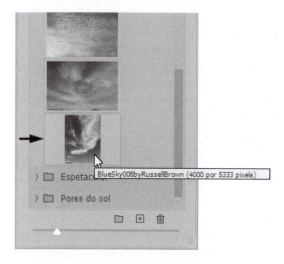

A seguir, estão os dois primeiros controles para ajustar o comportamento da aresta entre a imagem principal e o céu. A aresta, no caso, é a linha divisória onde a termina a imagem principal e começa o céu.

- *Deslocar aresta* (*Shift Edge*): permite determinar onde a borda, entre o céu e a imagem original, começa.

- *Esmaecer aresta* (*Fade Edge*): ajusta a intensidade de esmaecimento ou difusão da imagem do céu na foto original ao longo das arestas.

5. Do lado esquerdo do quadro, estão as ferramentas *Zoom* (*Zoom*), *Mão* (*Hand*) e *Mover céu* (*Sky Move*), que funcionam exatamente como as disponíveis na barra de ferramentas. Clique na ferramenta *Zoom* (*Zoom*) e amplie a região mostrada a seguir.

6. Perceba que as colunas de pedra estão contaminadas com a cor do céu original; portanto, combine o ajuste dos dois itens para corrigir esse problema. Experimente colocar os valores mostrados a seguir para ver o resultado. Esses valores são uma sugestão, então fique livre para escolher outros valores.

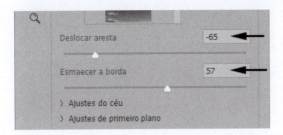

Na sequência estão mais dois ajustes, sendo um para o céu e outro para o primeiro plano. Entende-se como primeiro plano toda a imagem com exceção do céu, pois é ele que está sendo substituído, e portanto será colocado por trás da imagem principal.

Em *Ajustes do céu* (*Sky Adjustments*), estão as opções para que você deixe o céu mais coerente com a imagem:

- *Brilho* (*Brightness*): permite o ajuste do brilho do céu substituto;
- *Temperatura* (*Temperature*): permite o ajuste da temperatura do céu substituto para mais quente ou mais fria;
- *Dimensionar* (*Scale*): permite o aumento ou diminuição do tamanho da imagem do céu substituto;
- *Virar* (*Flip*): inverte a imagem do céu substituto horizontalmente.

7. Para esta atividade, ajuste os valores como mostrado a seguir.

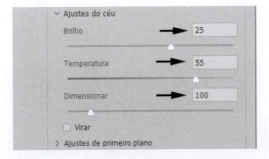

Deve-se ter atenção ao item *Dimensionar*, pois seu uso depende do tamanho da imagem do céu substituto que está sendo utilizada. As opções de céu não passam de imagens, portanto têm um certo tamanho, e o valor mostrado na caixa *Dimensionar* é em porcentagem. Sendo assim, se você optar por diminuir o tamanho do céu, ele pode ficar menor que a imagem que está sendo alterada.

Em *Ajustes de primeiro plano* (*Foreground Adjustments*), estão as opções para ajustar a imagem principal, aqui chamada de primeiro plano:

- *Modo de iluminação* (*Lighting Mode*): fornece duas opções para o modo de mesclagem a ser usado para os ajustes de iluminação.

- *Ajuste de iluminação* (*Lighting Adjustments*): permite o ajuste da opacidade que clareia ou escurece a imagem principal a ser mesclada com o céu. Com o valor zero, nenhum ajuste é aplicado.

- *Ajuste de cor* (*Color Adjustments*): permite o controle da opacidade da harmonização de cores aplicada ao primeiro plano. Determina o grau de harmonização do primeiro plano com as cores do céu substituto. Com o valor zero, nenhum ajuste é aplicado.

8. Experimente valores diferentes para perceber as mudanças. Ao final, para esta atividade, ajuste os valores como mostrado a seguir.

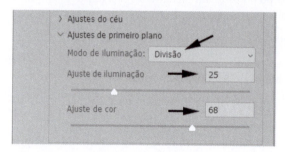

Para finalizar, existe a opção *Saída* (*Output*), que permite definir como as alterações feitas na imagem serão aplicadas:

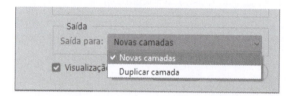

- *Novas camadas* (*New Layers*): essa opção cria um grupo de camadas de ajuste, acima da camada da imagem principal, sendo que a quantidade de camadas varia de acordo com os ajustes que você efetuou;

- *Duplicar camada* (*Duplicate Layer*): essa opção cria uma nova camada achatada com as alterações efetuadas.

Recomenda-se sempre utilizar a opção *Novas camadas* (*New Layers*), pois assim você poderá fazer mais ajustes na imagem. Porém, caso esteja satisfeito com o resultado, então a segunda opção é a mais viável.

9. Para esta atividade, selecione *Novas camadas* (*New Layers*) e clique em *OK* para finalizar. Observe, no painel *Camadas* (*Layers*), as novas camadas de ajuste e mascaramento criadas.

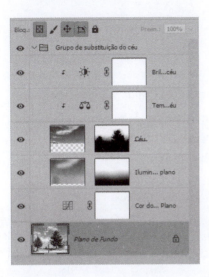

Veja quantos ajustes, seleções e mascaramentos seriam necessários sem esse incrível recurso. No entanto, com ele, pouquíssimos ajustes já levam ao resultado esperado. Compare, a seguir, o resultado final com a imagem original.

          Original   Final

10. Salve a imagem em sua pasta *Meus trabalhos* como *Ávila-Espanha-final* e feche-a. Esse recurso possui, ainda, algumas facilidades para seu trabalho. Na base da exibição das opções de céu existem os seguintes botões:

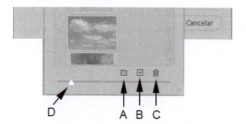

- A – permite criar novas pastas para organizar os céus disponíveis ou importados;
- B – permite escolher e importar qualquer outra imagem de céu para ser incorporada como opção ao recurso e utilizada como céu substituto;
- C – permite eliminar qualquer céu desejado da lista de opções, bastando, para isso, selecioná-los;
- D – um controle de zoom da exibição das miniaturas dos céus.

Clicando-se na engrenagem do canto superior direito, você encontra mais algumas opções, como alterar o nome de um céu da lista de opções, acrescentar céus padrões disponíveis no Photoshop, exportar céus selecionados e mostrar os céus usados recentemente.

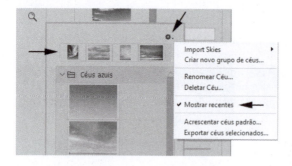

Conhecendo o recurso Neural Filters (Neural Filters)

O *Neural Filters* (*Neural Filters*), assim como o *Filtro do Camera RAW* (*Camera Raw Filter*), por exemplo, tem um espaço de trabalho próprio com vários controles de ajustes e uma biblioteca de filtros, que tornam o complexo trabalho de edição de imagem muito mais rápido. Isso ocorre porque o *Neural Filters* também utiliza a tecnologia Adobe Sensei de inteligência artificial.

Os filtros disponibilizados aqui permitem a edição não destrutiva da imagem original, proporcionando a você mais liberdade e rapidez na experimentação de novas ideias.

Basicamente, esses filtros melhoram as imagens criando novos pixels de acordo com o contexto, mas que não existiam na imagem original.

1. Abra a imagem *Mãe e filho.jpg*, disponível na pasta *Arquivos de trabalho/Capítulo 7*, e, em seguida, salve-a em sua pasta *Meus trabalhos* como *Teste Neural Filters 1.psd*.
2. No menu *Filtros* (*Filter*), clique em *Neural Filters*, e o espaço de trabalho do filtro será exibido com a imagem a ser trabalhada do lado esquerdo e os filtros e controles do lado direito.

O primeiro passo no uso desse recurso é baixar os filtros que você deseja utilizar; para isso, é imprescindível que seu computador esteja conectado à internet.

Existem duas categorias de *Neural Filters* para sua escolha, as quais podem ser localizadas no canto superior esquerdo da guia *Neural Filters*:

- *Filtros em destaque* (*Featured*): são filtros totalmente funcionais e liberados para uso imediato.

- *Filtros Beta* (*Beta*): reúne os filtros disponíveis para teste e que ainda estão sendo melhorados. Podem ser usados normalmente, mas os resultados talvez não sejam tão perfeitos como se esperaria; ainda assim, boa parte deles resulta numa ótima qualidade de saída. Ainda nessa categoria, são listados os filtros que ainda estão em teste e não estão disponíveis; mas você pode indicar para a Adobe seu interesse por eles selecionando o nome do filtro e clicando no botão "Estou interessado".

Nesta atividade, você vai conhecer a aplicação de dois filtros para entender como esse recurso trabalha, e, com base nessa experiência, experimente os demais e compartilhe sua opinião.

Aplicando o filtro Suavização de pele (Skin Smoothing)

1. Na categoria *Filtros em destaque* (*Featured*), clique no ícone da nuvem no filtro *Suavização de pele* (*Skin Smoothing*), e o download e a instalação do filtro serão iniciados.

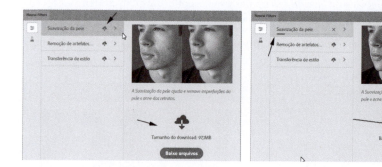

Por se tratar de um filtro que suaviza a pele, ele automaticamente reconhece os rostos na foto com um retângulo, sendo que o rosto que está com o contorno azul é aquele no qual o filtro será aplicado.

Após a instalação, são aplicadas configurações automáticas sobre o rosto selecionado, que neste exemplo é o da mulher.

2. Para visualizar o antes e depois, há um botão no canto inferior esquerdo da guia *Neural Filters* para isso. Clique sobre ele para ligar e desligar a visualização do filtro aplicado.

3. Observando o resultado, pode-se ver que o rosto do garoto ainda precisa de um ajuste. Clique na seta da caixa de seleção e clique no garoto, ou, com a ferramenta *Mão* (*Hand*) da *Barra de Ferramentas* (*Tools Bar*) do filtro do lado esquerdo, clique sobre o rosto dele para selecioná-lo.

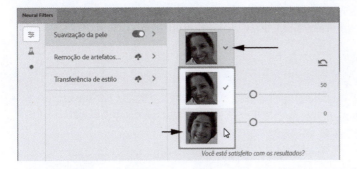

4. Use os controles deslizantes e aumente um pouco o *Desfoque* (*Blur*) para *61* e a *Suavidade* (*Smoothness*) para *25*, e veja o resultado. Fique à vontade para testar outros valores, pois esses números são uma sugestão.

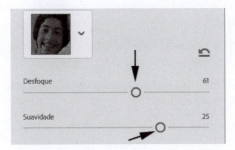

Depois que o filtro é baixado e instalado, é exibido um botão liga/desliga, e um ponto azul que indica se o filtro está aplicado.

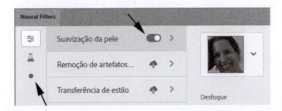

A qualquer momento você pode redefinir o efeito aplicado pelo filtro para suas configurações padrão por meio do botão *Redefinir parâmetros* (*Reset parameters*), no canto superior direito.

5. Para finalizar, é preciso escolher de que forma o filtro dará saída na imagem. Para isso, clique na seta do item *Saída* (*Output*) e observe as opções.

- *Camada atual* (*Current Layer*): operação destrutiva que gera pixels para modificar a camada atual, ou seja, a imagem original.

- *Duplicar camada* (*Duplicate Layer*): duplica a camada atual e aplica os novos filtros à nova camada, preservando a imagem original.

- *Duplicar camada mascarada* (*Duplicate Layer Masked*): cria uma nova camada e aplica os filtros como uma máscara nessa nova camada.

- *Nova camada* (*New Layer*): gera uma nova camada apenas com os pixels recém-gerados.

- *Filtro inteligente* (*Smart Filter*): os novos pixels são gerados e aplicados como um filtro inteligente.

6. Para esta atividade, selecione *Duplicar camada* (*Duplicate Layer*). Clique em *OK* e observe no painel *Camadas* (*Layers*) a nova camada e a original na camada *Plano de fundo* (*Background*).

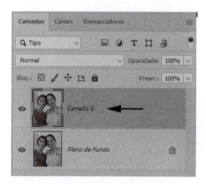

7. Salve e feche a imagem.

Aplicando o filtro Retrato inteligente (Smart Portrait)

Esse filtro, que está em sua versão beta, ajusta retratos de forma muito criativa, permitindo regular emoções e elementos como felicidade, surpresa, raiva, idade facial, olhar fixo, espessura do cabelo, direção da cabeça e direção da luz.

1. Abra a imagem *Marcos.jpg*, disponível na pasta *Arquivos de trabalho/Capitulo7*, e salve-a em sua pasta *Meus trabalhos* como *Teste Neural Filters 2.psd*

2. No menu *Filtro* (*Filter*), clique em *Neural Filters* (*Neural Filters*); em seguida, clique no botão *Filtros beta* (*Beta*) para exibir a lista e baixe o filtro *Retrato inteligente* (*Smart Portrait*).

3. Experimente alterar a face ajustando, por exemplo, os seguintes itens: no item *Expressões* (*Expressions*), use o controle deslizante e altere a opção *Alegria* (*Happiness*) para *30*; em seguida, em *Assunto* (*Subject*), altere o item *Olhar* (*Gaze*) para *-6*. Compare o resultado e perceba as possibilidades.

4. Dê saída nessa versão clicando em *Saída* (*Output*) e selecionando *Duplicar camada* (*Duplicate Layer*).

5. Desabilite a visualização da *Camada 1* (*Layer 1*) e selecione a camada *Plano de Fundo* (*Background*) no painel *Camadas* (*Layers*).

6. Ative novamente o *Neural Filters* (*Neural Filters*) e ligue o filtro *Retrato inteligente* (*Smart Portrait*).

7. Desta vez, altere a opção *Idade facial* (*Facial age*) ajustando o valor para *22* e o item *Olhar* (*Gaze*) para *5*, e veja o resultado do antes e depois.

8. Dê saída nessa versão da mesma maneira que no caso anterior.
9. Em seguida, salve e feche a imagem.

Anotações

Anotações

Sobre o autor

Marcos Serafim de Andrade é formado em administração de empresas pela Faculdade Hebraico Brasileira Renascença. É designer gráfico, web designer pela plataforma WIX e especialista nas áreas de desktop publishing, tratamento de imagens e desenvolvimento de materiais didáticos. É autor dos livros *Adobe Photoshop*, *Adobe Photoshop CC*, *Adobe InDesign*, *Adobe InDesign CC*, *Adobe InDesign CS6*, *Adobe Illustrator* e *CorelDRAW*, publicados pela Editora Senac São Paulo. Também é diretor de desenvolvimento e sócio da empresa Alamanda Digital Eireli.

Índice geral

A estrutura do livro, 11

A interface do Photoshop, 24

Abrindo ou importando um arquivo do Adobe Illustrator, 279

Adobe Photoshop, 19

Ajustando a vibratilidade, 298

Ajustando imagens no modo 32 bits, 185

Ajustando imagens nos modos 16 e 8 bits, 185

Ajustando imagens RAW no Photoshop, 162

Ajustando o contraste, a nitidez e o equilíbrio de cores (Atividade), 293

Ajustando o equilíbrio de cores, 294

Ajustando os níveis, 295

Ajustando sombras e realces, 297

Alinhando e distribuindo camadas, 261

Alterando a resolução, 45

Alterando as dimensões da imagem, 42

Alterando as propriedades das camadas, 231

Alterando o modo de mesclagem, 287

Alterando todas as cores da imagem, 73

Alterando um original sem fechar o projeto, 282

Alterando uma cor específica, 74

Alterando uma seleção, 85

Apagando estados, 133

Apagando uma área de trabalho, 36

Aplicando apenas um filtro, 137

Aplicando efeitos nas camadas, 240

Aplicando estilos de camadas em grupos de camadas, 263

Aplicando filtro sobre filtro, 138

Aplicando filtros, 135

Aplicando mais de um efeito a uma camada, 243

Aplicando o ajuste somente em uma camada, 308

Aplicando o degradê, 205

Aplicando o filtro *Retrato inteligente* (*Smart Portrait*), 399

Aplicando o filtro *Suavização de pele* (*Skin Smoothing*), 396

Aplicando os efeitos *Traçar (Stroke)* e *Preencher (Fill)* no demarcador, 339

Aplicando um filtro inteligente, 286

Aplicativo Creative Cloud, 15

Área de trabalho do Photoshop, 27

Área de trabalho *Selecionar e mascarar*, 268

Áreas de trabalho pré-configuradas, 34

Ativando a opção *Somente Cores da Web (Only Web Colors)*, 71

Barra de Efeitos, 244

Bloqueando uma camada, 234

Camadas (*Layers*) do Photoshop, 196

Camadas de ajuste, 247

Camadas de preenchimento, 245

Canais, 253

Carimbando camadas, 236

Carregar demarcador como seleção, 341

Clonando com a ferramenta *Carimbo (Stamp)*, 381

Colocando guias com a ferramenta *Mover (Move)*, 208

Colocando linha-guia com a opção *Nova Guia (New Guide)*, 209

Colorindo uma imagem em preto e branco, 310

Comando *Cortar e Corrigir Fotos (Crop and Straighten Photos)*, 359

Comando *Distorção de Marionete (Puppet Warp)*, 364

Comando *Filtro de fotos (Photo Filter)*, 74

Comando *Instantâneo (Snapshot)*, 321

Comando *Photomerge*, 360

Comando *Preencher o demarcador com a cor de primeiro plano*, 341

Comando *Reverter (Revert)*, 46, 130

Comando *Sombras/Realces (Shadows/Highlights)*, 297

Comando *Tamanho da Tela de Pintura (Canvas Size)*, 46

Comando *Traçar (Stroke)*, 52

Comando *Traçar demarcador com pincel*, 339

Comandos *Desfazer (Undo)* e *Refazer (Redo)*, 128

Combinando imagens (Atividade), 50

Compensar objetos em movimento, 188

Conceitos básicos de imagem digital, 21

Configuração para macOS, 20

Configuração para Windows, 19

Configurando a quantidade limite de estados, 134

Configurando uma forma, 353

Conhecendo a ferramenta *Corte* (*Crop*), 58

Conhecendo mais recursos de máscaras e seleção (Atividade), 265

Conhecendo o recurso *Localizar fonte semelhante*, 226

Conhecendo o recurso *Neural Filters* (*Neural Filters*), 394

Conhecendo o recurso *Selecionar assunto*, 267

Conhecendo o recurso *Substituição do céu* (*Sky Replacement*), 389

Conhecendo os filtros do Photoshop (Atividade), 135

Conversão de uma imagem colorida em preto e branco, 307

Conversão entre modos de imagem (Atividade), 253

Convertendo um texto em um quadro, 277

Convertendo uma imagem 32 bits para 16 ou 8 bits, 189

Copiando camadas com *Ctrl + C* e *Ctrl + V*, 198

Copiando com a ferramenta *Letreiro* (*Marquee*), 379

Copiando com a ferramenta *Mover* (*Move*), 53

Copiando e colando sem formatação, 220

Cor de Primeiro Plano (*Foreground color*) e *Cor do Plano de Fundo* (*Background color*), 51

Corrigindo imperfeições e convertendo imagens (Atividade), 302

Creative Cloud, 15

Criando demarcadores curvos, 342

Criando demarcadores fechados, 336

Criando e editando um canal alfa, 258

Criando efeitos com a *Galeria de Desfoques* (*Blur Gallery*) (Atividade), 146

Criando guias a partir de objetos, 211

Criando máscaras com a ferramenta *Quadro* (*Frame*), 274

Criando máscaras rápidas e canais alfa (Atividade), 256

Criando seleção a partir de uma camada, 249

Criando seleções com os canais, 259

Criando seleções complexas, 267

Criando um arquivo a partir de uma camada, 237

Criando um grupo para os textos, 232

Criando um novo arquivo, 75

Criando um novo pincel, 318

Criando um quadro e inserindo uma imagem, 274

Criando uma camada a partir de uma seleção, 201

Criando uma camada de forma, 251

Criando uma máscara degradê, 259

Demarcadores, 333

Desenho ou pintura?, 333

Desfazendo ações no Photoshop, 127

Desfazendo e refazendo ações no Photoshop (Atividade), 127

Dicas avançadas de ferramentas, 29

Dissolver sensível ao rosto, 143

Duplicando e editando demarcadores, 337

Duplicando uma camada, 197

Editando a máscara de filtros, 287

Editando com a opção *Estender* (*Extend*), 372

Editando com a opção *Mover* (*Move*), 371

Editando e eliminando partes da imagem (Atividade), 107

Editando imagens com as ferramentas *Borracha* (*Eraser*), 111

Editando imagens I (Capítulo), 63

Editando imagens II (Capítulo), 105

Editando um filtro, 287

Efeito *Bokeh*, 153

Efetuando ajustes básicos na imagem, 164

Eliminando camadas, 199

Eliminando um instantâneo, 324

Escolhendo o tipo de grade da ferramenta *Corte* (*Crop*), 119

Escolhendo um modo de mesclagem (*Blending Mode*), 312

Explorando a janela da *Galeria de Filtros* (*Filter Gallery*), 136

Explorando as informações da imagem, 39

Explorando mais recursos do painel *Histórico* (*History*) (Atividade), 321

Explorando os recursos de camadas e de degradê (Atividade), 195

Familiarizando-se com a interface (Atividade), 24

Fazendo cópias da forma, 355

Ferramenta *Borracha* (*Eraser*), 112

Ferramenta *Borracha de Plano de Fundo* (*Background Eraser*), 112

Ferramenta *Borracha Mágica* (*Magic Eraser*), 111

Ferramenta *Caneta (Pen)*, 334

Ferramenta *Caneta de curvatura (Curvature Pen)*, 345

Ferramenta *Caneta de Forma Livre (Freeform Pen)*, 348

Ferramenta *Carimbo (Stamp)*, 381

Ferramenta *Conta-gotas (Eyedropper)*, 69

Ferramenta *Correção (Patch)*, 304

Ferramenta *Corte da perspectiva (Perspective Crop)*, 369

Ferramenta *Forma Personalizada*, 356

Ferramenta *Laço (Lasso)*, 93

Ferramenta *Laço Magnético (Magnetic Lasso)*, 97

Ferramenta *Laço Poligonal (Polygonal Lasso)*, 95

Ferramenta *Lata de Tinta (Paint Bucket)*, 52

Ferramenta *Letreiro Elíptico (Elliptical Marquee)*, 84

Ferramenta *Letreiro Retangular (Rectangular Marquee)*, 83

Ferramenta *Mão (Hand)*, 88

Ferramenta *Mover sensível a conteúdo (Content-Aware Move)*, 370

Ferramenta *Olhos Vermelhos (Red Eye)*, 358

Ferramenta *Pincel (Brush)*, 311

Ferramenta *Pincel de Recuperação (Healing Brush)*, 302

Ferramenta *Pincel de Recuperação para Manchas (Spot Healing Brush)*, 306

Ferramenta *Pincel do Histórico (History Brush)*, 324

Ferramenta *Pincel História da Arte (Art History Brush)*, 326

Ferramenta *Seleção de Demarcador (Path Selection)*, 337

Ferramenta *Seleção de objeto (Object Selection)*, 101

Ferramenta *Seleção Direta (Direct Selection)*, 338

Ferramenta *Seleção Rápida (Quick Selection)*, 88

Ferramenta *Transformar (Transform)*, 175, 382

Ferramenta *Varinha Mágica (Magic Wand)*, 90

Ferramentas de edição, 344

Ferramentas *Forma*, 351

Ferramentas *Subexposição (Dodge)* e *Superexposição (Burn)*, 297

Filtro *Aplicação Inteligente de Nitidez (Smart Sharpen)*, 299

Filtro *Desfoque de campo (Field Blur)*, 146

Filtro *Desfoque de giro (Spin Blur)*, 156

Filtro *Desfoque de íris (Iris Blur)*, 149

Filtro *Desfoque do demarcador (Path Blur)*, 159

Filtro *Dissolver (Liquify)*, 139

Filtro *Extrusão (Extrude)*, 135

Filtro graduado (Graduated Filter), 169

Filtro *Grande Angular Adaptável (Adaptative Wide Angle)*, 383

Filtro *Inclinação-Shift (Tilt-Shift)*, 151

Filtro *Máscara de Nitidez (Unsharp Mask)*, 301

Filtro *Pintura a óleo (Oil Paint)*, 99

Filtro radial (Radial Filter), 172

Filtros inteligentes, 285

Filtros, 135

Fontes ativadas automaticamente, 224

Fontes ausentes que não são do Adobe Fonts, 225

Formato de arquivo RAW, 160

Galeria de Filtros (Filter Gallery), 136

Gamuts de cores, 65

Girando imagens com precisão, 57

Girando imagens manualmente, 58

Girando imagens, 57

Grupos de camadas, 232

Guias das imagens, 30

Guias inteligentes, 209

Guias, 208

Imagem de varredura, 21

Imagem digital, 22

Imagem vetorial, 21

Iniciando o trabalho com texto, 217

Mais controle no recorte de imagens, 114

Manipulando as cores da imagem (Atividade), 73

Manipulando imagens HDR, 181

Máscara de camada, 265

Mascarando partes do efeito, 309

Mascarando uma imagem existente com a ferramenta *Quadro (Frame)*, 275

Máscaras, máscaras rápidas e canais alfa, 256

Matiz e Saturação (Hue/Saturation), 66

Mesclando camadas, 235

Mesclando imagens para HDR, 183

Mesclando um preenchimento com a imagem, 81

Modelos de cores, 65

Modos de cores, 70

Modos de mesclagem, 206

Modos de tela, 33

Movendo uma área selecionada, 83

Mudando a cor da camada no painel *Camadas* (*Layers*), 231

Mudando o nome da camada, 231

Nitidez das imagens, 299

Noções do trabalho com demarcadores (Atividade), 333

O que é a Série Informática, 11

O que são camadas?, 195

Objetos inteligentes e filtros inteligentes (Atividade), 278

Objetos inteligentes, 278

Obtendo o tamanho do arquivo da imagem, 41

Ocultando os painéis, 33

Ocultando uma camada, 197

Onde arquivar seus trabalhos, 12

Opção *Corrigir* da ferramenta *Corte*, 117

Opção *Guiado* (*Guided*), 177

Opção *Somente Cores da Web* (*Only Web Colors*), 70

Opções *Colocar incorporados* (*Place Embedded*) e *Colocar vinculados* (*Place Linked*), 56, 278

Opções de áreas de trabalho, 34

Opções de corte adicionais da ferramenta *Corte* (*Crop*), 118

Opções de demarcador, 335

Opções *Difusão* (*Feather*) e *Suavização de serrilhado* (*Anti-alias*), 98

Opções geométricas, 352

Organizando camadas, 229

Organizando e aplicando efeitos em camadas (Atividade), 229

Painéis, 32

Painel *Ajustes* (*Adjustments*), 294

Painel *Camadas* (*Layers*), 196

Painel *Estilos* (*Styles*), 241

Painel *Histórico* (*History*), 131

Painel *Origem do clone* (*Clone Source*), 108

Painel *Pincel* (*Brush*), 313

Personalizando a área de trabalho, 35

Pesquisa do Photoshop, 36

Pintura digital no Photoshop, 311

Preenchendo com padrão, 79

Preenchimento automático no corte de imagens, 120

Preenchimento com reconhecimento de conteúdo (*Content Aware Fill*), 122

Preenchimento sensível ao conteúdo (*Content-Aware*), 109

Primeiros passos com imagens (Capítulo), 13

Quadro de diálogo *Tamanho da Imagem* (*Image Size*), 41

Quadro *Estilo de camada* (*Layer Style*), 241

Quadro *Seletor de Cores* (*Color Picker*), 67

Recortar uma imagem a partir de uma seleção, 92

Redimensionando uma camada, 200

Réguas, 208

Requisitos de sistema, 19

Resolução, 22

Restaurando a imagem com a ferramenta *Borracha* (*Eraser*), 129

Restaurando a imagem com o comando *Preencher* (*Fill*), 130

Retoque de imagens e pintura digital (Capítulo), 291

Retoque de imagens no Photoshop, 293

Rotacionando linhas do comando *Inclinação-Shift* (*Tilt-Shift*) e aplicando *Bokeh*, 155

Salvando a imagem automaticamente, 49

Salvando a imagem no formato TIFF com camadas, 239

Salvando a seleção, 92

Salvando o arquivo, 47

Salvando ou abrindo a imagem, 167

Salvando suas predefinições, 77

Salvando um demarcador, 336

Salvando uma imagem com camadas, 202

Selecionando as cores para o degradê, 205

Selecionando as proporções da ferramenta *Corte* (*Crop*), 119

Selecionando cores, 51

Selecionando o idioma dos aplicativos, 18

Selecionando uma cor, 68

Seleções com as ferramentas *Laço* (*Lasso*), 93

Seleções com as ferramentas *Letreiro* (*Marquee*), 82

Seleções rápidas, 88

Sobre a *Galeria de Desfoques* (*Blur Gallery*), 146

Substituindo ações, 133

Subtraindo áreas da camada de forma, 356

Tela *Início* (*Home*), 24

Trabalhando com a opção *Colocar vinculados* (*Place Linked*), 281

Trabalhando com a opção *Dinâmica da Forma* (*Shape Dynamics*), 318

Trabalhando com a primeira imagem (Atividade), 39

Trabalhando com as ferramentas *Forma* (Atividade), 351

Trabalhando com comandos e recursos que aumentam a produtividade (Atividade), 358

Trabalhando com degradê, 203

Trabalhando com demarcadores, formas e transformação de imagens (Capítulo), 331

Trabalhando com *Filtro de Camadas*, 237

Trabalhando com *Grade* (*Grid*) ou *Layout de guias* (*Guide Layout*), 211

Trabalhando com *Grade* (*Grid*), 211

Trabalhando com *Layout de Guias* (*Guide Layout*), 212

Trabalhando com máscara rápida, 256

Trabalhando com máscaras, canais e objetos inteligentes (Capítulo), 251

Trabalhando com o filtro *Camera Raw* (*Camera Raw Filter*), 168

Trabalhando com o filtro *Camera Raw* e imagens HDR (Atividade), 160

Trabalhando com o filtro *Ponto de Fuga* (*Vanishing Point*), 374

Trabalhando com o objeto inteligente, 280

Trabalhando com o painel *Caractere* (*Character*), 219

Trabalhando com o painel *Parágrafo* (*Paragraph*), 221

Trabalhando com pincéis (Atividade), 311

Trabalhando com réguas e guias (Atividade), 208

Trabalhando com réguas, guias, camadas e textos (Capítulo), 193

Trabalhando com seleções (Atividade), 82

Trabalhando com textos (Atividade), 217

Trabalhando com um pincel predefinido, 316

Um pouco sobre cores (Atividade), 65

Usando a ferramenta com a opção *Normal*, 304

Usando a ferramenta com a opção *Sensível a conteúdo* (*Content-Aware*), 305

Usando uma textura como pincel, 315

Utilizando o material da Série Informática, 12

Utilizando os modelos do Adobe Stock, 78

Utilizando os recursos de zoom, 87

Utilizando uma predefinição, 76

Vínculo entre camadas, 231

Visualizando corte de sombras e realces, 163

Visualizando o antes e depois, 166